Impressum

Jahr: 2020 // Überarbeitet September 2021

ISBN: 9789403609669

Lektorat/ Korrektorat: Franziska Mendes
Covergestaltung: Franziska Mendes
Kontakt: Franziska.Mendes.Book@gmail.com
Franziskamendes.mozello.ch

Veröffentlicht über Bookmundo
Gedruckt in Deutschland

EIGENTLICH

Ausschnitte aus meinem Leben mit schwerer Depression

Teil 1

Wahre Geschichten, wahre Ereignisse,
wahre Abläufe, wahre Erlebnisse.

Echte Gefühle, echte Gedanken, echte Probleme,
echte Herausforderungen, echte Momente, echte Personen.
Eine ECHTE Krankheit.

Erzählt aus meiner Sicht.

Franziska Mendes

EIGENTLICH

Ausschnitte aus meinem Leben mit schwerer Depression

Teil 1

Kapitelübersicht

1. Eigentlich...

Ich bin so verrückt wie meine Freundin. Oder sie so verrückt wie ich. Jedenfalls meine ich nicht das normale 'du bist ja verrückt' oder das 'wir sind schon ein bisschen verrückt!' Nein, ich meine, ich bin wirklich ziemlich verrückt. Mein Psychiater diagnostiziert mich als Person mit rezidivierender Depression, teils mittelgradige, teils schwere. Ich sage ja: verrückt. Mit einer wiederkehrenden Depression zu leben, die nie als leichte eingestuft wird, sondern immer als mittelgradige bis schwere, ist nicht leicht. Teilweise habe ich das Gefühl, dass genau das gar nicht geht: Damit zu leben. Klingt verrückt? Ab und zu ist es mir fast unmöglich, mich damit abzufinden, dass ich an dieser Krankheit leide - Tag für Tag, Stunde für Stunde, jahrelang schon. An einigen Tagen wünsche ich mir, für einige Wochen einfach nur durchschlafen zu können. Oder ich wünsche mir, einmal einen guten Start in den Tag zu haben, einmal mit einem Lächeln aufzuwachen oder mich einmal auf den Tag zu freuen. Doch dann folgt der bittere Alltag mit der Krankheit.

Das Aufstehen bereitet grösste Mühe. Der Toilettengang geht gerade noch. Eigentlich sollte ich die Zähne putzen. Egal. Heute ist das nicht so wichtig und verbraucht viel zu viel Energie. Also lassen wir das heute doch einfach mal wieder sein. Sollte ich vielleicht wieder einmal die Haare waschen? Das sollte ich. Ich hatte mich gestern schon ständig an der Kopfhaut gekratzt. Wann hatte ich die Haare denn überhaupt das letzte Mal gewaschen? Das muss schon eine Woche her sein. Ach ja, als ich die letzte Therapiestunde beim Psychiater hatte. Oh je, das war vor zehn Tagen. Das ist eklig! Pfui. Ich kann es nicht glauben. Früher hatte ich meine Haare jeden oder zumindest jeden zweiten Tag gewaschen, mich schön frisiert, vielleicht Ohrringe und Kettchen angezogen. Teilweise auch geschminkt. Aber heute ist alles anders. Es ist alles relativ. Nichts ist mehr, wie es war. Ich bin nicht mehr, wie ich war. Klar, wir alle verändern uns. Wir sind alle nicht mehr so, wie wir früher waren. Dessen bin ich mir schon bewusst. Aber bei mir scheint sich alles geändert zu haben. Und ich kann nichts oder fast nichts dagegen tun. Ja, ich sollte wirklich die fettigen Haare waschen. Kriege ich es denn heute hin? Hätte ich dann noch genügend Energie, die anderen nötigen Dinge von heute zu erledigen? Stimmt ja, der Kühlschrank ist seit vier Tagen leer. Ich habe weder Brot noch Milch zuhause. Na ja, dann lassen wir wohl das Haarewaschen heute sein, denn einkaufen gehen ist wichtiger, da ich sonst bald nichts mehr zu essen im Haus habe. Obwohl, wann esse ich denn überhaupt etwas? Ich musste mich gestern schon überwinden, noch die letzte Tiefkühlpizza in die Mikrowelle zu schieben und runter zu drücken. Eigentlich habe ich eh keinen Appetit. Dann werde ich heute wohl doch nichts brauchen. Aber vor lauter Überlegen, wofür ich nun meinen kleinen Schimmer von Energie verwenden soll, ist auch diese Kraft wie aufgesaugt. Weggeblasen ist sie, die ganze Spur von Energie. Nichts mehr da.

Langsam, denn für Geschwindigkeit fehlt die Kraft, bewege ich mich zum Balkon, setze mich an den Tisch, rauche eine Zigarette und verweile dort eine sehr lange Weile. Es gibt mir ein Gefühl der Sicherheit. Vermutlich, weil ich gestern auch nichts weltbewegend anderes getan habe. Ich will im alten Trott bleiben, um jeden Preis, und keine Veränderung zulassen. Ich erinnere mich, sitzend vor dem Aschenbecher, an einen Tag, an dem ich eine Veränderung zulassen musste. Ja, ich wurde fast dazu gezwungen.

Ich wollte damals zu einem nahegelegenen Shop, um Schokolade zu holen. Natürlich wähle ich dafür immer eine Uhrzeit, an der niemand an der Kasse anstehen wird, und ich möglichst niemandem in den Gängen begegnen würde. Als ich da angekommen bin, sehe ich, dass dieser Shop wegen Renovation vorübergehend geschlossen ist. Panik. Sofort habe ich das Gefühl, zu ersticken. Mir schnürt es den Hals zu, als wäre ich auf einer Rutschbahn mit dem Schal oben hängengeblieben. Mein Bauch rumort. Meine Schultern verspannen sich schlagartig. Meine Beine zittern. Ich hoffe, nicht umzufallen, denn meine Beinmuskeln scheinen wie aus Pudding zu sein. Ich schwitze mein T-Shirt unter den Achseln durch. Eigentlich wäre mir dies sehr peinlich. Denn eigentlich ... Ich hasse das. Immer wieder erwische ich mich selbst dabei, wie ich mich mit meinem früheren, gesunden Ich vergleiche. Mir ist vieles nicht mehr peinlich, da ich dafür gar keine Energie habe. Ich kann mich nicht schämen wegen der verschwitzten Achseln. Ich muss mich schliesslich darauf konzentrieren, dass meine Beine gestreckt bleiben, und ich mich trotz des immer schlimmer werdenden Zitterns aufrecht halten kann. Und wieso bekomme ich immer noch fast keine Luft? Wieso ist mein Hals so eng zusammengeschnürt? Meinen Bauch habe ich bereits vergessen, da dieser im Hinblick auf die anderen Symptome auch an Bedeutung verlor, wie auch die Scham. Es ist beängstigend. Von einer Sekunde auf die andere wird alles so vollkommen irrelevant. Ich kann mich nicht auf etliche Sachen konzentrieren und versuche nun, die Beine mit den Händen etwas zu stabilisieren. Ich atme so entspannt wie möglich ein und aus, obwohl das Wort entspannt in diesem Zusammenhang eher wie ein Witz klingt, und versuche, mich einigermassen zu beruhigen. Und schon kommt der Gedanke zurück: Eigentlich würde ich doch jetzt...

Es hilft alles nichts. Die Gedanken lassen sich nicht abschalten. Wieder im festen Stand vor dem Shop stehend, denkt mein Gehirn weiter. Und weiter. Eigentlich schäme ich mich doch, wenn ich vom Schwitzen Wasserflecken auf dem T-Shirt bekomme. Eigentlich schwitze ich in solchen Situationen doch gar nicht erst. Warum habe ich denn eigentlich überhaupt ein Problem, nur weil der Shop renoviert wird?

Warum zittern deshalb meine Beine? Eigentlich muss ich mich doch einfach umdrehen und zu dem anderen Shop gehen. Eigentlich kann ich überall einkaufen gehen. Eigentlich kann ich froh sein, dass ich überhaupt Geld habe, um einkaufen zu können. Eigentlich habe ich es sowieso gut in meinem Leben. Eigentlich müsste ich dankbar sein. Eigentlich. Doch da ist die Depression.

Wenn ich Kraft genug habe, rufe ich meine Freundin an. Ich erzähle ihr dann, wie es mir ergangen ist. Ich schildere ihr meinen Versuch, einkaufen zu gehen, erwähne das Zittern, das Gedankenchaos in meinem Kopf und das Unverständnis darüber, weshalb das für mich solch eine schwierige Situation war. Meine Freundin unterbricht mich, während ich versuche, einen Grund für das alles zu finden und sagt nur, sie verstehe.

Wie bitte? Meine Freundin versteht das? Und ich selbst nicht wirklich? Wie kann das sein? Ganz einfach. Meine Freundin durchlebt teilweise genau die selben Situationen. Sie zittert, sobald sie etwas nicht wie geplant durchführen kann. Auch kennt sie es, Schweissflecken oder fettige Haare zu haben. Und sie kennt es, die Energie nicht aufbringen zu können, sich die Zähne zu putzen. Meine Freundin leidet sehr ähnlich wie ich. Das trifft nicht auf alle depressiven Menschen zu, aber meine Freundin durchlebt ihre Depression sehr ähnlich wie ich. Es tut gut, verstanden zu werden.

Andere Kollegen würden mir vermutlich am Telefon sagen, ich solle mich zusammenreissen. Sozusagen, ich solle mir doch einfach die zwei bis drei Minuten Zeit nehmen und mir die Zähne putzen, dann sei das doch schon gemacht. Das brauche doch keine Kraft. Ich sei doch wohl eher faul. Oh ja, diese Sprüche hören Menschen mit einer Depression immer wieder. Deshalb rufe ich keine Kollegen mehr an, mit denen ich früher ab und zu abends wegging oder etwas unternahm. Genau deshalb. Ich spreche nicht mehr mit ihnen, um mich nicht rechtfertigen zu müssen, um mich nicht zu erklären und um die Leute nicht aufklären zu müssen. Denn ich mag nicht mehr. Viele verstehen es ja doch nicht. Wie sollen sie auch? Ich verstehe ja selbst nicht, weshalb ich keine Energie habe, weshalb mein Körper zittert, weshalb ich plötzlich keine Luft mehr bekomme oder weshalb ich erbrechen muss, bevor ich zu einem Termin muss. Ich weiss es selbst nicht. Aber es ist so. Alles, was ich mir von diesen Kollegen wünsche, ist Respekt mir gegenüber und Vertrauen, dass ich sie nicht anlüge oder ihnen etwas vorspiele. Ich wünsche mir nur, dass sie mir glauben, wenn ich sage, dass ich nicht kann. Sie sollen mir glauben, dass ich nicht etwa nur nicht will oder faul bin. Sie sollen respektieren und akzeptieren, dass ich nur schildere, wie ich mich fühle oder was mein Körper in gewissen Situationen einfach mit mir macht. Mehr verlange ich nicht. Eine Person, die selbst noch nie eine Depression hatte, muss nicht nachvollziehen können, wie es mir geht oder wie sich das anfühlt. Das verlange ich doch nicht. Sie muss sich auch nicht in mich hineinversetzen können. Ich möchte doch nur, dass sie mir glaubt. Denn eigentlich kennen meine Freunde und Kollegen mich doch. Eigentlich vertrauen sie mir doch. Eigentlich waren wir doch immer füreinander da. Eigentlich.

Meine Freundin erzählt mir am Telefon gerade von ihrer Kollegin, die sie nicht zu verstehen scheint. Eine Einladung zu einem Geburtstagsfest steht bei ihr eigentlich an. Aber meine Freundin kann nicht teilnehmen. Das kenne ich wiederum, dieses Gefühl, unter Menschen zu sein und sich eingeengt zu fühlen. Das Atmen fällt schwer. Gespräche zu führen funktioniert eigentlich überhaupt nicht. Zuhören geht auch nicht wirklich, weil dazu die Konzentration völlig fehlt, denn die ist darauf gerichtet, die Menschen zu ertragen. Dann fühlt man sich den Blicken der anderen völlig ausgeliefert zu sein und den Gedanken der Leute beinahe telepathisch folgen zu können. Wie sieht die denn aus? Völlig erschöpft. Hätte sie sich nicht etwas Mühe geben können, sich hübsch anzuziehen und zu schminken? Hat sie keinen Respekt dem Gastgeber gegenüber? Sie hat auch nicht einmal ein Geschenk dabei. Echt schlimm, diese Frau. Oh ja, ich höre die inneren Stimmen der anderen Gäste förmlich. Und nein, ich konnte die Haare nicht waschen und mich hübsch machen, da mir die Energie fehlt. Ein Geschenk konnte ich auch nicht besorgen, da ich heute das erste Mal seit zwei Wochen die Wohnung verlassen konnte. Und mitreden kann ich auch nicht, da ich den diversen Gesprächen, die kreuz und quer durch den Raum geführt werden, einfach nicht folgen kann. Anstatt einen ganzen Abend lang zu leiden, zu zittern, zu erbrechen und was sonst noch so alles passiert, wenn ich es doch einmal versuche, entscheide ich mich jeweils auch, die Einladung dankend abzulehnen. Klar, eigentlich habe ich ein schlechtes Gewissen, dass ich bei dem Fest nicht dabei sein kann. Eigentlich wäre ich gerne dort. Eigentlich hätte ich gerne Spass mit den Leuten. Eigentlich täte es mir sogar gut, mal aus dem Haus zu kommen. Eigentlich.

Und was muss sich meine Freundin von ihrer Kollegin anhören? Genau. Das, was ich auch kenne. Vorwürfe, weshalb man absage. Vorwürfe, weshalb man sich nicht zusammenreisse. Vorwürfe, weshalb man sich für sie nicht aufraffe, zu kommen. Vorwürfe, die Freundschaft sei wohl nicht wichtig genug. Vorwürfe, unfair zu sein.

Ach ja, es tut einfach so gut, mit meiner Freundin zu reden. Sie versteht so vieles. Mit ihr ist es einfach und unkompliziert. Sie macht sich auch diese Gedanken, ob es denn die Freundschaft zu der Person, welche die Party veranstaltet hatte, wert sei, wenn diese keinerlei Verständnis für die Situation einer Depressiven hat. Die Frage ist berechtigt. Ich bin zum Beispiel eine Freundin, bei der für sie kein Zweifel aufkommt. Bei mir weiss sie, dass ich alles verstehe, was sie durchmacht, und dass ich mir immer Mühe gebe, nachzuvollziehen, wie es ihr geht oder wie sie sich fühlt. Sie sagt es mir, und ich akzeptiere und respektiere sie. Aber soll sie die andere Freundschaft nun beenden, weil kein Verständnis dafür da ist, dass meine Freundin eine Depression hat? Wer bleibt dann noch übrig? Wie soll eine Person mit einer Depression denn versuchen, sich wieder zu sozialisieren, wenn sie nach der depressiven Phase keine Freunde mehr hat? Viele quälende Gedanken kommen auf. Das Gedankenkreisen beginnt, und es scheint wieder einmal kein Ende finden zu wollen. Und da kommt auch wieder diese Wut auf. Ich bin wütend auf die Depression. Wütend darauf, dass wegen der Depression alles so unerklärlich anstrengend ist. Wütend, dass ich mich dem Gedanken nicht entziehen kann. Wütend, dass ich nicht logisch denken kann. Wütend, dass ich meinem Gehirn nicht klarmachen kann, dass diese Gedanken nichts bringen. Aber wissend, dass es mir guttun würde, nicht mehr darüber nachzudenken. Also versuche ich, mich abzulenken. Doch wegen der Depression funktioniert das nicht. Das ist ja das Problem. Eigentlich wüsste man, wie man sich verhalten sollte. Aber es geht nicht. Eigentlich weiss man, dass man die Gedanken nicht haben sollte. Eigentlich möchte man aufhören, zu denken. Eigentlich.

2. Wirre Gedanken

Ich erinnere mich an eine spezielle Situation vor ein paar Jahren. Ich bin in der Küche und nehme die vom Vortag übriggebliebenen Teigwaren raus. Ich stelle mich vor den Kochherd, nehme die Bratpfanne aus der Schublade, schütte die gestrigen Teigwaren mit etwas Milch und feinen Gewürzen in die Pfanne und stelle die Kochplatte ein. Ich bin froh, dass ich nicht allzu viel Aufwand betreiben muss, um zu kochen, denn es geht mir heute nicht gut. Aber ich sollte wieder einmal etwas essen. Kurze Zeit später stehe ich völlig apathisch vor der Pfanne. Meine Gedanken haben mich wieder einmal in eine ganz andere Welt entführt. Unkontrollierbar. Ich bin nicht mehr wirklich da. Ich kann mich nicht auf das Hier und Jetzt konzentrieren. Ich bin wie in Trance oder in einem Traum.

Plötzlich wieder bei Sinnen, fange ich an, fürchterlich zu weinen. Die Tränen strömen wie Flüsse über mein Gesicht und tropfen schon auf mein Shirt. Ich nehme die Pfanne von der Kochplatte und stelle sie unter das kalte Wasser. Die Teigwaren sind dermassen angebrannt, dass ein Nebel in der Küche zu sehen ist. Immer noch weinend denke ich, dass das doch wohl nicht wahr sein kann. Ich kann nicht einmal mehr Teigwaren aufwärmen! Ich bin zu nichts zu gebrauchen. Ich kriege die einfachsten Dinge nicht mehr hin. Ich bin so eine schlechte Person. Den Haushalt mache ich auch nur ganz selten. Die Post kann ich nicht regelmässig öffnen. Ich bin keine gute Hausfrau mehr. Und arbeiten geht schon so lange nicht mehr. Ich bin so eine Versagerin. Ich bin nichts mehr wert. Für niemanden. Nicht für meine Familie. Für keinen Arbeitgeber. Ich bin am Ende. Ich kann nicht einmal mehr Teigwaren aufwärmen. Ich musste sie nicht mal kochen, sondern nur aufwärmen. Ich kann nicht mehr. Ich kriege überhaupt nichts mehr auf die Reihe. Ich schäme mich. Doch halt! Solche Gedanken sollte ich doch nicht haben. Ich bin schliesslich krank und kann es deswegen nicht. Ich müsste es irgendwie akzeptieren. Nun bemerke ich, dass ich mittlerweile weine, weil ich diese Gedanken habe, die ich nicht haben sollte. Ich versuche, mich gegen die negativen Gedanken zu wehren. Ich sage mir, dass ich eine gute Person bin und jedenfalls immer war, als ich noch keine Depression hatte. Langsam kommt das Gefühl in mir auf, dass ich mich selbst hasse. Dafür, dass ich überhaupt so schlecht von mir denke. Ich versuche meine Gedanken zu lenken. Ich versuche, mich zu beruhigen. Aber das geht nicht. Sobald ich anfange, schmerzt mein ganzer Körper und bringt meine Gedanken wieder dahin, wo die Situation ausartete, zu den Teigwaren. Ich sehe, was ich angerichtet habe. Alles in der Pfanne ist dunkelbraun bis schwarz. Wie konnte mir das nur passieren? Kann es wirklich sein, dass ich nicht einmal mehr das hinkriege? Was ist bloss los mit mir? Ich bin völlig überfordert und erschöpft vom Weinen und den Gedanken, von der Wut und dem

Hass, vom Versuch, mich zu beruhigen und vom Versuch, zu akzeptieren. Und schon beginnt es von Neuem. Wie kann ich denn deswegen erschöpft sein? Wieso passiert dies? Wieso mache ich das? Wieso denke ich das? Wieso kann ich mir nicht einfach sagen, dass es doch nichts Schlimmes sei? Wieso beschäftigt mich solch eine Kleinigkeit denn überhaupt? Ach ja, weil ich eine Depression habe. Und da kommt der Hass auf die Krankheit wieder auf. Es dreht sich weiter im Kreis. Meine Gedanken und meine Gefühle sind durcheinander. Alles ist ausser Kontrolle. Zwei Stunden lang herrscht totales Chaos in mir. Dann bin ich endlich so erschöpft, dass ich nicht mehr weinen kann und nicht mehr denken mag. Der Gedankenkreis wird irgendwie kleiner und kleiner, bis er nur noch als ein undeutlicher Punkt erscheint. Vor lauter Erschöpfung habe ich nur noch die Möglichkeit, mich schlafen zu legen.

Es gibt Momente, da kann ich einfach nicht mehr und da will ich auch nicht mehr. Dann frage ich mich, was das eigentlich alles soll. Wozu das alles? Ich kann das Leben nicht geniessen. Ich empfinde keine Freude, kein Glück und keine Zufriedenheit. Ich bin nicht fröhlich. Ich kann fast gar nichts machen. Ausflüge sind unmöglich. Mich mit Freunden zu treffen geht meistens auch nicht. Für Sport fehlt mir der Antrieb. Arbeiten kann ich auch vergessen. Oft gehe ich nicht mal aus der Wohnung. Was habe ich denn noch vom Leben? Welchen Sinn macht es, dermassen zu leiden? Und dann kommt der Grund zum Vorschein, weshalb es sich lohnt, weiterzukämpfen, dranzubleiben, weiter zu hoffen, nicht aufzugeben und es zu ertragen. Der Grund ist die Liebe.

Meinen lieben Mitmenschen, den Leuten, die mir so wichtig sind und denen, die ich liebe, kann ich es nicht antun, meinetwegen leiden zu müssen. Deshalb leide ich weiter und kämpfe weiter. Vielleicht werde ich ja auch wieder gesund, irgendwann. Vielleicht werde ich wieder glücklich, irgendwann. Vielleicht habe ich irgendwann wieder Freude am Leben. Für meine lieben Menschen, die ich liebe und die mich lieben, kämpfe ich weiter. So hart es auch sein mag. So sinnlos es mir scheint. So verzweifelt ich auch sein mag. Anders geht es nicht. Dann erinnere ich mich daran, dass ich doch eigentlich ein gutes Leben habe, dass ich eigentlich glücklich sein sollte und dass ich eigentlich zufrieden sein könnte. Eigentlich.

Eine meiner Stützen im Leben habe ich bereits erwähnt. Das ist meine Freundin, die mich versteht, die ähnliche Symptome aufweist, die mich akzeptiert und die ich gerne habe. Weitere Stützen sind meine Eltern und Geschwister. Sie sind immer für mich da. Sie helfen mir, wo sie nur können. Sie würden alles für mich tun. Meine Mutter geht zum Beispiel manchmal für mich einkaufen oder in die Apotheke, um die Antidepressiva zu holen. Oder sie fährt mich, wenn ich nicht allein fahren kann, zu

Terminen. Meine Eltern sind einfach super. Ich kann mich auf sie verlassen. Das ist enorm entspannend.

Doch meine beste und wichtigste Stütze ist ganz klar mein Sohn. Ja, ich bin Mami. Inzwischen ist er schon 21 Jahre alt (Stand 2020). Oh ja, er ist schon erwachsen. Wie schnell dies doch ging. Erst noch hielt ich ihn als kleines Baby im Arm, stiess ihn im Kinderwagen umher, spielte Verstecken mit ihm oder holte ihn vom Kindergarten ab. Erst noch bastelten und werkelten wir, bauten Kisten aus Holz, strichen Wände, machten Ausflüge in die Berge, besuchten Ausstellungen oder tobten uns auf dem Spielplatz aus. Wir haben vieles zusammen gemacht und unternommen. Wir haben so viel Spass miteinander gehabt. Wir haben so viel gelacht. Wir waren glücklich. Wir waren zufrieden. Wir waren fröhlich. Wir waren gesund.

Ich bin alleinerziehende Mutter, schon seit mein Sohn drei Jahre alt war. Ich hatte immer gearbeitet, meistens eine Vollzeitstelle, und hatte mich immer sehr gut um meinen Sohn gekümmert. Mir waren seine Erziehung, seine Probleme und seine Entwicklung schon immer wichtig. Ich war auch stets eine gute Hausfrau. Klar, ich hatte das Glück, dass mich meine Eltern sehr gut unterstützt hatten, um alles unter einen Hut zu bringen. Sie hatten ihre Rolle als Grosseltern perfekt gespielt und sind auch heute noch die besten Grosseltern, die ich mir für meinen Sohn wünschen könnte. Sie machten Ausflüge mit meinem Sohn, während ich vielleicht den Haushalt oder Einkauf machen musste, sie fuhren ihn teilweise auch zur Schule oder holten ihn ab, wenn ich arbeiten musste. Sie liessen meinen Sohn bei sich übernachten, wenn ich einen Abend freihaben wollte. Sie sind super. Mit ihrer Hilfe konnte ich eine gute Mutter sein.

Ich war auch immer eine gute Angestellte im Büro, die sehr grossen zeitlichen Einsatz zeigte und stets mit vollem Engagement arbeitete. Ich machte einen sehr guten Job und setzte mich dafür ein, dass es der Firma gut ging. Ich war sehr fleissig, half Arbeitskollegen in allen möglichen Abteilungen, war Ansprechperson für Probleme meiner Kollegen, war immer für sie da, unterstützte sie und erklärte ihnen die Arbeit oder Sonstiges, wenn ich irgendwie konnte. Ich war sehr stolz, eine gute Mutter, gute Hausfrau und gute Angestellte zu sein. Ich fühlte mich wertvoll. Ich fühlte mich gut. Ich war zufrieden. Ich war stolz, dass ich so viel unternahm mit meinem Sohn, so viel mit ihm Erleben konnte, ihm viel bieten konnte und ich war stolz, einen so grossartigen Jungen fast allein grossgezogen zu haben.

3. Mein Ex-Ehemann

Mein Ex-Ehemann, der Vater meines Sohnes, ist ins Ausland zurückgezogen, als mein Sohn fünf war. Nach zwei Jahren in Trennung lebend entschied er sich, wegzugehen. Er hatte eine Zeit lang nur noch telefonischen Kontakt zu mir und meinem Sohn. Aber für meinen Sohn war das sehr schwierig. Er konnte keine echte Beziehung zu seinem Vater aufrechterhalten - einerseits nicht auf diese Distanz und andererseits vor allem wegen der Art und Weise, wie mein Ex-Mann die Beziehung führte oder eben nicht. Am Telefon kamen immer die gleichen Standardfragen. Er wollte wissen, wie es meinem Sohn geht, ob es in der Schule gut gehe und ob er gerade spiele. Dann wünschte er meinem Sohn eine gute Nacht und sagte, er liebe ihn. Und das war schon alles. Ansonsten wurde meistens nicht viel besprochen oder gesagt. Während der ersten Jahre der Abwesenheit seines Vaters kam es vor, dass mein Sohn ihm voller Freude von seinen Freunden erzählte, oder dass er zum Beispiel im Moment Volleyballunterricht habe. Beim darauffolgenden Telefonat fragte mein Ex-Mann meinen Sohn, ob er viel Spass beim Tennis hatte. Oder er fragte nach Freunden mit anderen, erfundenen Namen. Mein Sohn hasste solche Telefonate. Er klemmte dann jeweils das Gespräch schnellstmöglich ab und übergab mir den Hörer. Später erzählte mir mein Sohn, was passiert war. Mein Sohn war sehr enttäuscht und konnte nicht verstehen, wieso sein Vater ihn denn anrufe und diese Fragen stelle, wenn er sich doch wenige Tage später sowieso nicht mehr an seine Antworten erinnern könne. Oft sagte mein Sohn zu mir: “Mami, wie kann Papi behaupten, dass er mich liebt, wenn er doch nicht einmal zuhört, wenn ich mit ihm telefoniere? Wie kann er sagen, dass er mich liebt, wenn er von mir wegzieht und mich nie besucht? Wie kann er sagen, er liebe mich, wenn er überhaupt nichts über mich weiss?” Es ist schwierig, ihm da als Mutter zu antworten. Immer wieder versuchte ich, seinen Vater zu verteidigen oder sagte ihm, sein Vater hätte ihn schon lieb, aber könne es nicht so gut zeigen, weil er so weit weg sei. Oder ich antwortete, dass sein Vater sich am Telefon einfach nicht alles so gut merken könne, aber dass dies nicht heisse, dass er ihn nicht liebe. Ich gab mir Mühe, meinem Sohn eine beruhigende Antwort zu geben oder eine Erklärung, damit er nicht so enttäuscht von seinem Vater zu sein braucht. Je älter mein Sohn wurde, desto weniger ergaben meine Erklärungen Sinn für ihn. Bis ich dann auch einsah, dass mein Sohn nichts davon hatte, zu denken, es sei alles in Ordnung, wenn es nicht so war. Er war eines Tages einfach alt genug, um selbst zu entscheiden, was er davon halten will. Und er hat damals als Teenager seine Entscheidung getroffen, dass er seinen Vater nie wiedersehen und auch nicht mehr mit ihm telefonieren wollte. Und diese Entscheidung unterstützte ich.

Mein Sohn soll seine Entscheidungen treffen, die ihn am wenigsten verletzen oder ihn am wenigsten belasten, mit denen er am einfachsten leben kann und mit denen er zufrieden und glücklich ist. Na ja, da läuft es nicht ganz so rund, wie es scheint, trotz dieser Entscheidung. Es schmerzt sowieso, wenn man von seinem eigenen Vater einfach verlassen wird. Zu wissen, dass sein Vater eine neue Familie hat und man selbst daneben einfach liegen gelassen wird und sich der Vater nicht um einen kümmert, tut weh. Und damit umzugehen, ist nicht einfach.

Und auch für mich ist dies nicht einfach. Stets habe ich versucht, Mami und Papi zu sein. Ich habe mit ihm Fussball gespielt, Kisten aus Holz gefertigt und etliche Dinge gemacht, die eigentlich eher sein Papi mit ihm hätte machen können. Aber die Geschlechterzuteilung mag ich eh nicht besonders. Und meinem Sohn schien es nie peinlich, mit dem Mami Fussball zu spielen. Nur konnte Mami es vielleicht nicht so gut. Aber dafür hatten wir eben umso mehr Spass dabei. Er konnte viel lachen, weil ich das Tor nicht traf. Wenn ich meinen Sohn heute frage, sagt er jedenfalls, ich sei eine supergute Mutter. Er sagt, ich hätte immer mein Bestes gegeben und er sei froh, so eine liebe und fürsorgliche Mutter zu haben. Und ich hätte sehr viel richtig gemacht. Also, was will ich mehr?

Und da kommen die Gedanken wieder auf. Ich will gesund sein, ohne diese mühsame Depression. Das will ich mehr. Ich hatte das Glück, dass ich viele Jahre gesund war. Aber es änderte sich alles, als mein Sohn elf Jahre alt war. Damals steuerte ich durch die viel zu hohe Überlastung am Arbeitsplatz auf ziemlich direktem Weg auf eine Erschöpfungsdepression zu. Heute kennen dies die meisten unter dem Begriff Burnout. Diese Depression steigerte sich. Teilweise war sie wieder etwas weniger schlimm, dann litt ich wieder unter einer schweren Depression, dann versuchte ich bei der leichteren Phase, wieder zu arbeiten. Dann kam wieder die Phase, in der ich stärker depressiv war. Hin und Her. Auf und Ab. Als Mutter mit einer Depression zu leben ist hart. Als Kind eine depressive Mutter zu haben, ist unvorstellbar. Oft konnte ich meinen Mutterpflichten nicht richtig nachkommen, weil ich zu stark unter der Depression litt. Obwohl mein Sohn natürlich in einem Alter ist, in dem er mich nicht mehr gleich stark braucht wie als Jugendlicher, ist es für mich immer noch schwierig. Auch heute leide ich darunter, nicht all das für ihn machen zu können, was ich für nötig halten würde. Auch heute plagt mich das schlechte Gewissen, da ich nicht so für ihn da sein kann, wie ich es gerne würde. Auch heute ist es noch schwierig, zu akzeptieren. Eigentlich würde ich ihn mehr unterstützen. Eigentlich wäre ich mehr für ihn da. Eigentlich würde ich mehr für ihn tun. Eigentlich.

Ich habe immerhin das Glück, mittlerweile einen guten, netten, kompetenten und hilfsbereiten Psychiater zu haben, der mir das Gefühl gibt, dass es ihm am Herzen liegt, mir zu helfen. Die letzten neun depressiven Jahre hindurch hatte ich etliche Psychiater und Psychologen, welche mir immer wieder das Gefühl gaben, mich nicht ernst zu nehmen. Sie meinten teilweise zu mir, ich müsste mich doch nur zusammenreissen, dann würde es schon gehen. Ich hatte immer das Gefühl, dass mich diese früheren Therapeuten immer wieder unter enormen Druck setzen wollten und mich zurück in die Arbeitswelt schicken wollten. Und dies, obwohl auch damals immer wieder mittelgradige bis schwere Depressionsphasen diagnostiziert wurden.

Die Therapeuten schienen einfach nur zu wollen, dass ich bald möglich wieder arbeiten gehe, egal, wie es mir ging. Wegen des Drucks und weil ich auch immer dachte, die Therapeuten werden schon wissen, was sie tun, versuchte ich es immer wieder. Ich versuchte, den Therapeuten zu vertrauen. Sobald meine schwere depressive Episode ein wenig abgeschwächt war, versuchte ich wieder, zu arbeiten. Eine Arbeitsstelle zu finden war jeweils nicht schwierig. Bald fing ich also wieder zu arbeiten an. Doch nach ein paar Tagen, Wochen oder Monaten kam die nächste schwere Episode. Ich war dann wieder so depressiv, dass ich überhaupt nichts mehr hinkriegte. Ich war wieder stets völlig erschöpft und völlig am Ende. Entweder musste ich mich dann immer wieder krankschreiben lassen, wobei ich zwischendurch mit aller Kraft versuchte, zur Arbeit zu gehen, oder ich verlor die Arbeitsstelle nach wenigen Kranktagen. Die Teammitglieder hatten natürlich weder Verständnis noch Mitgefühl. Sie waren einfach nur mürrisch, weil sie sich nicht auf mich verlassen konnten und jeweils nicht wussten, ob ich am nächsten Tag kommen könne oder nicht. Für mich war es kaum zu ertragen. Ich hatte ein solch schlechtes Gewissen den Teamkollegen gegenüber, dass ich daran fast zerbrach. Ich konnte schliesslich nichts dafür, dass ich an einigen Tagen morgens einfach stundenlang erbrechen musste und es mir dann unmöglich war, zur Arbeit zu fahren. Oder ich hatte Nächte lang nicht schlafen können. Oder ich hatte sonstige psychosomatische Beschwerden, welche mich krank machten. Da ich keine Person bin, die je die Arbeit geschwänzt hatte, war dies der pure Horror für mich. Früher ging ich sogar mit Fieber oder sonstigen Krankheiten noch arbeiten, auch wenn ich fast keine Energie hatte, nur weil es mir wichtig war, die nötigen Dinge im Geschäft reibungslos zu erledigen, den Kunden einen tollen Service zu gewährleisten, den Kollegen keine zusätzliche Arbeit aufzuhalsen und einfach nur einen guten Job zu machen. Ich hätte mich niemals krankgemeldet, wenn es nicht wirklich absolut unmöglich war, zu arbeiten. Und dies hat sich bis heute kein bisschen geändert. Auch heute und auch wenn die Depression noch so schwer ist, würde ich jederzeit arbeiten, wenn es irgendwie ginge. Aber wenn ich mich krankgemeldet hatte, war es sicherlich und immer so, dass ich effektiv keine Chance hatte, zur Arbeit zu kommen. Ich war dann wirklich richtig krank. Und es war mir wirklich immer absolut unmöglich, zu arbeiten. Und mit dem Wissen, dass ich alles versuchte, um so wenig wie irgendwie möglich zu fehlen, um dann trotzdem von allen Leuten als Schwänzerin und Blaumacherin bezeichnet zu werden, war alles noch schmerzhafter für mich. Ich hatte ständig das Gefühl, dass meine Arbeitskollegen sauer auf mich waren. Sie dachten, ich sei nicht krank und wolle mich vor der Arbeit drücken. Wie können sie sowas von mir denken? Sie sollten mich doch kennen und korrekt einschätzen. Das dachte ich zumindest. Ich habe immer gekämpft. Auch wenn ich manchmal keine Energie mehr hatte, hatte ich nicht aufgegeben. Ich hatte nur ein klein wenig Verständnis erwartet. Ich kann schliesslich nichts dafür, dass ich diese Krankheit habe. Und ich versuche mein Möglichstes, um gesund zu werden. Ich tu alles, damit es mir besser geht. Jedenfalls versuche ich ja, nicht krankgeschrieben werden zu müssen. Aber ich kann es nicht verhindern. Es ist so, wie jemand seinem Körper nicht sagen kann, er soll sich bitte sofort abkühlen und die Temperatur auf 37 Grad setzen, und der Körper soll jetzt sofort keine Grippe mehr haben. Man kann Medikamente nehmen, die das Fieber senken. Teilweise hilft das. Aber wenn dies nicht hilft, kann man das Fieber nicht durch zusammenreissen runterbringen. Es ist einfach da.

Man muss damit leben. Man muss versuchen, mit dem Fieber umzugehen. Man muss versuchen, das Möglichste zu tun, damit es runtergeht. Aber man kann dem Körper nicht einfach sagen, er soll jetzt aufhören, Fieber zu haben und dann hört er einfach auf. Das funktioniert schlichtweg nicht.

4. Wenn die Leute es respektieren würden

Den Mitmenschen zu erklären, was eine Depression ist, ist immer sehr schwierig. Ich kenne viele Leute, die sagen, sie wären auch schon depressiv gewesen, als zum Beispiel die Freundin Schluss gemacht habe oder noch krasser, weil ein Ausflug geplant war und es an dem Tag dann aber regnete. Hey Leute, bitte, das heisst dann deprimiert sein, nicht depressiv sein. Man fühlt sich nicht wohl. Man ist unzufrieden, enttäuscht oder unglücklich. Man fühlt sich schlecht. Man fühlt sich einfach nicht so glücklich oder zufrieden. Deprimiert ist aber nicht das Gleiche wie depressiv. Eine Depression ist nicht ein Gefühl, das man kurz einmal fühlt. Man leidet nicht an einer Depression, nur weil man wegen etwas deprimiert ist. Man leidet nicht an einer Depression, weil etwas im Leben nicht ganz so läuft, wie man es gerne hätte. Es wäre schön, wenn Leute endlich verstehen würden, was eine Depression ist. Ich mag es überhaupt nicht, wenn jemand sagt, er hätte eine Depression, aber er eigentlich nur gerade ein wenig deprimiert wegen einer Situation ist. Man sollte verstehen, wie schlimm eine Depression ist und sein kann. Nicht jede Depression ist gleich, nicht jeder Depressive empfindet gleich. Aber eine Depression ist eine Krankheit. Ein Depressiver leidet. Oftmals hat ein Depressiver über Wochen und Monate oder gar über Jahre hinweg das Gefühl, traurig zu sein. Man ist traurig, jeden Tag. Man kann sich an Dingen nicht mehr erfreuen, welche einem früher Freude bereitet hatten. Man hat keinen Antrieb, keine Motivation und keine Kraft. Die kleinsten Dinge zu erledigen, scheint eine Qual zu sein. Man kriegt nichts mehr richtig hin. Man hat keine Kraft. Man verliert sich immer wieder in Gedankenkreisen, die keinen Sinn machen. Man findet absolut keine Erholung, weder für Geist noch Körper. Man kann sich nicht mehr entspannen. Ein Mensch, der nur deprimiert ist, hat dieses Gefühl vielleicht eine Stunde oder einen Tag, aber er kann sich meistens durch Gespräche mit Freunden oder einer Tätigkeit ablenken. Aber ein Depressiver kriegt das nicht hin. Er kann es nicht hinkriegen. Es gibt keine Ablenkung, die ihm helfen würde. Er fühlt sich mies und kann nichts dagegen machen. Er ist der Depression vollkommen ausgeliefert. Es ist eine echte Krankheit. Es ist etwas, das nicht so sein sollte. Wie bei Fieber die Temperatur nicht bei 40 Grad, sondern bei 37 Grad sein sollte. So ist die Depression eine Krankheit, an der ein Patient leidet. Die Krankheit selbst hat etliche verschiedene Arten, wie sie zustande kommt, wie sie sich zeigt und welche körperlichen Symptome sie aufweist. Jede Depression zeigt sich anders. Jeder Depressive leidet anders. Man kann nicht sagen, dass eine depressive Person sicherlich auch Bauchschmerzen vor einem Therapeutentermin hat, da eine andere depressive Person dies hat. Man kann nicht von einer depressiven Person auf die andere ableiten. Auch ist der Verlauf der Depression bei jedem Patienten anders. Entsprechend benötigt auch jeder ein für sich abgestimmtes Medikament. Es gibt nicht ein Antidepressivum, welches jedem

Depressiven hilft. Je nach Person, je nach psychosomatischen Symptomen, also die körperlichen Beschwerden, welche die Depression beim Patienten hervorruft, je nach Nebenwirkungen des Medikamentes, welches vielleicht schon versucht wurde, je nach Schweregrad der Depression, je nach zu überwindenden Schwierigkeiten, muss ein zutreffendes Medikament oder mehrere, gefunden werden. Jemand hat vielleicht eine leichte Depression, ein anderer eine schwere Depression mit Psychosen, ein anderer hat eine mittelschwere Depression mit Angstzuständen oder mit einer Zwangsstörung.

Die Krankheit kann so unterschiedlich sein wie die Menschen selbst, die an der Krankheit leiden. Und das richtige Medikament zu finden kann eine langzeitige Aufgabe sein. Ein Antidepressivum wirkt meistens erst nach ein paar Wochen. Erst dann fängt der Patient an, sich wohler zu fühlen - oder eben nicht, wenn es das falsche Antidepressivum war. Dann hat man bei einem Medikament vielleicht starke Kopfschmerzen, die man fast nicht aushält, als Nebenwirkung. Will man dann ein anderes Medikament versuchen, muss man das momentane Medikament langsam ausschleichen lassen, damit der Körper nicht vom Entzug überfordert wird. Das zu schnelle Absetzen von jeglichen Antidepressiva kann sehr gefährlich sein für den Körper und vor allem für die Psyche. Also vergehen wieder ein paar Wochen, bis das erste Medikament abgesetzt ist und bis man dann überhaupt ein neues Medikament versuchen kann. Dann dauert es auch wieder ein paar Wochen, bis die Wirkung des neuen Medikamentes einsetzt. Dann hat man vielleicht andere Nebenwirkungen, welche noch schlimmer sind, als die Kopfschmerzen es waren. Oder man hat Glück und hat fast keine Nebenwirkungen. Nun muss die Dosis dieses Medikamentes geprüft werden. Reicht es aus? Habe ich damit die gewünschte Unterstützung? Geht es mir damit besser? Oder wirkt es zum Beispiel gut für das Aufstehen am Morgen, da dies einfacher geht und eine gewisse Motivation und Kraft nach dem Aufstehen vorhanden ist, aber dafür kann man abends nicht einschlafen? Soll die Dosis vielleicht runtergesetzt werden, dann kann man abends vielleicht schneller einschlafen, hat aber morgens weniger Antrieb? Oder muss ein weiteres Medikament für die Entspannung und für das Einschlafen genommen werden? Ich denke, jeder, der eine mit Medikamenten unterstützte Depression durchleidet, kennt das Dilemma. Es gibt heute zum Glück vielerlei Medikamente, die alle helfen, wenn diese für die richtige Person in der richtigen Dosis gefunden werden. Nur hat ein Depressiver meist keine Energie, immer wieder zu versuchen und zu überlegen, was noch fehlt oder was noch besser sein könnte. Depressive mögen oft nicht Kraft investieren, um über Medikamente nachzudenken. Es gibt zu viele andere Probleme. Wenn man ein Medikament hat, das einigermassen funktioniert, ist man froh, wenn man nicht mehr darüber nachdenken muss. Und man bleibt bei diesem, obwohl ein anderes Medikament vielleicht viel passender wäre.

Die Medikamente sind die eine Sache. Das andere ist, einen guten Therapeuten zu finden. Nach etlichen Versuchen bin ich schlussendlich bei einem Psychiater gelandet, der mich wirklich sehr gut betreut. Meine Freundin hat da andere Erfahrungen gemacht. Sie hatte schon etliche schlechte Psychiater. Da bei ihr die Medikamente und die Therapien nicht anschlagen, schickt ihr Psychiater sie immer wieder in Psychiatrien. Doch auch diese Aufenthalte bringen keine Besserung. Mittlerweile kann sie Kliniken nicht mehr sehen. Man nennt das wohl 'Klinikkoller'. Jedenfalls ist es für sie sehr schwierig, Psychiatern weiter zu vertrauen. Da alle ihre Anstrengungen keine Besserung herbeiführen, drängt ihr momentaner Psychiater sie ständig dazu, sich einer Elektroschock-Therapie zu unterziehen. Diese Behandlung ist anscheinend heute nicht mehr so schlimm wie vor einigen Jahren. Aber meine Freundin hat eine Verwandte, die sich einer Elektroschock-Therapie unterzog, welche erhebliche Folgeschäden davon erlitt. Unter anderem hatte sie fast alle ihre Zähne verloren. Jedenfalls hat meine Freundin schreckliche Angst davor, sich einer solchen Therapie zu unterziehen. Aber ihr Psychiater kommt immer wieder auf sie zu und bittet sie, dieser Therapie eine Chance zu geben. Für meine Freundin ist es ein Kampf. Sie fühlt sich oft missverstanden. Sie fühlt sich vom Psychiater nicht ernst genommen. Sie hat kein Vertrauen zu ihm. Doch leider fehlt ihr auch die Kraft, einen neuen Psychiater zu suchen, da sie dann ihre ganze Lebensgeschichte wieder erzählen und durchleben muss. Das ist ihr zu viel.

Nun sollte man denken, dass ich mit meinem guten Psychiater und den richtigen Medikamenten die Depression bezwingen können sollte. Ach, wenn das so einfach wäre. Ich erzähle mal von einem gewöhnlichen Tag vor einigen Jahren. Damals bin ich noch gesund. Ich habe noch keine Depression. An diesem Beispieltag stehe ich entspannt und erholt morgens um 6 Uhr auf. Dann gehe ich unter die Dusche, wasche mir die Haare, ziehe mich an, mache das Frühstück für mich und meinen Sohn fertig, fege noch kurz den Boden im Wohnzimmer und in der Küche, lege noch kurz die Kleider aus der Wäsche vom vorigen Tag zusammen, wecke meinen Sohn, wir frühstücken zusammen, wir machen uns fertig, er geht zur Schule und ich zur Arbeit. Ich stresse im Geschäft umher, damit ich das viel zu grosse Arbeitsvolumen halbwegs durchbringe, rase nach Hause, wärme das Mittagessen, welches ich am vorigen Tag vorgekocht hatte, decke den Tisch und dann kommt auch schon mein Sohn nach Hause. Wir essen zusammen. Er erzählt mir von der Schule, er erklärt mir, welche Hausaufgaben er bekommen hat, und dann geht er wieder in die Schule und ich ins Geschäft. Wenn mein Sohn keine Schule hat am Nachmittag, bringe ich ihn auf dem Weg zur Arbeit bei meinen Eltern vorbei und hole ihn dort nach meiner Arbeit wieder ab. Nach der Arbeit löse ich dann, wenn noch nicht erledigt, mit ihm die Hausaufgaben, setze mich mit ihm hin zum Nachtessen, dann spielen wir oder basteln, und dann schauen wir vielleicht noch kurz fern bevor er ins Bett geht. Bei schönem Wetter gehen wir vielleicht auch raus und spielen Badminton oder Fussball oder treffen uns mit Kollegen oder Nachbarn. Dann, wenn mein Sohn schläft, mache ich den restlichen Haushalt oder mache was Schönes für mich. Dann lege ich mich spät nachts oder schon fast früh morgens irgendwann ins Bett und schlafe sofort erschöpft ein. Nach ein paar wenigen Stunden Schlaf beginnt dann das Ganze von vorn. Ich habe keine Probleme und empfinde keinen Stress. Mir gefällt dieser Tagesablauf. Mir wird nicht langweilig. Ich will den Tag gut verbringen. Ich will die Zeit gut nutzen. Alles passt soweit. Aber dann ändert sich alles.

5. Die Krankheit bricht aus

Im Geschäft hat es immer mehr Arbeit, die ich erledigen soll. Ich muss mich um immer mehr kümmern und mehr Verantwortung tragen. Ich bekomme immer weniger Unterstützung. Über etliche Monate habe ich so viel zu tun, und zwar täglich, dass die Arbeit für drei Vollzeitangestellte reichen würde. Aber meine Vorgesetzten vertrösteten mich immer wieder von Neuem, dass sie demnächst zusätzliches Personal für meine Arbeit einstellen würden. Leider sei für sie noch nicht absehbar, wie viel Arbeitspensum genau fehle. Entsprechend warte ich ungeduldig darauf, dass mein Chef endlich kommen würde, um mir eine oder zwei neue Arbeitskräfte vorzustellen. Doch ich warte vergebens. Immer wieder heisst es, das Problem werde demnächst gelöst. Die einzige Möglichkeit, die ich habe, dieses riesige Arbeitsvolumen irgendwie zu bewältigen, ist es, Überstunden zu leisten und nicht allzu dringende Sachen mit schlechtem Gewissen liegenzulassen. Ich lege mir einen Laptop zu und arbeite abends von zuhause aus für das Geschäft. Somit kann ich am späten Nachmittag bereits von der Arbeit nach Hause gehen. Ich kann dann, wenn mein Sohn von der Schule kommt, mit ihm Zeit verbringen. Später, wenn mein Sohn schläft, arbeite ich dann nochmals etliche Stunden am Laptop. Also sehen meine Tage, Wochen und Monate so aus, dass ich mit meinem Sohn zu Abend esse, dann mit ihm spiele oder bastle, ihn dann ins Bett bringe und mich dann für mehrere Stunden an den Laptop setze. Ich habe jeden Abend immer noch so viel unerledigte Arbeit übrig, dass ich mindestens zwei Wochen durcharbeiten könnte. Das Problem ist nur, dass ich am nächsten Tag wieder neue Arbeit auf dem Pult habe. Die Dokumentenstapel werden nicht weniger, und die Dringlichkeiten sind schon fast unüberschaubar. Was nicht dringend zu erledigen ist, wird nicht erledigt. Es staut sich immer mehr Arbeit an. Mein innerlicher Druck, die Arbeit vernünftig zu erledigen, steigt jeden Tag. Ich sehe jeden Tag, wie sich immer mehr unerledigte Sachen stapeln und wie ich immer noch weiter in Rückstand gerate. Ich versuche, so gut es geht, Prioritäten richtig zu setzen. Ich erhalte dann aber trotzdem immer wieder Reklamationen von Kunden, Partnern und Mitarbeiterkollegen, die schon längere Zeit auf meine Antwort oder Hilfe warten. Und ich kann dem nicht mehr gerecht werden, da meine Zeit einfach mittlerweile auf fast 16 Stunden Arbeitszeit pro Tag ist. Das ist bereits ein fast doppelt so hohes Pensum wie eine normale Stelle. Wie soll ich bei einer Arbeitszeit von 16 Stunden am Tag noch Zeit für meinen Sohn, meinen Haushalt, private Erledigungen und mich haben? Ich arbeite oftmals 70 Stunden pro Woche oder mehr, und das mache ich schon über Monate hinweg. Und noch mehr ist dann einfach nicht möglich. Samstage sind oft mit Geschäftsarbeit zuhause gefüllt. Unterlagen für das Geschäft bereite ich zuhause vor, während mein Sohn auf dem Spielplatz ist oder mit meinen Eltern einen Ausflug macht. Ich versuche jedenfalls immer, die Zeit so qualitativ mit meinem Sohn zu verbringen, wie nur irgendwie möglich. Ich versuche stets, die Geschäftsarbeit nur dann zu machen, wenn er entweder schläft oder sonst eine sehr gute Beschäftigung hat, ohne meine Anwesenheit. Aber ich bin sauer auf das Geschäft. Ich bin sauer, dass meine Vorgesetzten nicht einfach endlich jemanden zusätzlich einstellen und sauer, dass ich keine Unterstützung bekomme. Und ich bin nun mal nicht die Person, die Arbeit liegen lässt, nur halb richtig macht, in der Eile einfach falsch macht oder einfach bei Feierabend aus dem Geschäft geht und alles vergisst. So bin ich nicht. Ich bin eine gewissenhafte Person. Ich mache keine halben Sachen.

Wenn ich schon arbeite für ein Geschäft, dann auch richtig. Ich will einen guten Job machen. Ich will den Kollegen, Kunden und Partnern eine Unterstützung sein, guten Service bieten und vielleicht auch in positiver Erinnerung bleiben. So bin ich. Ich bekomme heute noch, und das sieben Jahre nachdem ich dort den letzten Arbeitstag gehabt hatte, E-Mails von früheren Kunden und Partnern, auf meine private Adresse. Sie fragen mich heute noch, wie es denn so geht. Und erzählen mir heute noch, wie froh sie damals waren, als ich dort noch ihre Ansprechperson gewesen sei und wie zufrieden sie damals ihre eigene Arbeit machen konnten, da sie sich stets auf mich verlassen konnten. Einige erzählen mir auch, wie mühsam und unbefriedigend ihre Arbeit geworden sei, seitdem ich nicht mehr da sei, und dass sie etliche Male nachfragen müssen, Dokumente nicht rechtzeitig erhalten und sie sich nicht gut aufgehoben fühlen. Na ja, ich bin ehrlich. Das tut gut. Ich kann zufrieden sein mit mir. Ich kann stolz auf mich sein. Ich habe wirklich immer eine sehr gute Arbeitsleistung hingelegt, einen makellosen Service gegeben und war immer eine wichtige Anlaufstelle für viele Leute, weil sie wussten, dass sie sich an mich wenden konnten, jederzeit, mit jedem Anliegen. Sie fühlten sich in guten Händen. Und das zu wissen, macht mich stolz.

Bereits an einer Erschöpfungsdepression leidend, wegen der viel zu grossen Anzahl Überstunden, welche ich leisten musste, versuchte ich, weiterzuarbeiten, so gut es ging. Ich hatte bereits ein paar Wochen ständiges Fieber, ununterbrochen etwa um die 38 Grad, trotz fiebersenkenden Mitteln. Ich litt allerdings weder an einer Grippe noch an einer Erkältung. Der Grund für das Fieber war mir völlig unklar. Aber ich versuchte immer wieder, trotzdem zu arbeiten. Ich gab meine letzten Kräfte für die Arbeit. Auch vor allem deshalb, weil ich nun nach jahrelangem Warten endlich bestätigt bekommen hatte, dass ich die Teamleitung übernehmen könne und mir eine weitere Person unterstellt wird, zusätzlich zum bestehenden Team. Somit hoffte ich natürlich, dass ich endlich meine Ideen und Vorschläge umsetzen könnte, dass ich Zeiteinsparungen erzielen könnte und dass mein Team verstärkt werden würde. Doch es kam alles anders.

6. Eigentlich hätte ich früher reagieren müssen

Es ist Valentinstag. Nein, für mich an dem Tag überhaupt kein Anlass, romantisch zu sein. Ich gehe morgens zur Arbeit, während ich mit meinen Gedanken bei meinem 12-jährigen Sohn bin. Meine Mutter bringt ihn nämlich gerade zum Arzt. Mit meinem Sohn stimmt etwas nicht. Er hat seit Monaten sehr trockene Haut, was ich im Herbst und Winter auf die trockene Heizungsluft schob. Er hat immer Durst, wobei ich dachte, trinken sei ja gesund. Er muss sehr häufig auf die Toilette. Ich hatte den Verdacht, es könnte eine leichte Blasenentzündung sein. Deshalb fragte ich meine Mutter, ob sie heute mit meinem Sohn zum Hausarzt gehen könnte.

In meiner Arbeit vertieft, höre ich mein Telefon klingeln und sehe die Nummer meiner Mutter. Ich bin einen Moment lang wie erstarrt. Weshalb wartet sie nicht bis am Mittag, um mir mitzuteilen, was der Arzt meinte? Was hat denn mein Sohn? Weshalb ruft sie an? Ich kriege es mit der Angst zu tun und hebe den Hörer natürlich sofort ab. Meine Mutter sagt ganz aufgeregt, ich solle sofort zu ihr fahren, damit wir mit meinem Sohn in die Notaufnahme des Krankenhauses fahren können. Er sei an Diabetes Typ 1 erkrankt.

Ich lege den Hörer auf, gebe meiner Arbeitskollegin vom anderen Team kurz Bescheid, dass ich ins Krankenhaus müsse wegen meines Sohnes. Ich bitte sie, meinen Vorgesetzten zu informieren, lege ihr zwei Dossiers hin, die sie bitte heute noch erledigen solle für mich und sage, ich würde mich melden, sobald ich mehr wisse. Ich renne aus der Firma, fahre sofort zu meinen Eltern und setze mich dann zu meiner Mutter und meinem Sohn ins Auto. Auf der Kindernotfallstation wird meinem Sohn Blut abgenommen, ein Tropf mit Flüssigkeit wird angehängt und weitere Untersuchungen werden gemacht. Ich bin so froh, dass meine Mutter mitgekommen ist. Ich will ja gerne und selbstverständlich die ganze Zeit für meinen Sohn da sein. Das mache ich auch, so gut es geht. Aber ich stehe mit Krankenhäusern irgendwie auf Kriegsfuss. Mir wird, während ich die Schläuche und Apparate sehe, wie schon öfters in Krankenhäusern, sehr übel. Ich habe das starke Gefühl, mich übergeben zu müssen oder in Ohnmacht zu fallen. Ich kriege fast keine Luft mehr. So muss ich, so hart dies für mich ist, meinen Sohn im Zimmer bei meiner Mutter lassen und nach draussen gehen, um mich zu beruhigen. Klar, ich habe es meinem Sohn erklärt und natürlich hat er es verstanden. Er kennt das ja von mir. Er weiss, dass ich in Krankenhäusern entweder erbrechen muss, mir sehr übel wird oder, wie andere Male, ich einfach in Ohnmacht falle. Dieses Wissen ist auch der Grund, weshalb meine Mutter zur Unterstützung mitgekommen ist.

Eigentlich muss ich schon froh sein, dass sie mich überhaupt in dieses Krankenhaus lassen. Bei meinem letzten Besuch wurde ich nämlich auch in diesem Spital ohnmächtig und musste dann eine Kopfwunde nähen lassen. Und eigentlich hatte mich damals das Personal gebeten, nicht wiederzukommen oder zumindest einen Rollstuhl beim Betreten des Krankenhauses zu verlangen, um einen weiteren Unfall zu vermeiden. Doch ich habe keinen Nerv dafür. Mein Sohn ist jetzt wichtig. Da kann ich nicht noch sonstige Sachen überlegen. Ich muss also mal kurz raus an die frische Luft. Für mich ist es nicht angenehm. Mein Sohn versteht meine Situation sehr gut und ist froh, dass ich nicht drinnen bin und vielleicht sogar bei ihm umkippe. Doch wie ist es für mich, meinen Sohn in dieser Situation allein lassen zu müssen? Weder er noch ich wissen bis jetzt, was er genau hat. Wir wissen nicht, wie kritisch die Situation genau ist. Diese Unsicherheit. Was geschieht? Was hat er? Was bedeutet das? Sind Organe bereits geschädigt? Welche Untersuchungen folgen? Und ich kann nur teilweise dabei sein. Und er, der Ärmste, muss ohne mich im Bett liegen bleiben, damit eine weitere Blutentnahme gemacht werden kann. Da kann ich nicht dabei sein. Das ist zu gefährlich für mich. Einige Minuten später fühle ich mich etwas erholt und nehme einen weiteren Anlauf, um zu ihm ins Zimmer zu gehen. Nun setze ich mich sofort auf den Stuhl, damit ich mich nicht verletze, falls ich ohnmächtig werde. Langsam geht es besser. Ich kann es aushalten. Ich bin sehr erleichtert, nun für meinen Sohn da sein zu können. Ungeduldig warten wir, dass ein Arzt uns mehr Informationen gibt. Die Diagnose ist tatsächlich Diabetes Typ 1. Er produziere kein eigenes Insulin mehr. Deshalb sei der Zuckerwert in seinem Blut viel zu hoch. Seine Muskeln können den Zucker aber nicht aufnehmen, weil das Insulin fehle. Deshalb sei er in letzter Zeit so schwach gewesen. Durstig sei er gewesen, weil sein Körper den überschüssigen Zucker ausschwemmen wollte. Trockene Haut hätte er, weil er zu wenig Flüssigkeit im Körper habe, da die gesamte zugeführte Flüssigkeit nur versucht, den Zucker aus seinem System zu kriegen. Der Arzt meint, er sei sehr froh, dass wir heute sofort gekommen seien. Wenige Tage später hätte es viel schlimmer aussehen können. Dann hätte er vielleicht in Ohnmacht oder gar in ein Koma fallen können, wegen des viel zu hohen Blutzuckers. Oder er wäre innerlich ausgetrocknet. Oder es hätten Organschäden die Folge sein können. Nun sei sofort Flüssigkeit durch den Tropf zugeführt worden, was die Austrocknung verhindern soll. Auch sei Insulin zugeführt worden, damit der Zucker, den die Muskeln benötigen, auch zu diesen gelangen kann. Es gehe ihm nun gut. Er sei in guten Händen. Es sei nichts Schlimmes passiert. Angesichts der gemachten Untersuchungen seien keine Organschäden vorhanden. Sein Kreislauf sei stabil. Weitere Untersuchungen würden zwar folgen, aber es sehe gut aus. Wir seien gerade noch rechtzeitig gekommen.

Ich weiss momentan nicht, wie ich mit meinen Gefühlen umgehen soll. Mein Sohn tut mir unendlich leid, weil er so etwas durchmachen muss und er in einem

Notfallzimmer im Spital liegen muss. Es tut mir leid, dass er mit diesen Ängsten umgehen muss, dass er so schwach ist und dass er die Schläuche ertragen muss. Aber ich habe auch ein ganz starkes Gefühl von Schuld in mir. Ich hätte dies früher erkennen sollen. Ich hätte früher zum Arzt sollen mit ihm. Ich hätte früher darauf kommen sollen, was es mit den Symptomen auf sich hat. Ich hätte früher reagieren sollen. Ich hätte auch in den letzten Monaten nicht immer wieder zu ihm sagen sollen, er solle sich nicht so anstellen, wenn er sagte, er sei zu müde für diesen Spaziergang. Ich dachte, er reagiere wegen der Pubertät so. Wie hätte ich das wissen sollen?! Es tut mir weh. Weh, dass ich nicht früher reagiert hatte. Weh, meinen Sohn so zu sehen.

Für meinen Sohn ist es schwierig, mit seinen zwölf Jahren, damit umzugehen. Er wird sein Leben lang Insulin spritzen müssen. Er wird immer aufpassen müssen, was er isst und was er tut. Von nun an muss er seinen Blutzucker ständig messen und unter Kontrolle halten. Er muss sich selbst immer wieder in den Finger stechen, bis ein Tropfen Blut rauskommt, damit er seinen Blutzucker messen kann. Und wenn er isst oder korrigieren muss, muss er sich selbst eine Spritze mit Insulin in den Oberschenkel oder Bauch geben. Und er kann nicht mehr einfach essen, was er will, wann er will oder wie viel er will. Er muss alles kontrollieren. Er muss sich immer bewusst sein, was und wie viel er isst, damit er berechnen kann, wie viel Insulin er dazu benötigt. Nicht nur ab und zu, sondern immer, Tag und Nacht, jeden Tag, vermutlich sein Leben lang. Davon gibt es keinen Urlaub. Die Entwicklungen sind auch noch nicht so weit, dass es eine Lösung gibt, die wirklich einfach ist. Es gibt gute Geräte, um den Blutzucker festzustellen und es gibt die einfach zu bedienenden Insulinspritzen. Es gibt auch Insulinpumpen, welche das Insulin fast automatisch abgeben, doch das will nicht jeder, da es ein Gerät ist, das immer am Bauch befestigt ist. Es kann einem sehr unangenehm sein und es kann Schmerzen verursachen. Es gibt Diabetiker, die sind sehr zufrieden damit, andere gar nicht. Jedenfalls ist es hart für meinen Sohn, damit konfrontiert zu werden, dass er nun immer aufpassen muss. Er muss immer Traubenzucker griffbereit haben, immer und überall. Er muss wissen, dass es gefährlich sein kann, wenn er nicht darauf achtet. Auf den Blutzuckerwert, auf das Essen und auf das Insulin.

Jedenfalls geht es meinem Sohn nach ein paar Stunden schon wieder etwas besser. Er scheint wieder Kraft zu gewinnen. Langsam. Ich erinnere mich schon noch an den Tag davor. Am Sonntag, ich war mit meinem Sohn und meinem damaligen Freund unterwegs, jammerte mein Sohn ständig, dass er nicht mehr gehen könne, er sei so müde. Ich dachte einige Monate lang, dass es seine Pubertätsphase sei, weshalb er ständig meinte, er sei so erschöpft, und dass er vielleicht nur trotze. Vielleicht deswegen trotze, weil ich wieder eine Art Beziehung zu einem Mann hatte, eine Fernbeziehung. Vielleicht war mein Sohn eifersüchtig. Ich wusste es nicht. Doch an diesem Sonntag hatte ich schon am frühen Morgen ein ungutes Gefühl. Ich erinnere mich, dass ich überlegt hatte, ob ich mit meinem Sohn zum Arzt soll. Mein damaliger Freund meinte dann, das könne ich doch morgen noch tun, er reise schliesslich heute Abend wieder ab und wir sollen doch die Zeit gemeinsam nutzen. Mein Sohn meinte, es gehe schon und er wolle am Montag dann zum Arzt. Und so war es dann auch. Meine Mutter brachte ihn zum Arzt. Von dort rief sie mich im Büro an und informierte mich darüber, dass mein Sohn sofort in den Notfall müsse. Ich weiss noch, dass ich am Sonntag beim Spazieren die Hand meines Sohnes gehalten hatte. Das taten wir schon länger nicht mehr, da er ja nun ein Teenager war. Jedenfalls erschrak ich ausserordentlich, als ich seine Hand hielt. Ich hatte das Gefühl, nur Haut und Knochen in meiner Hand zu fühlen. Kurze Zeit später zuhause musste ich meinen Sohn bitten, sich auf die Waage zu stellen. Das war ein Schock. Mein Sohn hatte innert kürzester Zeit, also innert wenigen Wochen, 10 kg Gewicht verloren. Von 50 kg sackte er auf nur noch 40 kg runter. Wie konnte das passieren? Wie konnte ich das nicht merken? Ja, mir wurde bewusst, dass ich meinen Sohn schon längere Zeit nicht mehr ohne Kleider gesehen hatte, was ja in der Pubertät verständlich ist. Ich sah ihn auch nicht in Sommermode, da es Winter war. Auch bemerkte man es nicht unter den weiten, lässigen Jeans. Aber beim Hände halten erschrak ich regelrecht. Da wusste ich, dass es höchste Zeit war, am Montagmorgen als allererstes zum Arzt zu gehen.

Ich kann mich erinnern, dass ich, als mein Sohn im Krankenhaus dann etwas stabiler war und vom Notfallbett in ein normales Zimmer verlegt werden konnte, meinen damaligen Freund, der den Tag zuvor nach Hause ins Ausland reiste, anrief, um ihm zu erzählen, was passierte. Er meinte dann am Telefon, das sei doch nicht so schlimm. Er hätte auch Kollegen, die Diabetes Typ 1 haben. Die kämen alle gut damit zu recht. Dann fragte er mich, ob ich denn bald nach Hause gehe. Ich antwortete, etwas erstaunt über die Frage, dass ich natürlich bei meinem Sohn bleiben würde. Es ginge ihm wirklich schlecht. Ich hätte noch keine Ahnung, wann ich nach Hause gehen würde oder ob ich auch die Nacht vielleicht bei ihm verbringen würde. Mein Freund fragte dann, ob denn sonst jemand bei mir in der Wohnung sei. Ich verstand nicht, was er damit meinte. Vertraut er mir etwa nicht? Meint er, ich hätte noch einen anderen Freund zuhause? Worum geht es hier? Ich konnte nicht verstehen, wie er mir eine solche Frage stellen konnte, ob jemand bei mir zuhause sei, während ich mit meinem Sohn, der wirklich in einem sehr schlechten Zustand war, im Krankenhaus hoffte, dass es ihm bald besser gehe. Eigentlich hatte ich doch meinen Freund angerufen, um seine Unterstützung zu bekommen, um ihn zu informieren und auch damit er weiss, was in meinem Leben passiert. Ich fragte also nach, was die ganze Sache sollte. Mein Freund erklärte mir dann, dass er veranlasst hätte, dass ein Blumenstrauss an mich geliefert werde. Ich konnte es nicht fassen. Was interessieren mich denn jetzt heute Blumen? Ja, es ist Valentinstag. Na und? Ich habe doch ganz andere Probleme. Als ob ich jetzt nach Hause gehen würde, um einen Blumenstrauss in Empfang zu nehmen. Und dazu meinen Sohn etwa allein im Krankenhaus zurücklassen? Ich verstehe das einfach nicht. Unglaublich.

Der nächste Schritt, den ich gehen muss, ist, meinem Ex-Mann Bescheid zu geben. Also rufe ich auch ihn an. Ich denke, er sollte wissen, dass unser gemeinsamer Sohn im Spital ist und welche Krankheit er hat. Mein Ex-Mann sagte nur, als er Diabetes hörte, dass dies doch kein Wunder sei. Es sei ganz klar, dass so etwas hätte kommen müssen. Ich hätte dem Jungen schliesslich auch viel zu viele Süssigkeiten gegeben und schokoladehaltigen Brotaufstrich. Es sei doch klar, dass unser Sohn nun an Diabetes erkrankt sei. Ja, so ist mein Ex-Mann. Er war zwar nicht so, als ich ihn kennen und lieben lernte. Oder vielleicht auch doch, aber ich sah es damals nicht. Oder wollte es nicht sehen. Oder er hat sich geändert. Ich habe keine Ahnung. Jedenfalls denke ich, dass seine Reaktion wieder einmal typisch ist. Mir die Schuld geben. Gar nicht richtig zuhören, was ich ihm über die Erkrankung sage und einfach mal mir die Schuld zuweisen. Das kann er gut. Immer wieder. Ich bin immer schuld an allem und mache immer alles falsch. Das kenne ich schon von ihm. Ich versuche weiterhin, meinem Ex-Mann zu erklären, was es bedeutet und wie es um unseren Sohn steht. Und erzähle ihm auch, dass er sehr schwach sei und viel Gewicht verloren hatte. Und als Nächstes höre ich ihn sagen, dass er mir Bescheid geben würde, wann er in die Schweiz kommen würde, um unseren Sohn zu besuchen.

Mein Ex-Mann war, nachdem wir einige Jahre zusammen im Ausland gelebt hatten und danach zusammen hierhergezogen waren, nach der Trennung wieder zurückgereist und wohnt seitdem wieder dort. Er hat uns, vor allem unseren Sohn, im Stich gelassen, seit er damals, das war noch während unserer Scheidung, vom Ausland aus anrief und mir mitteilte, er sei dahingezogen und ich solle dies doch bitte unserem Sohn mitteilen. Ich solle ihm sagen, dass sein Vater das Land verlassen hätte. Das war auch so eine grossartige Sache. Wie sollte ich das meinem fünfjährigen Sohn erklären? Wie konnte ich ihm sagen, dass sein Vater ins Ausland gezogen war, ohne sich zu verabschieden? Aber wie gesagt, nach unserer Trennung war alles ziemlich verrückt. Vor allem mein Ex-Mann. Um nicht weiter abzuschweifen, komme ich darauf zurück, als er mir am Telefon sagte, er wolle unseren Sohn im Spital besuchen kommen. Er kam noch nie zu Besuch, seit er damals einfach ausgereist war. Einmal besuchten ich und mein Sohn seinen Vater, doch das war auch eine sehr schwierige Situation. Mein Sohn wusste nicht so recht, was er davon halten sollte. Jedenfalls wollte sein Vater jetzt, nach so vielen Jahren, hierherkommen. Allerdings erwähnt er auch gleich, dass er nicht so sicher sei, ob er dies überhaupt tun soll. Nein, bei der Entscheidung geht es ihm nicht, wie zu erwarten wäre, um unseren Sohn oder ob es unserem Sohn guttun würde. Nein, es geht ihm nur um sich selbst. Dazu muss man wissen, dass er in den ganzen sieben Jahren keinen Kinderunterhalt bezahlt hatte, obwohl es vom Gericht so beschlossen wurde. Im Gerichtsurteil wurde festgelegt, wie viel er jeden Monat an mich zahlen muss. Aber das scheint ihn nicht zu interessieren. Er zahlt nicht.

Und jetzt will er hierherkommen und hat Angst, dass er von der Polizei aufgegriffen werden könnte, weil er keinen Kinderunterhalt bezahlt. Er weiss, dass es eine Straftat ist. Und er weiss auch, dass ich ihn angezeigt hatte. Ja, das musste ich, damit die Forderung nicht verjährt. Ich hatte ihm damals auch mitgeteilt, dass ich ihn angezeigt hatte, und dass er zur Zahlung verpflichtet sei. Das hatte ich ihm oft genug gesagt. Ich hatte ihn auch immer wieder daran erinnert, dass sein Nichtzahlen strafbar sei. Eigentlich hatte ich ihm das immer wieder gesagt, in der Hoffnung, dass er dann endlich zahlen würde. Ich musste schliesslich immer ein viel zu hohes Arbeitspensum meistern, weil ich seinen Anteil auch noch mitfinanzieren musste. Aber das war ihm völlig egal. Er wollte nicht zahlen. Er sagte immer wieder, er sehe nicht ein, weshalb er mir Geld geben müsse, wenn ich doch das alleinige Sorgerecht hätte. Wenn ich unseren Sohn bei mir haben wolle, dann müsse ich doch auch finanziell für ihn aufkommen. Das Gericht und das Gesetz interessiert es natürlich überhaupt nicht, was er denkt. Das Gericht hat einen Betrag festgelegt, welchen er an mich zahlen muss, als Kinderunterhalt. Er hätte schliesslich auch die finanzielle Möglichkeit dazu. Doch nun bekam er Angst, dass der Besuch im Krankenhaus, unter diesen Umständen, im Gefängnis enden könnte. Mein Ex-Mann sagt, er wolle sich dies nochmals überlegen und mir dann Bescheid geben.

Nun entscheidet mein damaliger Freund, obwohl er erst zu Besuch war und zurückgereist war, nochmals zu uns zu kommen, damit er für mich und meinen Sohn da sein könne und uns unterstützen könne. Und schon war das Blumenthema für mich wieder vergessen. Ich bin froh, endlich einen Freund zu haben, der sich wirklich drum kümmert, wie es mir geht und vor allem auch, wie es meinem Sohn geht. Jedenfalls empfinde ich es momentan gerade wieder so. Das gibt mir Kraft und Zuversicht, dass diese Fernbeziehung tatsächlich eine Basis für eine lange Beziehung hat.

Abends frage ich im Krankenhaus, ob ich dableiben soll. Mein Sohn meint nur, er schlafe doch sowieso, da er so erschöpft sei. Er wäre aber froh, wenn ich am nächsten Morgen gleich wieder zu ihm kommen könnte. Da er stabil ist und auch die Krankenschwester meint, es wäre vernünftiger, wenn ich mich zuhause von den ganzen Strapazen erholen würde, fahre ich nach Hause, nachdem mein Sohn eingeschlafen war. Zuhause öffne ich den Laptop, um zu schauen, was im Geschäft noch alles los war. Ich hatte meine Arbeitskollegin vom Spital aus schon mehrmals angerufen, um sie zu unterstützen und um ihr Wichtiges zu der Arbeit sagen zu können. Ich schreibe ihr eine Nachricht mit den wichtigsten Informationen, erledige einige komplizierte Fälle, bei denen sich ein Erklären nicht lohnen würde, und falle dann ins Bett.

Den folgenden Morgen fahre ich früh wieder ins Krankenhaus. Ich möchte da sein, wenn mein Sohn aufwacht. Den Laptop habe ich im Gepäck, falls die Arbeitskollegin nochmals Hilfe benötigt. Meinem Sohn geht es schon wieder besser. Er wird über viele Dinge aufgeklärt. Während er noch zu weiteren Untersuchungen gebracht wird, verbringe ich die Wartezeit arbeitend am Laptop. Und schon klingelt mein Telefon. Nein, nicht meine Arbeitskollegin, was ich eigentlich erwartet hätte, sondern mein Ex-Mann ruft mich an. Er hat entschieden, unseren Sohn im Krankenhaus besuchen zu kommen. Ich bin überrascht. Hat er sich das gut überlegt? Ich frage nochmals bei ihm nach, ob er sich bewusst sei, dass ich ihn wegen der Unterlassung, den Kinderunterhalt zu zahlen, angezeigt hatte. Ich wollte ihn einfach nochmals darüber informiert haben. Er scheint sich dessen bewusst und plant die entsprechende Reise über Umwege, damit er am Flughafen nicht festgenommen werde. Mein Sohn scheint eigentlich wenig begeistert von den Reiseplänen seines Vaters. Dies teile ich meinem Ex-Mann auch mit, aber das interessiert ihn nicht. Er sagt, ich hätte doch unserem Sohn sowieso gesagt, er solle sich nicht über den Besuch freuen. Ich würde unseren Sohn schliesslich ständig manipulieren und schlecht von ihm reden. Also kommt er. Egal, ob ich oder mein Sohn das wollen. Und was mache ich? Ich werde nie wieder die Möglichkeit haben, meinen Ex-Mann wegen der Zahlungen unter Druck zu setzen. Da er sich im Ausland verkriecht, habe ich schlechte Karten. Ausserdem hatte mir die Polizei gesagt, ich müsste es melden, wenn sich mein Ex-Mann je wieder in der Schweiz blicken lasse, sofern ich davon wüsste, da die Strafanzeige gegen ihn lief. Wenn ich seine Reise zu uns nicht der Polizei melden würde, würde ich mich strafbar machen. Das riskiere ich natürlich sowieso nicht.

Wenn er nun zu uns reist, habe ich die Möglichkeit, vielleicht endlich was bewegen zu können, damit er endlich tut, wozu er verpflichtet ist. Es ist schliesslich nicht wenig Geld, das mir jeden Monat fehlt, weil er schon seit Jahren nicht zahlt. Es sind jede Woche eineinhalb Tage Arbeit, die ich nur leisten muss, um das zu verdienen, was er gesetzlich zu zahlen verpflichtet ist. Eigentlich könnte ich also jede Woche drei Nachmittage freinehmen, wenn mein Ex-Mann nur den Pflichtteil für meinen Sohn zahlen würde, wie es vom Gericht vorgeschrieben wurde. Man muss sich das mal vorstellen. Schon seit Jahren könnte ich jede Woche drei Halbtage freinehmen. Das wäre schön. Aber ich bin mir nicht sicher, ob es korrekt ist, ihn hinzuhängen. Ich weiss es nicht. Ich habe irgendwie auch ein schlechtes Gefühl, den Vater meines Sohnes ins Gefängnis zu bringen. Andererseits macht er sich strafbar, wenn er nicht zahlt. Und er könnte dem ja entgehen, wenn er zahlen würde. Und ich muss das Geld verdienen, das er einfach nicht zahlen will. Und mich nervt am meisten, dass er in der Lage wäre, das Geld zu zahlen, aber es nicht tut. Er zahlt für unseren gemeinsamen Sohn keinen Unterhalt, hat aber Geld für seine neue Frau, für ihre Reise zu ihm, für ihre Sprachkurse, für ihren Unterhalt und für zwei weitere Kinder. Er hat Geld, um all dies zu zahlen, aber für unseren Sohn hat er kein Geld. Und hatte angeblich auch vor der neuen Familie kein Geld. Es ist einfach nicht fair. Ich möchte irgendwie auch Gerechtigkeit. Und ich möchte, dass ich das Geld, das mir zusteht, für meinen Sohn auf die Seite legen kann. Und so entscheide ich mich, mich zu wehren und was zu unternehmen.

Immerhin habe ich dafür gesorgt, dass mein Sohn seinen Vater sehen kann, bevor er dann verhaftet werden soll. Mit der Polizei alles besprochen, warte ich mit meinem Sohn und meinem inzwischen angereisten Freund im Krankenhaus auf meinen Ex-Mann. Hoffentlich funktioniert alles reibungslos. Ich habe Angst um meinen Sohn. Ich habe Bedenken, ob der Besuch des Vaters meinem Sohn überhaupt guttut. Ich weiss nicht, wie mein Sohn reagieren wird. Wird er weinen, wird er sich verletzt fühlen, wird er sich erinnern, wie sehr er seinen Vater vermisst hatte oder kann er seine Gefühle gar nicht zulassen? Oder hat er überhaupt noch Gefühle für seinen Vater? Mein Sohn ist sehr verwirrt. Aber es hilft, dass er immer noch sehr erschöpft ist und andere Sorgen hat. Entsprechend nimmt er alles gar nicht so richtig wahr, irgendwie. Er freut sich irgendwie, seinen Vater zu sehen, kann aber gleichzeitig seine Gefühle nicht wirklich zuordnen. Ich hatte vorab die Polizei informiert, sie sollen den Vater bitte kurz zu unserem Sohn lassen, damit mein Sohn ihn sehen kann. Mein Sohn wollte dies ja. Und nach dem kurzen Besuch würde ich meinen Ex-Mann aus dem Zimmer schicken, damit sie ihn festnehmen können. Mein Freund unterstützt mich und sorgt dafür, dass nach dem Besuch alles wie geplant abläuft. Er sorgt dafür, dass ich und mein Sohn keine Angst haben. Er sieht zu, dass mein Ex-Mann nicht austickt. Und er schaut zu uns, damit wir uns in Sicherheit fühlen können. Das andere Thema für mich ist ja meine Angst, dass mein Ex-Mann unseren Sohn entführen könnte. Entsprechend hatte ich das Krankenhaus bereits zu Beginn informiert. Sie hatten klare Anweisung von mir, seinen Vater, sollte er je auftauchen, nicht ohne meine Anwesenheit zu meinem Sohn zu lassen. Dass ich mich diesbezüglich nicht auf andere verlassen konnte, wurde mir da wieder einmal bewusst. Weder auf die Polizei noch auf das Krankenhauspersonal war Verlass, leider, wie sich später zeigen wird. Die Polizei nimmt jedenfalls wie arrangiert meinen Ex-Mann mit und befragt ihn.

Am nächsten Morgen, als ich zu meinem Sohn ins Spital komme, erzählt er mir, dass sein Vater den Abend zuvor nochmals bei ihm zu Besuch war. Was?! Ich konnte es nicht glauben. Mein Sohn sagt, er sei etwa um 21 Uhr nochmals in sein Zimmer gekommen und hätte mit ihm eine halbe Stunde oder so gesprochen und hätte sich dann verabschiedet. Als ich zurückfrage, ob denn zu der Zeit keine Krankenschwester in der Nähe gewesen sei, bestätigte mir mein Sohn, dass da doch eine Pflegerin im Zimmer war und auch mit seinem Vater gesprochen hätte. Ich verstehe die Welt nicht mehr. Ich bin äusserst geschockt. Wie kann das sein? Einerseits kann ich nicht begreifen, dass mein Ex-Mann nicht von der Polizei, wie es mir vorab bestätigt wurde, festgehalten und direkt verhaftet wurde. Andererseits verstehe ich auch nicht, wie er in das Zimmer meines Sohnes kommen konnte, wenn doch die ganze Aufregung und Abklärung mit der Polizei von den Spitalmitarbeitern bezeugt wurde und diese strengstens von mir angewiesen wurden, dass mein Ex-Mann keinesfalls ins Zimmer gelassen werden dürfe, sofern ich nicht auch da sei. Ich hatte ihnen erklärt, dass es zu gefährlich sei, da mein Ex-Mann unseren Sohn immer noch entführen könnte, wie er mir Jahre zuvor auch schon so oft angedroht hatte. Ich habe Panik. Ich habe richtig Angst, dass mein Ex-Mann nochmals kommen könnte und das Personal ihn nochmals hereinlassen könnte.

Auch ich muss am darauffolgenden Tag dann zur Polizeidienststelle in der Nähe des Krankenhauses, um eine Aussage zu machen. Dabei werde ich darüber informiert, was mit meinem Ex-Mann besprochen wurde. Sie sagen, sie hätten ihm klar aufgezeigt, dass er eine Verpflichtung habe, die Kinderunterhaltszahlungen an mich zu leisten. Er habe dann gesagt, er hätte momentan nicht allzu viel Geld. Dann hat mein Ex-Mann anscheinend eine Busse erhalten und wurde wieder freigelassen. Mir wurde zwar vorab mitgeteilt, dass mein Ex-Mann verhaftet werde, da er sich strafbar gemacht hatte und es von ihnen aus wie ein Diebstahl betrachtet werde. Und einen Diebstahl begehe er eigentlich jeden Monat von Neuem. Na ja, so wird man falsch informiert. So dachte ich natürlich die letzten Jahre, mein Sohn wäre sicher, da mein Ex-Mann das Land mit meinem Sohn nicht verlassen könne. Vor allem nicht, da er nicht einmal einreisen könne. Das hatte es jedenfalls geheissen. Dann hiess es, sie würden ihn direkt am Flughafen verhaften. Und jetzt passiert genau gar nichts. Er bekommt eine Busse und das war es auch schon. Super.

Jedenfalls hat mein Ex-Mann nun eingesehen, dass er unseren Sohn nicht noch einmal im Spital besuchen kann und reist kurz darauf zurück zu sich nach Hause. Ich bin erleichtert, wenigstens dieses Problem nicht noch länger zu haben.

Tag für Tag besuche ich meinen Sohn im Spital, für etwa zwei Wochen. In diesen Tagen wird uns beiden erklärt, wie man mit dieser Krankheit umgehen muss, worauf man achten muss und wie man sich verhalten muss. Uns wird erklärt, dass Diabetes Typ 1 nicht mit dem Diabetes Typ 2 zu vergleichen sei. Typ 2 haben meistens ältere Personen, bei denen das Insulin zwar vorhanden ist, also von der Bauchspeicheldrüse produziert wird, aber nicht richtig abgegeben wird. Der Körper eines Typ-2-Diabetikers hat etwas defekte oder irregeleitete Sensoren, welche nicht korrekt entscheiden, wann Insulin abgegeben werden muss. Beim Typ-1-Diabetiker, also meinem Sohn, ist die Bauchspeicheldrüse defekt. Eine Autoimmunkrankheit zerstört die Stammzellen der Drüse. Der Körper selbst kämpft also gegen die eigenen Stammzellen, ähnlich wie wenn ein Transplantat abgestossen wird vom Körper. Beim Typ-1-Diabetiker sind also ca. 98 % der Stammzellen der Bauchspeicheldrüse defekt, wodurch kein Insulin produziert werden kann. Und da kein Insulin produziert wird, kann es auch nicht korrekt ausgeschüttet werden. Somit verbleibt der Zucker in der Blutbahn, anstatt in die Muskeln zu gehen, wenn dieser dort benötigt wird. Und Muskeln brauchen Zucker, um arbeiten zu können. Isst ein Diabetiker mit Typ-1 keinen oder zu wenig Zucker, ist er unterzuckert, hat also zu wenig Zucker im Blut und auch keinen Zucker, welcher in die Muskeln geleitet werden könnte. Hat der Körper keinen Zucker im Blut, so fehlt jedem Muskel, auch dem Gehirn oder dem Herzen, die Energie, zu arbeiten. Einen Teil kann das Fett kompensieren. Es gibt ja Menschen, die, um abzunehmen, keine Kohlenhydrate essen, also keinen Zucker. Dabei nehmen die Muskeln für ihre Arbeit dann Fett und der Körper wandelt es um. Das war auch der Grund, warum mein Sohn innert kurzen Wochen 10 kg an Gewicht verloren hatte. Zu viel oder zu wenig Zucker im Blut kann beides dazu führen, dass der Körper einen Schwächeanfall erleidet, dass man in Ohnmacht oder in ein Koma fällt oder dass man sogar daran stirbt. Bei längerer Unterzuckerung beispielsweise bekommt der Gehirnmuskel zu lange zu wenig Zucker für seine Leistung und deshalb können dann Hirnschäden oder Behinderungen auftreten.

Isst ein Typ-1-Diabetiker Zucker, also Kohlenhydrate, hat er zwar Zucker im Blut, aber noch nicht in den Muskeln, solange das Insulin fehlt. Somit ist dann zu viel Menge an Zucker im Blut, was zu einer sogenannten Überzuckerung führt, welche auch Schwäche, eine Ohnmacht, ein Koma oder gar den Tod verursachen kann. Nun, der Typ-1-Diabetiker muss zwingend die korrekte Menge Zucker zu sich nehmen und auch die korrekte Menge Insulin spritzen, da er das Insulin ja nicht selbst produzieren kann. Das Verhältnis muss so sein, dass genau die richtige Menge Zucker im Blut vorhanden ist und dass die Muskeln die korrekte Menge an Zucker durch die Insulinabgabe gebrauchen kann. Zu wenig Zucker kann ebenso gefährlich sein wie zu viel Zucker und zu wenig Insulin ebenso gefährlich wie zu viel Insulin. Sport, Bewegung, Alkohol und andere Sachen müssen dabei auch noch immer berücksichtigt werden. Auch Stress beeinflusst die Zuckerverwertung und bei Grippe muss man auch speziell darauf achten. Es ist jedenfalls keine leichte Aufgabe.

Mein Sohn muss so lange im Spital bleiben, bis er die benötigte Insulinmenge selbständig berechnen und das Insulin sich auch selbst spritzen kann. Dann will er endlich nach Hause, doch die Krankenschwester sagt, das gehe erst, wenn auch ich ihm die Spritze setzen kann. Ich müsse dies beherrschen, bevor mein Sohn entlassen werden könne. Mit dem Wissen, dass ich des Öfteren schon ohnmächtig wurde im Spital und auch eigentlich fast kein Blut sehen kann, wird diese Aufgabe für mich grösser als gedacht. Die Pflegerin zeigt mir, wie ich mir selbst eine Spritze, für mich nur eine Salzwasserlösung, in meinen eigenen Oberschenkel spritzen könne. Ich versuche es. Es kostet mich allerdings sehr grosse Konzentration und Überwindung. Aber ich schaffe es. Dann folgt der Versuch mit der Insulinspritze in den Oberschenkel meines Sohnes. Ja, ich schaffe auch das. Aber das fühlt sich schlimm an für mich. Meinem Sohn, den ich über alles liebe, einen Stich in den Oberschenkel zu versetzen. Autsch. Es tut mir weh beim Zusehen. Aber ich muss. Ich erinnere mich daran, als ich mit ihm zu Impfungen gehen musste, als er noch ein Baby war. Ich musste mir auch sagen, dass es eben einfach sein muss, weil er die zu impfende Krankheit nicht bekommen soll. Aber trotzdem war es auch damals hart, zusehen zu müssen, wie er eine Spritze bekommen musste. Und nun musste ich ihm diese setzen. Und er sich selbst. Und ständig kleine Löcher in die Fingerkuppen stechen, um mit den Teststreifen am Diabetesgerät den Bluttropfen aufzufangen, damit der Blutzucker gemessen werden kann. Da kommt mein Sohn nicht drum rum. So sieht sein Leben ab jetzt aus. Und ich komme auch nicht drum rum. Unser Leben muss sich ab sofort danach richten. Mein Sohn muss sein ganzes künftiges Leben danach richten. Leider. Endlich habe ich das Blutzuckermessen und das Insulinspritzen auch im Griff und mein Sohn kann endlich nach Hause. Mein Ex-Mann wieder weg. Mein damaliger Freund wieder weg. Mein Sohn geht wieder zur Schule, nachdem ich den Lehrern und Mitschülern erklärt hatte, was mein Sohn hat und weshalb bei ihm gewisse Ausnahmen erlaubt sind. Da denke ich zum Beispiel an den Traubenzucker, den er zu sich nehmen muss, wenn er unterzuckert ist oder der Müesliriegel, der den Zucker höher hält, den er während des Unterrichts vielleicht essen muss. Oder, dass er bei einem zu tiefen Blutzucker vielleicht einmal eine Sportstunde nicht mitmachen kann. Das scheint alles in Ordnung zu sein, in der Schule.

7. Die Arbeitsstelle - unglaublich

Mein bereits über Wochen anhaltendes Fieber wird stärker. Mittlerweile hatte ich stets zwischen 38.5 und 40 Grad. Ich ging also zu meinem Hausarzt und liess mich gründlich durchchecken. Ich hatte Angst, da ich fühlte, dass es keine Grippe sein kann. Und doch hatte ich keine Ahnung, was der Auslöser für ein solch langanhaltendes Fieber sein könnte. Der Arzt machte etliche Bluttests und untersuchte mich immer wieder, fand aber keine Erklärung. Der Arzt schrieb mich krank, vorerst zumindest in der Zeit, in der mein Sohn noch im Spital war, da ich mit dem hohen Fieber und dem ganzen Stress wirklich völlig am Ende war.

Endlich ist es nun etwas besser. Das Fieber ist zwar noch nicht weg, aber die Kraft hat sich ein bisschen aufgebaut. Also gehe ich wieder zur Arbeit. Klar, ich hatte ja die ganzen Tage, in denen mein Sohn im Spital war, am Laptop gearbeitet und ständig mit meiner Arbeitskollegin telefoniert und sie unterstützt. Auch bin ich öfters Mal abends noch ins Geschäft gefahren, um wichtige Unterlagen dort bereitzustellen. Aber nun mache ich mich heute Morgen auf den Weg ins Büro. Dort angekommen, werde ich von meinem Abteilungsleiter fast überfallsmässig in sein Büro gebeten. Es ist mein erster normaler Arbeitstag seit dem Notfall meines Sohnes. Ich werde ganz nervös und überlege mir, was mein Vorgesetzter wohl so früh am Morgen direkt von mir will. Er lässt mich schliesslich nicht einmal an meinen Arbeitsplatz. Er lässt mich nicht mit meiner Kollegin reden, damit ich auf den neusten Stand komme. Hm, geht es im Gespräch vielleicht noch um weitere Informationen, die ich als nun neue Teamleiterin wissen muss? Ich bin ja mittlerweile bereits die Teamleiterin. Gibt er mir noch Unterlagen, welche ich als Teamleiterin brauchen werde? Gibt es vielleicht direkt ein Meeting mit diversen Abteilungsleitern, an denen ich nun teilnehmen soll, da ich nun endlich, nach solch langer Wartezeit, die Teamleitung übernehmen kann? Ich könnte platzen vor Neugier.

Ich folge dem Abteilungsleiter in sein Büro. Dann wird es wohl kein Meeting sein, denke ich. Dann wird es nur ein Gespräch von ihm zu mir. Vielleicht gibt er mir noch einen Leitfaden. Ich setze mich, immer noch völlig gespannt und auf baldige Auflösung meiner Nervosität wartend, an seinen Tisch. Mein Abteilungsleiter sagt mir, dass mein neuer Teamleiter nun am freien Platz im Büro oben sitze, schon seit einigen Tagen. Er sitze nun da, wo eigentlich meine Unterstützung hingekommen wäre, eine mir neu unterstellte Person in meinem Team. Ich solle diesen Teamleiter bitte gut unterstützen. Ich solle ihn einarbeiten. Ich solle ihm alles erklären. Ich hätte ja viel Erfahrung in dieser Arbeit und solle deshalb bitte dem neuen Teamleiter eine gute Unterstellte sein. Was, wo, wie bitte?! Ich glaube, ich hör nicht richtig. Worum geht es hier genau? Wie, ein neuer Teamleiter?! Was, ich bin ihm unterstellt?!

Völlig geschockt frag ich meinen Abteilungsleiter, warum wir denn nun zwei Teamleiter hätten und was der Sinn dabei sein soll, da ich so etwas noch nie gehört hatte. Er meint nur, es seien nicht zwei Teamleiter, sondern nur einer, und dies war der Neue. Und betont nochmals, dass ich ihm unterstellt sei. Ich verstehe die Welt nicht mehr. Monatelang wurde mir mitgeteilt, dass ich endlich die Teamleitung übernehmen könne und dass mir ein zusätzlicher Mitarbeiter unterstellt werde, damit die Arbeit auf mehrere Personen aufgeteilt werden könne. Mir wurde gesagt, dass ich das Team nun ganz offiziell leiten könne und hatte dafür natürlich bereits etliche gute Ideen, wie wir die Arbeit viel besser unter uns aufteilen könnten. Und mit einem zusätzlichen kompetenten Mitarbeiter, welchen ich schon vor Jahren hätte gebrauchen können, wäre es eine Chance gewesen, unsere Abteilung wirklich auf Vordermann zu bringen. Und nun soll ich die Mitarbeiterin sein, die unterstellt wird? Und ein neuer Mitarbeiter übernimmt, respektive übernahm ja bereits, die Teamleitung? Ohne Erfahrung im Geschäft? Mir wird die Teamleitung entzogen, trotz Abmachung, trotz Vertrag und obwohl schon die ganze Belegschaft von etwa 50 Personen informiert wurde, dass ich die Leitung übernehmen werde? Was soll das?

Mein Abteilungsleiter erklärt noch dazu, dass ich in Zukunft sowieso nicht mehr solchen Einsatz leisten könne, da mein Sohn ja nun Typ-1-Diabetiker sei. Moment mal. Wer sagt das? Ach, mein Abteilungsleiter? Ich könne in Zukunft nicht die erwartete Leistung bringen, weil mein Sohn eine Krankheit hat. Was geht denn hier bitte schön vor? Sie hätten während meiner Abwesenheit schauen müssen, wie sie das Team unterstützen können. Es sei ja nicht klar gewesen, wann ich denn wieder zurückkommen würde. Sie hätten keine Wahl gehabt. Etwas hätten sie tun müssen. Dass das Team überfordert war in der Zeit, in der ich gefehlt hatte, ist mir schon klar. Schliesslich fehlten ihnen durch meine Absenz eigentlich zwei bis drei Mitarbeiter, da ich die Arbeit für zwei bis drei Personen erledigte. Aber was geschah hier genau?

Mir wird einfach nur übel. Von einem Moment auf den anderen bereue ich, mich dermassen für die Firma eingesetzt zu haben. Vor allem, mich eingesetzt zu haben, obwohl mein Sohn mich im Spital gebraucht hätte. Ich bereue, über Jahre hinweg so viele Überstunden gemacht zu haben und meine Gesundheit aufs Spiel gesetzt zu haben, respektive die Gesundheit wegen der Arbeit verloren zu haben. Ich bereue es, zugelassen zu haben, dass mich die Firma krank machte. Ich hatte alles für die Firma getan und einen sehr weit überdurchschnittlichen, super Einsatz gegeben. Ich hatte immer alles unter meiner Verantwortung und immer alles Bestens erledigt. Und nun höre ich diese folgenden Aussagen vom Abteilungsleiter. Ich sei unzuverlässig, weil ich am Montag in den Notfall ging zu meinem Sohn, ohne dass ich vorab Ferien beantragt hätte. Ich würde mich nicht um die Arbeit kümmern. Ich hätte alles einfach liegengelassen. Ich hätte keinen Einsatz gezeigt. Es wäre kein Verlass auf mich. Und die Firma wolle mich entlasten in dieser schwierigen Zeit, da mein Sohn Diabetes Typ 1 habe, und mir nicht noch mehr Verantwortung zumuten. Nach fast fünf Jahren in der Firma. Mir ist nur noch übel. Ich kann das Gespräch nicht weiterführen. Ich kann es einfach nicht glauben. Ich muss jetzt sofort raus und eine Zigarette rauchen. Das ist zu viel für mich. Was ist nur geschehen in den Wochen, in denen ich nicht von morgens bis abends in der Firma selbst anwesend war? In den Wochen, in denen ich zuhause arbeitete und abends spät ins Geschäft ging? Was wurde wohl in meiner Abwesenheit alles über mich erzählt? Was wurde meinen Arbeitskollegen erzählt? Eine Zigarette beruhigt mich etwas, aber hilft auch nicht, den Durchblick zu bekommen, was nun wirklich los war.

Etwas später und etwas beruhigter muss ich nun wohl oder übel in mein Büro und diesem neuen Teamleiter gegenübertreten. Er stellt sich mir als Teamleiter vor und sagt, er freue sich, mit mir arbeiten zu können und hoffe auf meine Unterstützung und auf eine gute Zusammenarbeit. Ich sage ihm, dass es mir ihm gegenüber leidtu, da er vermutlich nichts für die Situation könne, aber dass ich nicht gerade begeistert sei über die jetzige Situation. Ich hätte schliesslich erst vor ein paar Minuten davon gehört. Und ich sage ihm auch, dass ich einfach erst einmal Zeit brauche, um dies sacken zu lassen. Somit wende ich mich meinem Computer zu, checke meine noch nicht beantworteten Mails, schaue mit meiner Kollegin die Sachen an, welche sie stellvertretend für mich erledigt hatte und lasse mich so auf den neusten Stand der Arbeit bringen. Danach bitte ich den Teamleiter, mit mir in ein Sitzungszimmer zu kommen. Ich erkläre ihm dort die Situation, von der er anscheinend ja schon wusste. Der Abteilungsleiter habe ihm dies alles erklärt. Er hoffe, dass ich es ihm nicht übelnehme, dass er nun an meiner Stelle die Teamleitung übernahm.

Dazu will ich mich noch nicht äussern und frage ihn, welche Ausbildung und Erfahrung er denn habe. Schnell wird mir klar, dass er keine Ahnung hat, worum es in unserem Job wirklich geht. Er hat keinerlei Erfahrung in unserem Bereich, denn er hatte Erfahrung gesammelt in einer Firma, die zwar mit einigen ähnlichen Sachen zu tun hat, in der aber von einer ganz anderen Seite des Geschäftsganges her gearbeitet wurde. Die nötigen Dokumente, die wir im Team zum Beispiel erstellen müssen, kennt er zwar, wenn sie ausgefüllt sind und weiss, was er danach damit in seinen vorigen Firmen machen musste, aber wie der Vorgang davor ist, weiss er nicht. Er weiss nicht, wie wir die Dokumente ausfüllen müssen, auf welchen Grundlagen basierend und welche Informationen nötig sind, um diese korrekt ausfüllen zu können. Er weiss nicht, welche Abklärungen nötig sind und was für den Kunden wichtig ist. Er weiss nur, was mit den Dokumenten passiert, wenn wir sie in eine Firma senden, in der er gearbeitet hatte. Da wüsste er, was zu machen ist damit. Aber was bei uns nötig ist, davon hat er keine Ahnung. Also unsere Firma würde eigentlich seiner Firma die Dokumente zukommen lassen für den nächsten Ablauf. Aber er kannte unseren Ablauf nicht. Er wusste nicht, was wir tun, um die Sache bis dahin zu bringen im Ablauf, wo er die Weiterführung des Ablaufs übernehmen würde. Das kann ja heiter werden. Ein Teamleiter, der keine Ahnung hat. Und das mit unterstellten Mitarbeitern, die wirklich gute Ausbildungen haben und jahrelange Erfahrung in dem Bereich und das Wissen einfach so aus dem Ärmel schütteln konnten. Und jetzt haben wir einen Teamleiter, den wir nicht nur in dieses Geschäft einarbeiten müssen, sondern in die gesamte Arbeit, in alle möglichen Abläufe. Meine Kollegin ist etwa gleichermassen begeistert darüber wie ich. Doch wir beide geben uns Mühe, die Situation zu akzeptieren, denn uns bleibt nichts anderes übrig. Wir machen unsere Arbeit, wie immer, zuverlässig und professionell. Auch mit dieser Situation gehen wir professionell um und akzeptieren die Entscheidung des Abteilungsleiters. Jedenfalls geben wir der Sache eine faire Chance.

Ein paar Tage später erklärt mir der Teamleiter dann, dass er schon in vielen Firmen gearbeitet hätte. Meistens sei er dann höchstens ein bis zwei Jahre dort, wenn überhaupt. Er kremple alles um, versuche, als wichtiger Mitarbeiter Anerkennung zu bekommen und verlasse dann die Firmen jeweils wieder, bevor diese merken, dass er eigentlich nicht so viel Erfahrung und Wissen hat, wie er den Firmen anfangs vorgaukelt. Und für ihn sei diese Arbeitsstelle nichts weiter als ein aufpeppen seines Lebenslaufes, da er nun dort endlich Teamleiter eintragen kann, was in einer nächsten Firma mehr Lohn geben werde. Das muss man ihm lassen. In diesem Punkt ist er wenigstens ehrlich. Aber leider ist dies der einzige Punkt, bei dem er ehrlich ist. Er macht ständig Fehler und versucht dann sofort, diese mir unterzuschieben. Er sagt mir, er sende die Dokumente dorthin, sendet diese aber nicht, geht nachher zum Abteilungsleiter und behauptet, ich hätte die Dokumente nicht versandt. Und sagt unseren Partnerfirmen, Lieferanten, Kunden, Mitarbeiterkollegen und einfach allen, die mit uns zu tun haben, dass es meine Schuld und mein Fehler war. Oh ja, meine Freude kann ich fast nicht verbergen. Ich spreche ihn immer wieder direkt darauf an. Frage ihn konkret, wieso er nun in diesem Fall das so sage und wieso er versuche, mich als unfähig darzustellen. Ich frage ihn immer wieder. Ich frage auch mich selbst immer wieder, was er wohl davon hat oder was er sich davon erhofft. Es bleibt mir ein Rätsel. Er redet sich aus allem raus.

Meine Kollegin ist denselben, ungerechtfertigten Anschuldigungen ausgesetzt. Von einem Team kann nun keine Rede mehr sein. Ihn als Teamleiter zu sehen, ist schier unmöglich. Ich versuche immer wieder, dem Abteilungsleiter mitzuteilen, dass dieser neue Teamleiter nicht teamfähig sei, mich und meine Kollegin immer wieder vor anderen blöd dastehen lasse, uns beide ständig schikaniere und ständig Lügen über uns verbreite. Jeden Tag müssen wir uns rechtfertigen, seine Fehler auskorrigieren, uns bei Kunden und Partnern für seine Fehltritte entschuldigen und Sachen für ihn in Ordnung bringen. Natürlich machen wir dies nicht so wie er. Wir hängen ihn nicht hin. Wir sagen niemandem ausserhalb der Firma, dass ein Fehler sein Fehler war, sondern einfach nur, dass es uns, als Firma, leid tu, dass dies und jenes passiert sei. Aber die Arbeit macht so echt keinen Spass mehr. Das Arbeitsklima gleicht einem Schneesturm. Die Motivation sinkt täglich. Wir werden langsam etwas verbittert und stellen die ganze Sache immer wieder in Frage. Doch es hilft nichts. Wir kämpfen weiter, auch unter diesen Bedingungen.

Wieder einmal habe ich einen Arzttermin. Diesmal erklärt mir der Hausarzt, dass er nun alle körperlichen Untersuchungen gemacht hätte. Es sei nichts zu finden. Eigentlich müsse ich gesund sein. Doch da ich das keinesfalls bin und immer noch solch hohe Temperatur habe, kommt der Hausarzt schliesslich auf die Diagnose Erschöpfungsdepression. Er verschreibt mir Antidepressiva.

Es ist schlimm genug momentan für mich, in diesem erschöpften Zustand zu sein, teils nachts aufstehen zu müssen, um meinem Sohn den Blutzucker zu messen, mit dem Diabetes Typ 1 von meinem Sohn überhaupt umgehen zu können, ständig überlegen, was ich kochen soll und wie viele Kohlenhydrate drin sind, alleine zu meinem Sohn zu schauen, da meine Mutter lange Zeit Angst hat, etwas falsch machen zu können und dann diese wahnsinnig machende Arbeitssituation mit einem Teamleiter, der mir jeden Tag das Leben schwer macht. Eigentlich ist das schlimm genug. Aber was dann noch folgt, ist typisch für mein Leben. Es gibt immer wieder Momente im Leben, an denen ich denke, dass es nicht noch schlimmer werden könne. Oder ich denke, dass es jetzt nur noch bergauf gehen könne. Aber nein. Ich habe das Gefühl, das Pech immer wieder anzuziehen. Ich habe das Gefühl, nie zur Ruhe kommen zu können. Eine Baustelle nach der anderen, die sich in meinem Leben auftut. Wie gesagt, als wäre es nicht schon schlimm genug, macht jetzt auch noch mein Freund Probleme. Er sagt mir am Telefon zwar erst nicht, was los ist. Aber ich merke, dass etwas nicht stimmt. Er will doch eigentlich zu mir in die Nähe umziehen, damit die Fernbeziehung sich endlich in eine Beziehung ändern kann. Und doch ist er sich nicht sicher, ob und wann dies umsetzbar ist. Ich rufe ihn immer wieder an und frage nach, was denn nun mit ihm los sei. Er ist sehr abweisend und drückt sich unklar aus. Er will mir nicht so recht sagen, was er hat und was in ihm vorgeht. Ich habe keinen Nerv mehr, mir ständig Gedanken zu machen, was der Grund sein könnte. Ich rufe ihn jetzt nochmals an und sage ihm, dass ich von ihm verlange, dass er mich endlich aufklärt und mir sagt, was abgeht. Wir sind nun seit einem Jahr zusammen. Nun, da ich hartnäckig bleibe, sagt er mir endlich, was los ist. Er macht Schluss mit mir. Ende der Beziehung.

Mir wird wieder einmal klar, dass es nicht immer der Wahrheit entspricht, wenn Menschen sagen, dass sie dich lieben, dass sie noch nie einen so tollen Menschen getroffen hätten, dass sie sich noch nie im Leben so glücklich gefühlt hätten wie mit dir, dass sie so etwas noch nie erlebt hätten, dass sie sich unglaublich wohl und geliebt und gut fühlen würden in der Beziehung, dass sie das Gefühl hätten, endlich die Liebe des Lebens gefunden zu haben, dass sie sich nichts Schöneres vorstellen könnten, als mit dir zusammen zu sein, dass ihnen die Beziehung sehr wichtig ist, dass sie sich eine gemeinsame Zukunft mit dir vorstellen können und dass du ihnen das Gefühl gäbest, zu leben, zu erleben und wirklich glücklich zu sein. Mir wird klar, dass es nicht immer stimmt, wenn sie dir sagen, sie hätten noch nie so geliebt, sie würden sich so lebendig fühlen, sie würden durch dich Dinge sehen können, die sie lange nicht beachtet hatten, sie würden durch dich wieder Mut, Kraft, Hoffnung und Halt fühlen. Es muss nicht zutreffen, wenn sie dir sagen, dass sie dich von ganzem Herzen lieben. Mir wird klar, dass es wieder nur so ein Mensch ist, der solche Dinge sagt, aber diese überhaupt nicht so meint. Wieso tun Menschen so etwas? Wenn ich liebe, liebe ich von ganzem Herzen. Nicht mehr und nicht weniger. Wenn ich jemandem sage, dass ich ihn liebe, dann liebe ich ihn auch. Mir kann man vertrauen und ich erwarte eigentlich auch nur, dass ich meinem Partner auch vertrauen kann. Ich erwarte, nicht angelogen zu werden, nicht verarscht zu werden und ich erwarte, dass mein Partner mit mir offen, direkt, zuverlässig und vor allem ehrlich ist. Ich verstehe es nicht.

Jedenfalls hätte ich diese elenden Gefühle nicht unbedingt auch noch zu dieser Zeit fühlen müssen. Echt nicht. Es ist wirklich hart, das jetzt auch noch zu verkraften. Aber wie gesagt, typisch. Es fühlt sich für mich an, als ob ich Probleme mit dem Magneten anziehen würde. Nichts scheint einfach mal normal laufen zu können. Immer scheint alles auf einmal zu passieren. Ich überlege mir oft, wieso es nicht sein kann, dass man einfach ein Problem hat, danach die Zeit bekommt, es zu lösen, danach Zeit hat, sich davon zu erholen und erst dann mit einem weiteren Problem konfrontiert wird. Das wäre so viel einfacher. Aber bei mir kam es noch nie so. Bei mir kommt immer alles Mögliche und Unmögliche gleichzeitig. Wie soll man da die Kraft behalten? Wenn ich gesund wäre, würde ich dieses Beziehungsende viel leichter verkraften. Eigentlich würde ich mir sagen, dass es okay sei, wenn er Schluss macht. Ich sage mir eigentlich jeweils, dass, wenn er ja nicht mehr mit mir zusammen sein wolle, ich ja schliesslich auch nicht mehr mit ihm zusammen sein wolle. Eigentlich. Aber da bin ich wieder, in der Depression steckend, völlig am Ende meiner Kräfte und völlig überfordert mit all den momentanen Problemen.

8. Ich würde mich ja wehren

Einige Monate lang halte ich die Zustände im Geschäft mehr oder weniger durch. Zwischendurch habe ich aber auch wieder Kranktage, an welchen ich zu erschöpft bin von den ganzen Strapazen, den Untersuchungen, den Problemen und dem täglichen Kampf mit dem Teamleiter. Auch habe ich ständig noch mehr Arbeit, weil ich seine Fehler auch noch korrigieren muss. Und dann kommt der Abteilungsleiter auf mich zu und bittet mich um ein persönliches, vertrauliches Gespräch.

Ich stecke voller Hoffnung, dass er nun auch von anderen Mitarbeitern bestätigt bekommen hatte, dass es keine schöne Sache ist, mit jemandem wie diesem Teamleiter zusammenzuarbeiten. Erwartungsvoll hoffe ich zu hören, dass er einsieht, dass er vor einigen Monaten einen Fehler gemacht hatte, als er ihn als Teamleiter einstellte. Doch viel zu hören gab es für mich nicht. Aber zu lesen gab es, nämlich meine Kündigung. Vor mir lag das Kündigungsschreiben, welches ich doch bitte unterzeichnen solle. Was denn nun jetzt wieder? Sehr irritiert schaue ich mich um, vermutlich auf der unterbewussten Suche nach der versteckten Kamera, fast gleichzeitig bemerkend, dass ich nicht träume. Ich weiss nicht, wie der Abteilungsleiter meinen Blick einordnet, aber ich zeige sicherlich ein sehr schockiertes Gesicht. Ich frage ihn direkt, wortwörtlich, ob es sein Ernst sei. Er bejaht und erklärt mir, dass es so mit mir nicht mehr gehe. Angeblich sei ich dermassen verbittert darüber, dass ich die Teamleitung nicht übernehmen konnte, dass ich dem Teamleiter dauernd Steine in den Weg legen würde. Ich würde mich im Team nicht zurechtfinden. Ich sei dem Teamleiter gegenüber unfair. Ich würde viel zu viele Fehler machen. Ich sei nicht zuverlässig. Ich zeige keinen Einsatz. Ich stünde nicht hinter der Firma. Da auf mich kein Verlass sei, sei ich gekündigt. Ich frage meinen Abteilungsleiter nochmals, ob dies sein Ernst sei. Ich kann es nämlich immer noch nicht glauben, obwohl die schriftliche Kündigung direkt vor mir auf dem Tisch liegt. Aber es war doch so vollkommen unrealistisch. Wie sollte ich das denn glauben können? Mir wird gekündigt, nach über fünf Jahren, ohne vorheriges Gespräch, ohne meine Version zu hören und ohne eine Chance. Einfach so. Nach ein paar Minuten sage ich ihm dann, dass ich das wohl oder übel so hinnehmen müsse, auch wenn ich es sicherlich nicht verstehen könne. Aber das muss ich ja nicht. Kann ich auch nicht. Ich sage ihm auch noch, dass ich dann in kürzester Zeit nicht mehr da sein werde, da ich so viele Überstunden habe, dass ich einen Grossteil der Kündigungsfrist kompensieren könne.

Enttäuscht und immer noch völlig geschockt gehe ich an meinen Arbeitsplatz zurück. Nein, ich kann es immer noch nicht verstehen. Ich muss dies zuerst auf mich einwirken lassen. Mit meiner Erschöpfungsdepression im Kampf stehend, nun diese Kündigung und das Fieber. Ich kann nicht mehr. Ich nehme mir den Nachmittag frei, gehe nach Hause und schlafe mich zuerst einfach einmal aus. Am nächsten Morgen gehe ich zur Arbeit und werde auf der Treppe vom Geschäftsführer angesprochen. Er fragt mich ganz erstaunt, weshalb ich denn eigentlich gekündigt hätte. Er verstehe dies nicht so ganz. Er hätte gedacht, mir gefalle es in seiner Firma. Ist das sein Ernst? Fragt er mich gerade wirklich, weshalb ich gekündigt habe? Er bestätigt, er könne es sich nicht erklären. Er reagiert, als würde ich ihm unterstellen, dass er nur so tut, als wüsste er nicht warum, aber er den Grund genau kenne. Dem war ja überhaupt nicht so. Jedenfalls klärte ich ihn dann auf und sagte ihm, dass nicht ich gekündigt habe, sondern eigentlich er mir gekündigt habe, jedenfalls durch den Abteilungsleiter. Völlig geschockt stand er auf der Treppe. Ich, wegen seiner Reaktion, bin genauso geschockt. Was passiert hier gerade? Wir denken wohl beide darüber nach, wer nun wen aufs Glatteis führen will.

Es stellt sich heraus, dass der Geschäftsführer überhaupt nichts davon wusste, dass der Abteilungsleiter mir gekündigt hatte. Er führt dann Gespräche mit dem Abteilungsleiter und fragt kurze Zeit später bei mir nach, ob ich denn bitte bleiben würde. Das sei alles ein Missverständnis gewesen. Er sei doch äusserst zufrieden mit meiner Arbeit und wolle nicht auf meine Unterstützung verzichten. Nach einiger Bedenkzeit nehme ich den Rückzug der Kündigung an und arbeite weiter. Doch die Umstände werden nicht besser. Im Gegenteil. Es wird immer unerträglicher, mit diesem Teamleiter zusammenzuarbeiten. Ich und meine Kollegin können Tag für Tag zuschauen, wie er alles, was wir aufgebaut hatten, zerstört. Wie er die Kunden mürrisch macht. Wie viel Mehrkosten er der Firma verursacht. Wie viel Zeit er in den Sand setzt und wie viel Zeit wir beide dann aufwenden müssen, um seine Fehler zu korrigieren. Es macht keinen Spass mehr. Ich entscheide mich ein paar Monate später, dem Geschäftsführer eine Nachricht zu verfassen, in der ich ihn auf die Umstände aufmerksam mache. Ich mache ihm klar, dass ich unter diesen Umständen nicht weiter in der Firma arbeiten könne. Es sei nicht mehr tragbar. Ich stelle ihm ein Ultimatum. Er solle sich bitte entscheiden, ob er mich länger in der Firma behalten wolle oder diesen neuen Teamleiter. Ich könne nicht mehr länger mit ihm zusammenarbeiten. Meine Gesundheit sei mir wichtiger als diese Arbeitsstelle. Mir fällt es zwar überhaupt nicht leicht, diese Nachricht dem Geschäftsführer zukommen zu lassen. Aber mir wird erstmals bewusst, dass meine Gesundheit tatsächlich hauptsächlich wegen der Arbeit beeinträchtigt wird, respektive wegen der fehlenden Arbeitskräfte, wegen der sehr schlecht ausgebildeten früheren Teamkollegen, dem miserablen aktuellen Teamleiter, dem Abteilungsleiter, der behauptet, ich setze mich nicht für die Firma ein, wegen der verbalen, verletzenden Sachen, die ich mir von den beiden anhören muss und nicht zu vergessen, die etlichen Überstunden, welche mich von jeder Erholung fernhalten. Ich leide schliesslich zu dem Zeitpunkt schon über ein Jahr an einer Erschöpfungsdepression. Anfangs noch, ohne in der Arbeit zu viel zu fehlen. Dann wurde es ja schlimmer mit dem monatelangen, psychosomatischen Fieber. Dann kam die Diabeteserkrankung meines Sohnes dazu, dann das Absetzen als Teamleiterin, dann dieser unerträgliche neue Teamleiter, dann das Aus einer über ein Jahr lang dauernden Beziehung zu meinem damaligen Freund, dann eine Kündigung von meinem Abteilungsleiter, welche wieder zurückgezogen wurde. Jetzt reicht es. Ich kann nicht mehr. Ich schreibe meinem Chef also, wie der Teamleiter die Arbeit erledigt oder eben nicht erledigt. Ich teile ihm mit, wie die Arbeitseinstellung des Teamleiters ist. Ich schreibe ihm, wie der Teamleiter alle Kontakte unserer Firma wütend macht, keinen Service bietet und schreibe dem Geschäftsführer auch, er solle sich bitte überlegen, ob er da wirklich dahinterstehen könne. Ich könne es nicht mehr. Ich müsse jetzt, meiner Gesundheit zuliebe, eine Grenze ziehen. Ich bin vermutlich etwas hart, aber ich kann nicht anders. Die Angst, die Arbeitsstelle zu verlieren und danach arbeitslos zu sein, hält mich diesmal nicht davon ab, meine Entscheidung zugunsten meiner Gesundheit zu ziehen. Ich glaube, das ist das erste Mal, dass ich erkenne, dass meine Gesundheit wichtig ist. Es ist wichtiger, gesund zu sein, als einen Job zu haben, auch wenn ich und mein Sohn von nur meinem alleinigen Einkommen abhängig sind. Nach Versand dieser Nachricht fühle ich mich befreit. Es fühlt sich an, als hätte jemand ein Loch unten am Fass reingebohrt, um endlich alles abfliessen zu lassen, was sich darin aufgestaut hatte und zum Überlaufen gebracht hatte. Endlich konnte alles abfliessen. Es tat so gut.

Lange hatte ich mich danach gesehnt, dass endlich weniger Tropfen oben ins Fass fliessen. Doch nun war es mir gelungen, alles unten abfliessen zu lassen. Eine einzige Nachricht hat in mir unglaublich viel ausgelöst. Ich habe das Gefühl, dass ich die Ströme sehen kann, die aus dem Fass fliessen. Es gibt vielleicht eine kleine Überschwemmung neben dem Fass, der Boden wird zumindest sicherlich nass, aber es ist mir egal. Es musste sein. Das Fass war einfach zu voll.

Ich warte gespannt. Nicht ängstlich, aber neugierig. Was wird wohl entschieden? Für oder gegen mich? Versteht mein Geschäftsführer mein Anliegen? Glaubt er mir überhaupt? Kennt er mich so gut, wie ich hoffe? Vertraut er mir, wie er es schon über fünf Jahre lang tat? Kann er einschätzen, dass ich aus Gründen für meine Gesundheit und für den Erfolg der Firma argumentiere? Oder denkt er, wie der Abteilungsleiter zuvor, dass ich auf den Teamleiter eifersüchtig sei, weil er meine Stelle bekam? Muss ich demnächst eine neue Arbeitsstelle suchen? Bin ich mit meinem Schreiben zu weit gegangen? War es inakzeptabel, meinen Chef zu drängen, eine solche Entscheidung zu treffen? Was gibt mir das Recht, ein solches Ultimatum zu stellen? Ja, da sind viele Gedanken, die mir ständig durch den Kopf gehen. Aber ich komme immer wieder zu dem Schluss, dass ich keine andere Wahl habe. Ich kann nicht mehr so weiterarbeiten. Ich bin schon krank genug. Ich kann so nicht weiter jeden Morgen ins Geschäft kommen. Ich ertrage es nicht mehr. Es zerstört mich. Vor allem zerstört mich auch, dass ich keine gewissenhafte Mitarbeiterin sein kann, wie ich es von mir selbst erwarte, weil mich der Teamleiter nicht lässt. Ich kann nicht abends zufrieden nach Hause gehen, stolz darüber, dass ich sehr gute Arbeit geleistet habe. Das geht unter diesen Umständen nicht. Deshalb muss ich diesen Weg gehen. Und muss nun natürlich auch mit den Konsequenzen leben. Das ist mir bewusst.

Vor Ablauf des Ultimatums erhalte ich die langersehnte Rückmeldung. Er habe mit etlichen Mitarbeitern und auch mit anderen Abteilungsleitern geredet und er habe auch die Arbeit des Teamleiters etwas detaillierter angeschaut. Er sei nun zu einem Entschluss gekommen. Er habe gestern dem Teamleiter gekündigt und ihn sofort freigestellt. Den Abteilungsleiter habe er abgesetzt, dieser sei nun nicht mehr für unser Team zuständig. Ob ich denn bitte bleiben würde. Er wäre sehr froh, auf meine gute Arbeit nicht verzichten zu müssen. Wir könnten doch gemeinsam die Abteilung weiter ausbauen, richtig gut durchorganisieren und verbessern. Er, der Geschäftsführer, und ich zusammen. Ohne Abteilungsleiter dazwischen. Ich könne dann mehr Verantwortung tragen, hätte mehr Freiheit und er könnte sich wirklich vorstellen, dass wir beide zusammen die Abteilung, in der ich arbeite, wirklich auf Vordermann bringen könnten. Er würde sich sehr darüber freuen. Ich kann durchatmen. Und bestätige ihm, dass ich mit diesen neuen Voraussetzungen sehr gerne bleibe und hoffe, dass wir nun im Team wieder alles hinbiegen können und positiv in die Zukunft schauen können.

9. Bauchschmerzen und Krämpfe - Warum?

Monate vergehen. Im Geschäft geht es wieder besser, es ist ruhiger und angenehmer. Einiges wird neu aufgegleist. Es läuft ziemlich rund. Na ja, jedenfalls im Geschäft. In diesen Monaten verändert sich mein Sohn ziemlich stark. Ich weiss nicht so recht, ob es an der Pubertät liegt. Oder vielleicht hängt es mit der Diabeteserkrankung zusammen. Vielleicht ist es doch schwieriger für ihn, die Krankheit zu akzeptieren, als dass es mir den Anschein machte. Ich bin mir nicht sicher. Doch ich bemerke, dass er irgendwie anders ist. Er scheint nicht mehr so fröhlich. Oft klagt er morgens über starke Bauchschmerzen und sagt, er könne nicht in die Schule gehen. Als dies häufiger geschieht, gehe ich mit ihm zum Arzt. Doch der Arzt findet keine Ursache für die Bauchschmerzen meines Sohnes. Der Ultraschall vom Bauch zeigt nichts auf. Sonstige Untersuchungen zeigen auch nichts Aussergewöhnliches. Vielleicht hat er was Falsches gegessen. Zwischendurch geht es ja dann wieder und er besucht die Schule. Dann ist er wieder krank. Es ist ein Hin und Her. Immer wieder gehen wir zum Arzt, aber finden keinen Auslöser für die Bauchschmerzen. Ist es nur vorgespielt? Ist das die Pubertät, in der er einfach keine Lust hat, zur Schule zu gehen? Ich glaube nicht. Mir fällt immer wieder auf, dass er, wenn ich nachts den Blutzucker messen gehe, zusammengekrümmt im Bett liegt. So, als müsste er sich den Bauch halten. Er ist jeweils völlig angespannt, obwohl er im Tiefschlaf ist. Es kann also nicht sein, dass er dies nur vorspielt. Nein, diese Schmerzen und Krämpfe sind echt. Doch wieder sagt der Arzt, es gebe keinen Befund, der es erklären würde. Es ist zum Verzweifeln.

Zwischenzeitlich ändert sich nun auch die Situation im Geschäft wieder zum Negativen. Anstatt dass ich nun endlich, wie früher abgemacht, die Teamleitung übernehmen könnte, wird für die Teamleitung jemand von einem anderen Aufgabengebiet gewählt. Diese Person sagt mir von Anfang an, dass sie diese Leitung überhaupt nicht übernehmen wolle, aber sie sei sozusagen dazu gezwungen worden. Das kann ja lustig werden. Einen neuen Abteilungsleiter bekommen wir auch vorgesetzt, welcher auch keinerlei Erfahrung in meiner Arbeit aufweist. Als der Geschäftsführer vor einigen Monaten die Kündigung an mich zurückzog, hatte er mir erklärt, wie wichtig dieses Team sei. Er wolle es mit mir zusammen aufbauen, ohne Abteilungs- oder Teamleiter zwischen uns. Er brauche meine Unterstützung dazu. Und nun erhalte ich eine E-Mail, in der mir kurz und knapp, ohne jegliches Gespräch vorab, diese Teamleitung und Abteilungsleitung vorgesetzt wird.

Einige Tage später bringe ich meine Kündigung vorbei. Ich kündige bei der Firma. Die Informationen, die mir gegeben wurden, waren die letzten Monate immer wieder falsch. Ich wurde belogen. Ich wurde nicht ernst genommen. Alles, was ich mit dem Geschäftsführer aufbauen wollte, und alles, was abgemacht wurde und weshalb ich überhaupt trotz der Kündigung vor ein paar Monaten in der Firma blieb, scheint vergessen. Ich bin genervt, ich bin enttäuscht und ich möchte unter diesen Bedingungen wirklich nicht mehr in diesem Team arbeiten. Nichts wird so gemacht, wie es abgemacht wurde. Keiner hält sich an Abmachungen. Keiner verfolgt die gesteckten Ziele. Keiner will meine Bedingungen ernst nehmen. Und nun diese neue Leitung. Nein, das brauche ich nicht. Meine Kündigung übergebe ich dem Geschäft. Es befreit und tut mir gut. Endlich stehe ich für mich selbst ein.

Kaum zu glauben, aber ich werde gebeten, meine Kündigung zurückzuziehen. Was? Mir wird gekündigt, ich bleibe trotzdem, weil der schlechte Teamleiter die Firma verlassen muss und der Abteilungsleiter abgesetzt wird. Ich kündige und sie bitten mich, zu bleiben? Hin und Her. Was ist das für ein Anstellungsverhältnis? Aber ja, ich ziehe meine Kündigung zurück, denn ich handle sehr viele Bedingungen aus. Diese würden diesmal eingehalten, wie mir der Geschäftsführer nochmals persönlich versichert. Ich meine, ich muss mit diesen Abmachungen wirklich fast dableiben, denn es ist eigentlich alles so vereinbart, wie ich es immer wollte. Der Chef hat sozusagen alle meine Bedingungen akzeptiert. Ich bekomme die verlangte Lohnerhöhung, ich bekomme mehr Freiheit und Verantwortung, ich bekomme zwei neue, gut ausgebildete Arbeitskräfte ins Team und ich kann endlich die Teamleitung übernehmen. Das klingt für mich endlich mal so vernünftig, dass ich zusage und die Kündigung von mir an die Firma zurückziehe.

In der Zwischenzeit geht es meinem Sohn immer häufiger schlecht. Er klagt häufiger über Bauchschmerzen und fehlt häufiger in der Schule. Ich frage ihn ständig, was los sei. Er sagt, es sei nichts. Alles sei in Ordnung. Er hätte nur einfach sehr starke Bauchschmerzen und Krämpfe. Dann wird mein Sohn für eine Magenspiegelung angemeldet, denn diese Untersuchung wurde noch nicht gemacht und ist wohl noch die letzte Möglichkeit, den körperlichen Grund für die Schmerzen zu finden. Der Arzt sagt, wenn dort nichts Auffälliges zu sehen sei, bestehe keine körperliche Erklärung für die Bauchschmerzen. Und so kommt es auch. Die Magenspiegelung zeigt keinerlei Abweichung auf, nichts Besonderes, nichts Krankes. Somit ist diagnostiziert, dass es sich um psychosomatische Bauchschmerzen handelt. Anscheinend leide mein Sohn an einer psychischen Störung. Es dauert noch ein paar Wochen, bis er zu seinem ersten Termin bei einem Psychiater kann. Darauf müssen wir warten.

In der Zwischenzeit ist im Geschäft bei mir auch wieder so Einiges los. Nur wenige Monate nachdem ich gebeten wurde, meine Kündigung zurückzuziehen und meine Bedingungen akzeptiert wurden, werde ich eines Nachmittags vom neuen

Abteilungsleiter gebeten, kurz mit ihm zu kommen. Ich denke, er will mir Unterlagen zeigen oder über ein Projekt sprechen. Aber anstatt in sein Büro zu gehen, was ich erwartet hätte, sollte ich ihm den ganzen Flur entlang bis ins letzte Zimmer folgen, also bis in das Büro des Geschäftsführers. Vielleicht besprechen wir nun die neue Aufteilung im Team oder sie wollen meine Meinung zu den zwei neuen Mitarbeitern hören, welche ich vor ein paar Tagen zur Unterstützung bekommen habe. Ich werde gebeten, an dem kleinen, runden Tisch Platz zu nehmen. Vor mir liegt ein Dokument. Ich wollte eigentlich gar nicht darauf schauen, vermutlich aus Angst, was es sein könnte. Ich war für einen Moment wie erstarrt. Die Situation kam mir irgendwie verdächtig vor. Aber es bleibt mir nichts anderes übrig, als einen Blick auf das Dokument zu werfen. Und dort lese ich das Wort Kündigung. Ich schaue die beiden an. Frage, ob es deren Ernst sei. Dies wird bejaht. Ich unterzeichne, dass ich die Kündigung erhalten habe, stehe auf, wende mich nochmals dem Geschäftsführer zu und frage ihn nochmals, ob dies sein Ernst sei. Dies wird nochmals bejaht.

Bevor ich die Tür öffne, sage ich, dass ich in diesem Falle noch bis morgen Nachmittag um drei Uhr arbeiten werde und ihnen beiden somit alles Gute für die Zukunft wünsche. Ich öffne die Tür und verlasse das Büro des Geschäftsführers. In meinem Nacken kann ich die erstaunten Blicke spüren. Ich gehe den ganzen Flur entlang, an den Schreibtischen meiner Arbeitskollegen vorbei, mein Gesicht vermutlich Bände sprechend. Ich werde von allen erstaunt angeschaut. Sie können sich keinen Reim daraus machen, weshalb ich so schnell über den Flur eile und auch nicht, weshalb das Meeting beim Geschäftsführer nur so kurz war. Und die Sprache meines Gesichtsausdrucks, denke ich, haben einige meiner Kollegen bereits gelernt und für sich übersetzt. Ich kann sie beinahe denken hören. Doch mir ist es egal, was sie denken oder was sie danach tuscheln. Ich gehe aus dem Gebäude und versuche, mich zu beruhigen. Ich kann meine Tränen nun nicht mehr zurückhalten.

War das der Dank für die sechs Jahre Arbeit, während welchen ich immer wieder zu hören bekam, dass ich tolle Arbeit leiste und dass sie mir mindestens ein bis zwei Personen zur Seite stellen würden? War dies das Resultat von deren Kündigung, deren Rückzug der Kündigung, meiner Kündigung und meinem Rückzug meiner Kündigung? Und nun erhalte ich diese Kündigung? Dafür hatte ich die ganze Zeit gekämpft? Ich hatte meine Gesundheit für diese Firma geopfert, mich für das Geschäft völlig verausgabt und viel zu viel meiner privaten Zeit zur Verfügung gestellt. Und nun das? Nein. Hier muss Schluss sein. Nun ist aber dieses Thema wirklich erledigt für mich.

Ein lieber Arbeitskollege kommt zu mir raus. Er hat keine Ahnung, dass ich ein Gespräch mit dem Chef hatte oder was passiert war. Er sieht aber, dass ich Tränen abwische. Er kommt zu mir hin und sagt, es sei es nicht wert. Was auch immer geschehen sei, es sei keine Tränen wert. Ich erkläre ihm, was gerade passiert war. Ihm kann ich vertrauen. Ihm konnte ich schon immer vertrauen. Er meint dann nur, dass er genau das gemeint hätte. Es sei es nicht wert. Die Firma sei es nicht wert. Ich solle mich doch kurz erinnern, was ich alles durchgemacht hatte bis dahin, was ich alles erleiden und erdulden musste in diesem Geschäft, wie die Vorgesetzten mit mir umgegangen waren und wie kaputt mich diese Arbeit machte. Ich verstehe ihn sehr gut. Und er hat recht. Ich weiss das. Ich weine auch nicht um meine Arbeitsstelle, auch nicht, um meine Arbeitskollegen, sondern weil ich einfach endlich frei bin. Ich bin frei von diesen Unterstellungen, frei von diesem Druck, frei von den Anschuldigungen, frei mit dem Gefühl, dass ich diese Verantwortung nicht mehr tragen muss und frei, dass ich endlich damit abschliessen kann. Ich weine auch, weil ich es nicht fassen kann, dass ich all dies mit mir machen liess, dass ich so lange so viel über mich ergehen liess und dass ich mir so lange immer wieder versuchte einzureden, dass es ok sei, wie sie mich behandeln.

Als ich etwas später nochmals ins Büro reingehe, werde ich vom Geschäftsführer angesprochen. Ich überlege mir nur, was er denn wohl jetzt wieder von mir will. Kann er mich nicht einfach in Ruhe lassen? Oder will er etwa die Kündigung zurückziehen? Nein, das mache ich nicht mehr mit. Ich bin raus, denke ich mir. Er meint aber zu mir, dass es ihm leidtue, dass es auf diese Art passiert sei. Er habe dies etliche Male mit dem Abteilungsleiter besprochen. Aber er würde sich sehr freuen, wenn ich noch bis Ende der Kündigungsfrist bleiben würde. Ich müsse mich doch nicht so schnell verabschieden, das sei ja schwierig für mich, nach so vielen Jahren, ich solle mir Zeit lassen.

Oh nein. Ich sage ihm nochmals ganz klar, dass ich am folgenden Tag um 15 Uhr Feierabend machen werde und dann weg sei. Er scheint nicht zu verstehen, wie ich das meine und sagt, ich hätte eine zweimonatige Kündigungsfrist. Er rechne natürlich sehr damit, dass ich den beiden Neuen in diesen Monaten noch viel mitteilen und diese Mitarbeiter noch sauber einarbeiten würde. Ich schaue ihn an, während ich mein Lachen unterdrücken muss. Also wirklich. Glaubt er das im Ernst? Ich sage ihm, dass mir das sehr leidtue für die beiden Neuen, aber dies sicherlich nicht meine Verantwortung sei. Er habe mir ja gekündigt. Oh, ich bemerke gerade, dass ich dies so laut gesagt hatte, dass einige des Grossraumbüros dies gehört haben. Entsetzte Blicke, wo ich nur hinschaue. Das ist mir jetzt aber egal. Ich sage ihm, dass ich genau morgen um 15 Uhr die Kündigungsfrist durchhaben werde, wenn ich die momentanen Überstunden einziehe. Klar, ich hatte nicht detailliert ausgerechnet, ob es wirklich um diese Uhrzeit sein wird. Aber so verblieb ich. Wegen der verdutzten Gesichter der Personen, welche mich gehört hatten, wende ich mich an sie und sage, mitten im Grossraumbüro und für alle hörbar, dass sie richtig gehört hätten. Ja, mir wurde soeben gekündigt und ja, ich bin nur noch bis morgen Nachmittag da. Falls jemand noch Fragen hat, soll er oder sie bitte morgen Vormittag damit zu mir kommen. Dann wende ich mich wieder ab. Ich bringe die Dokumente zu der anderen Abteilung, welche bereits darauf warten. Eine Rauchpause später gehe ich zu den beiden neuen Mitarbeiterinnen und sage ihnen beiden, dass es mir leidtue für sie, aber dass ich unter diesen Umständen nicht anders kann. Sie sagen mir, dass sie es schade finden, dass sie nun nicht mehr so viel wie erhofft von mir lernen können, aber dass sie natürlich meine Entscheidung durchaus verstehen. Das beruhigt mich. Ich kenne diese beiden ja noch nicht sehr lange. Ich sage ihnen noch, dass ich für sie beide weiterhin erreichbar sein werde, aber nur privat. Ich könne mir ja vorstellen, dass noch etliche Fragen auftauchen werden. Ich bestätige ihnen, dass ich ihnen beiden helfen werde, aber nur den beiden. Ansonsten wolle ich nichts mehr mit dieser Firma zu tun haben.

Abends schreibe ich dann noch eine E-Mail an meinen Geschäftsführer, danke ihm für die gute Zeit, die ich anfangs hatte und erkläre ihm nochmals, was mich so enttäuscht an ihm und an der Firma. Somit ist dieses Kapitel für mich abgeschlossen. Am Tag darauf helfe ich noch, wo ich kann, räume meine Sachen auf, verabschiede mich von Freunden und Kollegen und verlasse die Firma.

10. Zusammen depressiv

Nun habe ich die Arbeitsstelle verloren. Meine Depression ist immer noch nicht besser. Durch den Jobverlust ist sie nun noch schlimmer geworden und meinem Sohn geht es auch noch nicht besser. Wenigstens hat er nun endlich seinen Termin beim Psychiater. Ich begleite ihn. Mein Sohn ist damit einverstanden, dass ich zur Therapie mit reinkomme. Es wird sich gegenseitig vorgestellt und schon kurz darauf erzählt mein Sohn, dass er seit fast einem Jahr in der Schule geplagt werde. Seit ein paar Monaten regelrecht gemobbt und verprügelt. Ich fasse es nicht.

Er wurde die letzten Monate geschlagen, geboxt, verletzt, psychisch fertig gemacht, übelst beschimpft und seine Sachen wurden immer wieder rumgeschmissen oder aus dem Schulfenster im oberen Stock geworfen. Ich kann es nicht fassen. Ich habe das nicht mitbekommen. Was ist nur mit mir los, dass ich das nicht bemerkt habe? Wie kann es sein, dass mein Sohn über Monate geschlagen wurde, ich aber bis heute nichts davon wusste? Wieso hat mein Sohn mir nie was gesagt? Diese Frage beantwortet mein Sohn ganz einfach. Er sagt, ich hätte ja selbst mit meiner Erschöpfungsdepression, der Arbeit, der Kündigung und dem ganzen Stress, mehr als genug zu tun. Er hätte mich damit nicht belasten wollen. Ich kann es fast nicht fassen. Mein Sohn ist so einfühlsam und lieb. Aber wie schlimm muss es für ihn gewesen sein, sich nicht an mich wenden zu können? Hatte ich ihm wirklich vermittelt, dass er sich damit nicht an mich zu wenden habe? Habe ich ihn dermassen spüren lassen, dass ich nur noch erschöpft und am Anschlag war? Wusste er tatsächlich, dass ich fast keine Nerven mehr hatte? Hat er mich deshalb vor noch mehr Problemen beschützt? War ich wirklich so kaputt, dass ich nicht merkte, wie schlimm es für meinen Sohn sein musste? Ja, ich hatte meinen Sohn immer wieder gefragt, was denn los sei und was der Grund sei, dass er nicht in die Schule könne. Und er behauptete immer wieder, die Bauchschmerzen seien der Grund und sonst sei nichts los. Aber ich hätte wohl standhafter nachfragen sollen. Ich hätte so lange fragen müssen, bis er sich mir öffnete. Ich hätte hartnäckiger sein sollen. Aber nun ist es so. Ich kann die vergangene Situation jetzt nicht mehr ändern. Was passiert ist, ist bereits passiert. Ich versuche meinem Sohn klar zu machen, dass ich immer für ihn da bin, egal wie schlecht es mir vielleicht gehen mag. Er solle bitte immer zu mir kommen, wenn was ist. Wie gerne hätte ich ihm in dieser Situation schon längst geholfen. Aber ich konnte nicht. Das Einzige, was ich jetzt tun kann, ist, für meinen Sohn da zu sein, ihm Sicherheit zu bieten, ihm mein Verständnis zu zeigen, ihn zu unterstützen, für ihn zu kämpfen, mich für ihn stark zu machen und ihm auf jeden Fall ganz klar bewusst machen, wie sehr ich ihn liebe.

Ich darf meiner Depression keinen Platz bieten. Ich muss irgendwie stark sein für meinen Sohn. Ich muss ihm zeigen, wie wichtig er mir ist. Ich verwende jegliche Energie, um meinem Sohn ein angenehmeres Leben zu ermöglichen. Mich vergesse ich dabei teilweise komplett. Ich bin auch nicht so wichtig. Mein Sohn ist wichtig. Sein Wohlergehen ist wichtig. Ich bin seine Mutter und muss für ihn da sein, ihn unterstützen und ihm helfen. Meine Depression darf da nicht im Weg stehen.

Die Psychiater sprechen immer wieder mit ihm. Sie versuchen ihn zu überzeugen, trotz allem in die Schule zu gehen. Doch es geht einfach nur selten. Die psychischen Probleme meines Sohnes sind zu stark. Mittlerweile wird die Diagnose Depression bei meinem Sohn gestellt. Die psychosomatischen Beschwerden deuten klar darauf hin, dass er an einer Depression leidet. Momentan ist noch nicht klar, wie schlimm diese Krankheit bei ihm ist. Wir müssen abwarten. Es muss erst noch festgestellt werden, wie schwer seine Depression ist. Das Leid ist fast nicht aushaltbar. Er hat immer wieder Krankheitstage und fehlt sehr häufig in der Schule. Immer wieder muss ich rechtfertigen, dass mein Sohn nicht einfach so die Schule schwänzt. Immer wieder muss ich erklären, dass er wegen der Bauchschmerzen nicht in die Schule kann. Es ist eine mühsame Angelegenheit.

Mittlerweile habe ich meine Phase der schweren Depression etwas hinter mir und durchlebe momentan eine mittelgradige Episode. Somit suche ich eine neue Arbeitsstelle, welche ich auch kurze Zeit später durch ein Vermittlungsbüro finde. Ich gehe zum Vorstellungsgespräch und wundere mich ein bisschen, dass diese jungen Geschäftsführer ernsthaft denken, dass ich mich mit einem derart kleinen Gehalt abgeben würde und dass ich für so wenig Geld die Arbeit leiste, für die sie mich benötigen. Ich erkläre ihnen, wie hoch mein Gehalt vorhin war. Ich sage, ich könnte mich mit einem wenig kleineren Gehalt arrangieren, dass aber deren Vorschlag sicherlich von mir nicht angenommen werden könne. Ich bin mir nicht sicher, ob sie das ernst meinen, ob sie keine Ahnung haben, wie viel ich und meine Arbeit wert sind oder ob sie es einfach versuchen wollen. Schlussendlich kommen sie mir dann aber doch entgegen und vereinbaren einen Lohn, den ich einigermassen akzeptieren kann. Ich möchte nämlich einfach wieder arbeiten, so schnell wie möglich. Vor allem auch aus dem Grund, damit ein geregelter Tagesablauf meiner Depression hilft und mein Selbstwertgefühl steigt, weil ich wieder gute Arbeit leisten kann und etwas bieten kann. Ich will diese Stelle sofort antreten, anstatt noch länger zu suchen, bis ich eine Stelle finde, bei der ich mein normales Gehalt verdiene. Also lasse ich mich darauf ein.

Doch da kommt das Nächste, was ich in der Arbeitswelt erleben muss. Eigentlich dachte ich, in der letzten Firma hätte ich bereits mehr als genug Unglaubliches durchgemacht. Aber dem ist nicht so. Tatsächlich sagt mir der eine Geschäftsführer, dass ich wegen des höheren Gehaltes, welches eigentlich nicht in dieser Höhe von ihnen vorgesehen war, doch bitte durch eine andere Vermittlung zu ihnen kommen solle. Sie bitten mich, mich bei ihrem Vermittlungsbüro anzumelden, damit ich über dieses an diese Arbeitsstelle übermittelt werden könne. Mein Vermittlungsbüro, welches mich an diese Arbeitsstelle vermittelt hat, sei sehr teuer. Und mit meinem Lohn, der höher als erwartet sei, können sie nicht auch noch das teurere Vermittlungsbüro zahlen. So hätten sie nicht budgetiert. Ich sage denen, dass ich das nicht korrekt finde, aber dass ich mir deren Vermittlungsbüro ja einmal anschauen könnte. Also ging ich dort hin, wohl wissend, dass ich mein Vermittlungsbüro nicht über den Tisch ziehen würde, da ich auch später auf deren Unterstützung angewiesen sein könnte. Zudem finde ich es einfach nicht korrekt und absolut unfair. Jedenfalls erscheine ich in deren Vermittlungsbüro und werde schon sehr seltsam begrüsst, dann geht es weiter mit einer sehr merkwürdigen Art eines Gespräches, danach folgen Fragen, die nicht in ein Vorstellungsgespräch gehören und ich fühle mich von Minute zu Minute schlechter. Ich denke immer wieder, ich sei im falschen Film. Völlig irritiert, dass ein solches Büro überhaupt über die Runden kommen kann, denke ich nur noch, dass ich hier so rasch wie möglich raus will. Ich bitte den Gesprächspartner noch, alle meine Unterlagen sofort zu vernichten und auch gleich meinen Namen und meine Adresse aus deren Kartei zu löschen.

Verwundert aber bemerkend, dass ich es sehr wohl ernst meine und es wirklich von ihm verlange, bejaht er und fragt, weshalb ich dies verlange. Ich erkläre ihm anstandshalber kurz, dass ich keinesfalls von jemandem vermittelt werden wolle, der einerseits weiss, wie ich im Gespräch raushören konnte, dass ich eigentlich durch ein anderes Vermittlungsbüro zu der Stelle kam und dass ich andererseits nicht möchte, dass ein zukünftiger potenzieller Arbeitgeber von mir durch ein derartiges Büro kontaktiert wird. Meine Berufsausbildung und Erfahrung passen nicht dazu, wie sie hier arbeiten. Und eine zukünftige Stelle jemals zu riskieren, weil mich ein Büro zu vermitteln versucht, das auf solch inkompetente Art und Weise arbeitet, möchte ich nicht.

Ein potenzieller Arbeitgeber soll von einem professionellen Büro kontaktiert werden, um eine professionelle Mitarbeiterin wie mich, vermittelt zu bekommen. Der Mann versteht nicht wirklich, was ich meine. Auch hat er nicht begriffen, dass ich ihm eigentlich unterstelle, dass er ein anderes Büro zu Unrecht abziehen will. Ich mache da jedenfalls nicht mit. Ich kehre danach mit diesen Informationen zum Arbeitgeber zurück und melde, dass ich nur mit meinem Vermittlungsbüro zu deren Firma vermittelt werden könne. Es sei ihnen überlassen, ob sie mich wollen oder nicht. Durch das andere Büro werde ich mich nicht vermitteln lassen. Schnell wird klar, dass die Geschäftsführer mich unbedingt wollen. Sie akzeptieren meine Forderung.

Allerdings fragen sie auch zugleich, damit es für sie nicht zu teuer zu stehen komme, ob ich eventuell ein kleineres Pensum von nur 60 % arbeiten könnte. Da mir das momentan eher lieber ist, als 100 % zu arbeiten, sage ich zu. Wohl wissend, dass mein Sohn auch immer noch grosse psychische Probleme hat und oftmals krank zuhause ist. Ausserdem habe ich bei diesem kleineren Pensum auch die Möglichkeit, meinen Sohn zu seinen Therapeuten zu begleiten.

So beginne ich dort meine neue Arbeitsstelle. Nach ein paar Monaten bemerke ich, dass ein Mitarbeiter aus der Produktion wohl Gefühle für mich entwickelt hat. Ja, ich mag ihn auch sehr. Er ist ein guter Kollege. Er ist offen und freundlich. Ich kann gute Gespräche mit ihm führen. Aber ich habe momentan keinerlei Gedanken an eine Beziehung. Als er mich eines Abends allein antrifft und mich direkt anspricht, sage ich ihm, dass ich grosse Probleme habe im Moment, vor allem mit meinem Sohn. Es gehe ihm nicht gut. Ich müsse für ihn da sein und hätte nicht wirklich Zeit, um eine Beziehung aufzubauen oder zu halten. Er meint dann nur, er wolle mich zu nichts drängen, er sei aber schon recht verknallt in mich und könnte sich eine Beziehung sehr gut vorstellen. Das könnte ich mir auch, wären da nicht all die Probleme, die ich habe. Er meint dann, wir können es ja langsam angehen. Er hätte auch grosses Verständnis für meine Situation und meinen Sohn. Er wolle sich keinesfalls zwischen mich und meinen Sohn drängen, sondern für mich und für meinen Sohn da sein, wenn ich es ihm erlaube und falls wir es versuchen wollen. Er würde sich freuen, wenn ich ihm eine Chance geben würde. Ich sage ihm, dass wir, wenn er es wirklich versteht, es ja versuchen können, denn ich habe mich ja mittlerweile schon auch recht in ihn verknallt. Die ganzen Gespräche, die Blicke und das Verständnis. Und so kamen wir dann irgendwie doch zusammen. Natürlich war die Beziehung im Geschäft nicht vorhanden. Da waren wir nur gute Kollegen, wie wir es vorher auch schon waren. Es muss auch niemand wissen, dass wir zusammen sind. Nach einigen Wochen in der Beziehung kommt eine Zeit, die ich nie vergessen werde. Meinem Sohn geht es immer schlechter. Er fehlt immer häufiger in der Schule und an mehreren aufeinanderfolgenden Tagen. Bis dann die Psychiater entscheiden, dass ein Klinikaufenthalt sinnvoll sei. Ich habe Angst. Ich habe wirklich grosse Angst. Braucht mein Sohn wirklich einen Aufenthalt in einer Psychiatrie? Geht es wirklich nicht ohne? Geht es meinem Sohn wirklich so schlecht? Wird der Psychiatrieaufenthalt Gutes bewirken? Wird er damit klarkommen? Wird er es durchhalten? Kann ihm dies zugemutet werden? Wird es ihm helfen? Lange muss ich überlegen, ob das wirklich die richtige Entscheidung sein würde.

Ich versuche immer wieder, meinen Sohn zu motivieren, wieder in die Schule zu gehen, fahre ihn auch oft dort hin und unterstütze ihn, so gut ich kann. Ich nehme ihm alle anderen Aufgaben ab und mache ihm das Leben so einfach wie möglich, damit er nur noch die Aufgabe zu bewältigen hat, in die Schule zu gehen. Aber er kann nicht. Es geht einfach nicht. Erklären kann er es sich auch nicht wirklich. Ja, ich kenne es ja von mir auch. Teilweise sind die Beschwerden einfach da, ohne Grund, und mit Bauchschmerzen und Magenkrämpfen kann man nicht funktionieren. Man ist dann wirklich krank. Man spielt das ja nicht vor oder tut so, als könnte man nicht, weil man nicht will. Mittlerweile erkenne ich ganz genau, dass es meinen Sohn sehr belastet, dass er es eben nicht hinkriegen kann, so gerne er auch würde. Aber es geht einfach nicht. Er ist ständig traurig. Er ist nicht mehr glücklich. Er kann sich nicht mehr an Dingen erfreuen, an denen er früher so Freude hatte. Er lacht nicht mehr. Er hat keine Kraft. Er hat keinen Antrieb. Er mag und will nicht mehr. Er ist ständig erschöpft. Er schläft nicht mehr richtig. Er scheint ein anderer Mensch geworden zu sein. So kenne ich ihn überhaupt nicht. Früher war er so fröhlich, meist gut gelaunt, immer beschäftigt, hatte Freude und lachte viel. Und jetzt ist alles anders. Es schmerzt, ihn so zu sehen. Und so muss ich die harte Entscheidung treffen, ihn in die Kinderpsychiatrie zu bringen.

11. Harte Entscheidung

Wie hart das für eine Mutter ist, ihren noch nicht ganz 14-jährigen Sohn in eine Psychiatrie zu bringen, kann man sich nur schwer vorstellen. Und es ist noch viel härter und viel schlimmer. Es braucht viel mehr Überwindung, das zu tun. Es braucht viel mehr Kraft dazu, als man sich jemals vorstellen könnte. Auch wenn man mittlerweile ja hofft, dass ihm dort geholfen wird und er bald wieder einmal lachen wird, was er schon längst nicht mehr tat. Auch wenn man eigentlich denkt oder darauf vertraut, dass die Psychiater, Psychologen, Ärzte, Pfleger und sonstige Angestellte der Psychiatrie wissen, was sie tun und sehr viel Erfahrung haben. Man ist äusserst unsicher. Man hat Angst. Man weiss nicht, ob man das Richtige tut. Man hofft und glaubt, dass es gut sein könnte. Aber man hat keine Ahnung. Man ist hilflos. Man ist ratlos. Man versucht sich einfach an diesen Strohhalm zu klammern und hofft, dass dieser Aufenthalt vielleicht guttun könnte.

Die ersten Tage sind die schlimmsten. Mein Sohn ruft mich abends an und fragt, ob ich ihn bitte abholen könne. Er wolle nicht dableiben. Er sitze den ganzen Tag völlig gelangweilt im Zimmer und denke viel zu viel über alles Mögliche nach. Er könne seine Gedanken nicht ordnen. Es mache ihm Angst. Er fühle sich schrecklich. Ich versuche, ihn zu beruhigen und sage ihm, dass ich am nächsten Morgen gleich hinfahren würde, um ihn zu besuchen. Er solle nach unserem Telefonat noch mit dem Pflegepersonal sprechen. Die werden ihm helfen. Das hoffe ich jedenfalls und sitze aber zugleich zuhause und mache mir die grössten Sorgen und Vorwürfe, ihm das angetan zu haben und ihn dahin geschickt zu haben. Und doch hatte ich eigentlich keine Wahl. Und ich habe immer nur das Beste für ihn im Sinn.

Am nächsten Morgen, als ich ihn besuche, wirft er mir vor, dass ich ihn einfach in eine Klinik abgeschoben hätte. Er äussert die Vermutung, dass ich ihm nicht glaube, dass er diese Bauchschmerzen habe. Er sagt ausserdem, er denke, dass ich vielleicht nur mit meinem neuen Freund zusammen sein wolle, ohne ihn dabei haben zu müssen, deshalb hätte ich ihn doch in die Klinik gebracht. Vieles, was er sagt, tut mir sehr weh. Aber gleichzeitig weiss ich, dass er es nicht so meint. Er weiss eigentlich genau, weshalb er in der Klinik ist. Und er weiss auch, dass es nicht meine eigene unbegründete Entscheidung war, sondern der gute Ratschlag von den Psychiatern, welche mich überzeugten, dass die Situation nicht anders gelöst und ihm ambulant nicht genug geholfen werden kann. Mein Sohn weiss das eigentlich. Er weiss auch, dass ich ihn von ganzem Herzen liebe. Er weiss auch, dass es für mich nicht einfach ist, ihn dort lassen zu müssen. Er weiss es eigentlich. Aber seine Unsicherheit, was nun passiert, seine Verzweiflung, sein Drang nach Unterstützung, seine wirren

Gefühle und sein Hass auf diese Krankheit und auf die bösen Schulkollegen, denen er dies alles irgendwie zu verdanken hat, machen meinem Sohn gerade so zu schaffen, dass er nicht klar denken kann und alles irgendwie an mir rauslässt. Aber das ist ok. Ich verstehe ihn sehr gut. Er braucht einen Sündenbock. Und seien wir mal ehrlich, für Kinder ist dies meistens ein Elternteil, der Schuld an allem Möglichen ist. Und da es nur mich als Mutter gibt, kenne ich es nur allzu gut, die Schuldige zu sein, wenn es für ihn so einfacher ist. Früher hatte ich mich gewehrt und dies nicht zugelassen. Auch heute noch, in einigen Situationen, sehe ich nicht ein, weshalb ich mir diesen Schuh anziehen sollte. Aber unter diesen jetzigen Umständen habe ich kein Problem damit.

Ja, es tut weh, solche Dinge zu hören. Aber ich kann es einordnen und verstehe, dass er in seiner Situation momentan nicht anders kann. Die Situation überfordert ihn. Und ich kann es verstehen. Und irgendwie weiss ich auch, dass er in ein paar Tagen klarer sehen wird, was passiert ist und eher verstehen kann, warum er dort ist. Und dann kommt seine Entschuldigung, dass er mich nicht verletzen wollte mit diesen Worten und dass er einfach nicht anders konnte. Ich weiss das. Ich kenne meinen Sohn. Und es kommt auch genauso. Er lebt sich einigermassen ein in der Klinik, findet langsam so was wie Freunde, fängt an, auch einige Therapeuten zu mögen und gar zu vertrauen, beginnt, wieder Spass zu haben und Freude zu empfinden. Es ist so schön, dies zu sehen. Endlich wieder sein bezauberndes Lächeln auf seinen Lippen sehen zu können. Wie lange hatte ich darauf verzichten müssen, ihn lachen zu hören? Wie lange musste ich mit anschauen, wie er unglücklich war, unzufrieden und überhaupt nicht fröhlich? Endlich veränderte sich seine Situation zum Guten. Endlich fängt er wieder an, einigermassen glücklich zu sein, wenigstens ab und zu. Ich bin wahnsinnig froh darüber. Und ich habe grösste Freude, wenn ich ihn am Wochenende abhole und ihn dort sehe, mit anderen Kindern über den Platz springend, spielend und lächelnd. Die Wochenenden zuhause versucht er dann jeweils alles nachzuholen, was ihm in der Klinik unter der Woche verweigert wird. Er spielt oft am PC, schaut gerne fern und geht aber auch immerhin bei schönem Wetter raus mit einigen Freunden und Nachbarskindern. Unser Leben ändert sich rasant. Auf einmal lebe ich nun die Woche durch allein in der Wohnung. Es fällt mir anfangs noch sehr schwer, für mich allein zu kochen. Die Wäsche mache ich am Wochenende, zusammen mit den Kleidern, die mein Sohn von der Klinik mitbringt. Es ändert sich Vieles.

Ich besuche meinen Sohn mindestens einmal unter der Woche nach der Arbeit, hole ihn am Samstagmorgen ab und bringe ihn am Sonntag gegen Abend wieder in die Klinik. Sonntagnachmittags ist er bereits meistens wieder genervt, da er sich nicht freut, wieder zurück in die Klinik zu müssen. Und ich fühle mich auch nicht so besonders wohl, weil ich weiss, dass ich ihn trotzdem bringen muss und weil ich auch weiss, dass ich ihn, bis ich ihn wiedersehe, wieder einige Tage vermissen werde. Es ist auch nicht einfach, dass ich vieles, was in der Klinik passiert, nicht mitbekomme. Ich fühle mich teilweise, als wäre ich eher eine Kollegin als eine Mutter. Ich fühle mich, als müsste ich jetzt schon langsam loslassen. Ich dachte immer, dem Problem müsste ich mich erst stellen, wenn er vielleicht 20 oder 25 Jahre alt ist oder so. Aber ihn schon als 14-Jährigen loslassen zu müssen, ist hart für mich. Es ist auch hart für ihn. Er vermisst mich auch. Und er sagt mir immer wieder, es sei so unfair, dass er an einer Depression leiden müsse und in einer Klinik sein müsse, wenn doch andere Kinder in seinem Alter einfach glücklich zuhause bei deren Familien sein können. Es ist nicht einfach, damit umzugehen, aber wir haben keine Wahl. Wir beide müssen da durch. Wir müssen dies tun, damit mein Sohn hoffentlich gesund wird. Damit er ein glückliches Leben haben kann. Die Therapie bringt meinem Sohn ein wenig. Die Schule in der Klinik besucht er gerne, da er einen sehr guten Lehrer hat. Dieser Lehrer fordert ihn zwar, aber er überfordert ihn nicht. Er versteht die Kinder und deren Krankheiten, er ist sehr nett und er ist auch stets hilfsbereit. Ich treffe den Lehrer auch ab und zu bei Gesprächen. Er ist mir sehr sympathisch und ich kann gut verstehen, weshalb mein Sohn ihn mag. Der Lehrer strahlt eine enorme Persönlichkeit aus, versprüht eine gute Energie und ist vertrauenerweckend. So soll es sein. Ich bin froh, dass mein Sohn einen solchen Menschen als Lehrer hat. Auch mit den anderen Kindern versteht sich mein Sohn gut. Er hilft anderen gerne, unterstützt die Kleineren, lebt sich gut ein und fühlt sich langsam besser.

Nach insgesamt fast sechs Monaten in der Kinderpsychiatrie geht es meinem Sohn nun wesentlich besser. Ich meinerseits hatte inzwischen den Job bei dieser Firma gekündigt, da das Verhalten der jungen Geschäftsleiter nicht mehr tragbar war. Die wollten doch effektiv zuerst meinen Lohn senken, danach nicht wie abgemacht erhöhen und dann hiess es, ich müsse Überstunden leisten ohne Bezahlung. Diese Herren warfen mir auf einmal vor, ich hätte mich nicht aus der Arbeitszeitregistrierung ausgestempelt, obwohl ich das, wenn ich private Gespräche mit Arbeitskollegen abhielt, jeweils tat. Obwohl ich ihnen das dann gleich im Anschluss an das Gespräch widerlegen konnte und ihnen beweisen konnte, dass ich ausgestempelt und noch in der Mittagspause war, wollten sie es nicht wahrhaben. Es wurde ständig versucht, mir alles Mögliche zu unterstellen. Dann wurde mir vorgeworfen, ich hätte Sachen nicht abgebucht, obwohl ich dies hatte. Dann gab es einmal eine wunderschöne Situation, in der ich den einen Geschäftsführer gefragt hatte, ob er im Lager notiert hätte, dass er diese Ware dort holte. Ich sagte ihm, dass es zwingend nötig war, da wir gerade Lagerbestände durchcheckten. Er fühlte sich vermutlich angegriffen von mir. Er dachte wohl, ich hätte ihm unterstellt, es nicht gemacht zu haben und schnauzte mich an, dass er dies selbstverständlich gemacht hatte. Er sei ja nicht blöd oder doof. Ihm sei natürlich klar, dass er dies tun müsse. Woraufhin ich ihm sagte, dann sei es ja gut.

Kurzerhand nahm ich danach das Telefon und fragte im Lager nach, ob dieses Teil wirklich vom Geschäftsführer auf der Lagerliste notiert worden sei. Man kann es sich vorstellen. Es wurde nicht notiert. Er hatte es vergessen. Doch was dann kam, grenzt an Unverschämtheit. Dieser Geschäftsführer ging nun tatsächlich kurze Zeit später ins Lager, holte sich die Liste, während mein Kollege vom vorigen Telefonat ihn dabei beobachtete. Der Geschäftsführer notierte dann die Ware auf der Liste und schrieb eine Uhrzeit hin, die vor über einer Stunde bereits vorbei gewesen war. Ich verstehe solche Menschen einfach nicht. Wäre er ehrlich gewesen und hätte er dazu stehen können, dass er es vergessen hatte, hätte ich den korrekten Lagerbestand verbuchen können. So musste ich ihm aber nachspionieren, was normalerweise definitiv nicht meine Art ist, damit ich den korrekten Lagerbestand überhaupt rausfinden konnte. Dadurch, dass er nun mit der Eintragung eine Stunde schummelte, konnte es nicht mehr stimmen. Deshalb hatte ich ihn ja ausdrücklich nochmals gefragt. Einen lügenden Geschäftsführer, dem ich unterstellt sein soll? Ich soll ihm vertrauen? Ich soll ihn als Chef respektieren? Ich soll für seine Firma arbeiten? Dies sind ja nur ganz kleine Beispiele. Was sonst noch alles ablief, kann eh niemand glauben. Deshalb lasse ich diese Sachen hier weg und erkläre einfach in kurzer Version, dass ich den Job gekündigt habe. Das lasse ich mir doch nicht gefallen. Was denken die sich eigentlich?

Direkt im Anschluss fand ich natürlich eine neue Arbeitsstelle, bei der mir der zustehende Lohn bezahlt wird. Dort werde ich gefordert und mir wird ein gutes Gefühl vermittelt. Dort kann ich wieder mit Stolz arbeiten. Die Mitarbeiter und Vorgesetzten sind ausserordentlich nett, das Arbeitsklima sehr gut und die Firmenleitung top. Endlich eine Firma, die wirklich sehr gut aufgebaut ist, die eine sehr gute Firmenphilosophie und ein sehr sinnvolles Leitbild hat. Eine Firma, in der man als Mitarbeiter äusserst geschätzt wird und in der die Mitarbeiter einander respektieren. Die Leute können sich aufeinander verlassen, der Zusammenhalt ist absolut spürbar und es macht einfach wirklich Spass, zu arbeiten. Zwischenzeitlich bin ich einige Monate in der Firma und fühle mich da sehr wohl. Mittlerweile sind ja auch die erwähnten sechs Monate vorüber, in denen mein Sohn in der Kinderpsychiatrie war. Er fühlt sich viel besser. Die Therapie und der Klinikaufenthalt haben geholfen. Er will nun im Anschluss an den Klinikaufenthalt versuchen, wieder in die öffentliche Schule einzutreten. Das will er direkt nach den Sommerferien probieren und so gleich mit den anderen Schülern in ein neues Schuljahr starten. Durch die Schulleitung versuche ich, meinen Sohn in eine andere Klasse zu bekommen, damit er diesen Mobbern nicht mehr täglich im Klassenzimmer begegnen muss. Es ist ein Kampf. Niemand scheint es wirklich zu interessieren. Es heisst sogar, mein Sohn könnte ja eine Stufe tiefer gesetzt werden, dann müsse er nicht mehr mit den früheren Mitschülern in eine Klasse. Aber wieso sollte mein Sohn in eine Stufe, die nicht seiner schulischen Leistung entspricht, nur weil andere Kinder ihn geschlagen und gemobbt haben? Das verstehe ich nicht. Will die Schulleitung vielleicht wirklich meinen Sohn dafür bestrafen, dass andere ihn so fertig gemacht haben? Ich verstehe die Welt nicht mehr. Ich bleibe hartnäckig und kann nach vielen langen Gesprächen, teilweise sehr lauten Streitigkeiten, erreichen, dass mein Sohn in eine Parallelklasse auf gleicher Stufe versetzt wird.

Der Schulversuch muss allerdings bereits am dritten Schultag wieder abgebrochen werden, da mein Sohn direkt einen Rückfall hat und seine Depression wieder allgegenwärtig scheint und ihm den Schulbesuch verunmöglicht. Vielleicht ist es der Druck, an der öffentlichen Schule wieder klar zu kommen. Vielleicht ist es auch aus dem Grund, dass er den Mobbern von früher immer noch im Dorf oder gar auf dem Schulhausplatz über den Weg läuft. Jedenfalls funktioniert es nicht. Die Enttäuschung ist gross. Mein Sohn hat sich so viel Mühe gegeben, diesen Wiedereinstieg hinzukriegen. Er hat so stark gekämpft. Wir hatten solch grosse Hoffnung, dass er in der Schule wieder Halt finden würde. Aber leider scheint die Depression nach wie vor da. Vielleicht hat sie ein wenig geschlummert, aber nun ist sie wieder hellwach.

Nach Abbruch des Versuches kann mein Sohn zum Glück gleich wieder in die Kinderpsychiatrie eintreten. Die Kinder und einige Therapeuten sind erstaunt, ihn wiederzusehen. Einerseits freuen sie sich, dass er wieder da ist, da sie ihn beim letzten Besuch völlig ins Herz geschlossen hatten, andererseits finden sie es auch sehr schade, dass es für ihn nicht funktioniert hatte, wieder in die öffentliche Schule einzutreten. Für meinen Sohn ist es auch nicht einfach, da er unter anderem auch ein wenig das Gefühl hat, er sei gescheitert. Aber ich sage ihm immer wieder, dass er nicht gescheitert sei, sondern den Mut hatte, es zu versuchen und dass seine Krankheit ihm leider im Weg gestanden sei. Und nun hätte er die Möglichkeit, sich vielleicht noch besser vorzubereiten. Jedenfalls bleibt er diesmal etwa einen Monat und kann danach in eine Tagesklinik wechseln, welche er von zuhause aus tagsüber besuchen kann. Er schläft also zuhause und geht am Morgen in die Schule, welche von der Psychiatrie geleitet wird. Abends kommt er wieder nach Hause.

Diesen Tagesablauf macht er etwa zwei Monate lang, aber wird ihm dann zu viel. Der Weg in diese Tagesklinik ist lang, der Druck erhöht sich und die Depression wird wieder stärker. Es bleibt nichts anderes, als zurück in die Kinderpsychiatrie zu gehen. Zuhause kann er mit dieser schweren Depression nicht sein. Das geht nicht. Das ist mir viel zu gefährlich. Er braucht engere Betreuung und somit kommt nur die Kinderstation in Frage. In dieser Zeit zieht es mich auch wieder runter in die schwerere Depression. Ich spreche mit der Geschäftsleitung ganz offen darüber. Sie bieten mir an, vorübergehend mein Arbeitspensum zu halbieren und es dann später, wenn es besser geht, wieder zu erhöhen. Es ist, wie gesagt, eine äusserst gute Firma. Da ist ein Mitarbeiter keine Nummer, sondern ein Mensch. Ich bin natürlich sehr dankbar, dass mir diese Möglichkeit geboten werden kann. Ich habe somit mehr Zeit, mich um meinen Sohn zu kümmern und auch öfters zu Therapiegesprächen in die Klinik zu kommen. Doch leider geht es einige Monate immer tiefer mit meiner eigenen Depression. Eine Aufstockung des Pensums scheint für längere Zeit nicht möglich. Also spreche ich erneut mit meinen Vorgesetzten über die Situation. Da mich die Geschäftsleitung beobachtet hat und bemerkte, weil ich da eben als Mensch gesehen werde, dass es mir sehr schlecht geht, entscheiden wir gemeinsam, dass es für meine Gesundheit besser ist, vorläufig nicht mehr zu arbeiten. Ich wurde auch vom Psychiater damals wieder vollständig krankgeschrieben. Es ging nicht mehr. Die Geschäftsleitung bestätigt mir, wie zufrieden sie mit mir und meiner Arbeit sind und bieten mir an, ich könne in die Firma zurückkommen und die Stelle zurückbekommen, falls es mir in den nächsten Monaten besser gehe.

Dies war keine Kündigung, wie ich es kannte. Dies war eine Hilfe. Dies war eine Entscheidung, welche meiner Gesundheit zuliebe getroffen wurde. Das spürte ich und das tat einfach so gut. Wirklich. Es war so menschlich, so persönlich, so lieb. Und es war genau das Richtige für mich. Ich hatte keine Energie mehr, für meinen Sohn oder für mich selbst zu kämpfen. Ich stellte mich ständig unter Druck, gute Arbeit zu leisten, trotz fehlender Energie meinerseits. Ich war unendlich froh, dass diese Geschäftsleitung mir half, den richtigen Weg zu gehen, da ich diesen selbst zu der Zeit nicht sehen konnte.

Als wäre es nicht schon hart genug für mich, mich wieder einmal in einer schweren Depression zu befinden, wieder einen Job wegen dieser blöden Krankheit verloren zu haben, meinen Sohn depressiv zu sehen und in einer Kinderpsychiatrie untergebracht zu haben, kommt nun auch noch dazu, dass sich nun auch mein jetziger Freund nach etwa einem Jahr Beziehung von mir trennt. Ist es ihm zu viel, dass ich solche Probleme habe? Hatte er anfangs nicht gesagt, das wäre kein Problem für ihn? Hatte ich ihm nicht gesagt, dass ich mich um meinen Sohn kümmern muss? War nicht er es, der zu mir sagte, er hätte noch nie so geliebt und ich wäre das Beste, was ihm hätte passieren können? Ja, diese Sprüche kenne ich doch schon von irgendwoher. Aber es scheint, als wäre es mir jetzt gleich zweimal hintereinander passiert. Es war jeweils eine Beziehung von einem Jahr, welcher ich mich vollkommen hingebe, während welcher ich mich verliebe und versuche, eine Zukunft aufzubauen und dann bricht alles zusammen. Vermutlich bin ich selbst schuld, dass ich leide. Schliesslich glaube ich immer noch an das Gute im Menschen. Auch glaube ich einem Partner, wenn er mir sagt, er liebe mich. Ich nehme dann an, dass er dies auch tut. Doch es scheint, als wäre die Liebe für diese Männer etwas anderes als für mich. Ich muss zugeben, dass ich lieber allein bin, als nochmals eine Beziehung zu haben, in der ich mich auf den Partner verlasse, mich völlig in ihn verliebe und mir eine gemeinsame Zukunft vorstelle, während er mich nur belügt, mir nur vorspielt, er würde mich lieben und es überhaupt nicht ernst meint. Dann bin ich lieber allein. So werde ich wenigstens nicht auch noch von einem Partner verletzt. Das muss ich nicht auch noch haben. Ich habe so schon mehr als genug, respektive eigentlich viel zu viele, Probleme.

Etwa zwei Monate später bin ich in der schweren Depressionsphase angelangt und wieder 100 % krankgeschrieben, während ich gleichzeitig arbeitslos bin. Das Angebot des letzten Arbeitnehmers kann ich leider auch nicht annehmen, dort vielleicht wieder zu arbeiten, weil ich zu krank bin. Und bis ich vielleicht wieder einmal gesund bin, wenn überhaupt, ist die Stelle sicherlich schon neu vergeben.

12. Ausbildung

Nun muss aber zuerst eine Lösung für meinen Sohn her. Es muss entschieden werden, wie es nach seinem Klinikaufenthalt weitergehen soll. Um eine ideale Anschlusslösung zu finden, setze ich mich mit der Schulleitung der öffentlichen Schule zusammen. Wir treffen uns in der Klinik, damit am grossen Tisch nun Psychiater, Therapeut, Kliniklehrer, Schulleitung und schulpsychologischer Dienst zusammen mit mir und meinem Sohn besprechen können, welche Lösung am besten sein würde. Das Klinikpersonal weist darauf hin, dass eine Eingliederung in die öffentliche Schule bereits gescheitert war und es da nur gehe, wenn mein Sohn den früheren Mitschülern aus dem Weg gehen könne. Der schulpsychologische Dienst scheint zwar die Situation zu verstehen, hat aber keinerlei Entscheidungsvollmacht. Der Schulleiter, mit dem ich schon etliche Gespräche in der Vergangenheit hatte, auch Gespräche, welche eher schon an Streit grenzen, sagt an dem Meeting, dass die Vorwürfe an die Schule, dass mein Sohn überhaupt gemobbt worden sein soll, nicht zutreffen können und er dies nicht korrekt fände. Mein Sohn könne ja gar nicht gemobbt worden sein, da er ja fast nie am Unterricht teilgenommen hätte. Er sei ja ständig krankgeschrieben worden. Und er verstehe den Aufwand nicht, eine Lösung zu finden, wenn mein Sohn doch einfach nicht in die Schule gehen wolle. Mein Sohn müsse sich halt einfach einmal zusammenreissen und der Schulpflicht nachkommen.

Weder der Psychiater, der Therapeut noch der Kliniklehrer wissen, was sie dazu sagen sollen. Sie sind sprachlos. Man kann ihnen den Schock vom Gesicht ablesen. Ich bin auch völlig überfordert mit dieser dummen und respektlosen Aussage. Ich schaue zu meinem Sohn und merke, wie er sich dabei fühlt. Entsprechend antworte ich auch nicht darauf und versuche mit einem Blick meinen Sohn zu bestärken, dies nicht ernst zu nehmen. Ich kann meines Sohnes Willen nicht auf das Gesprochene eingehen. Am liebsten würde ich diesen Schulleiter so was von anschreien, ihn beschimpfen und ihn blossstellen. Eigentlich würde ich ihn sogar am liebsten an die Gurgel springen. Ich bin dermassen wütend auf ihn. Wie kann er denn so einen Mist von sich geben? Wie kann er denn so dummes Zeug labern? Wie kann er es wagen, meinem Sohn zu unterstellen, er würde einfach nicht in die Schule wollen? Wie kann er es wagen, anzudeuten, dass mein Sohn wohl lügen würde, wenn er behauptet, dass er in der Schule gemobbt wurde?

Wie kann er es wagen, vor all diesen professionellen Mitarbeitern der Klinik, welche sich schon seit über einem Jahr um die psychische Krankheit meines Sohnes kümmern, andeuten, dass mein Sohn gar nicht krank sei? Wie kann er der Psychiatrie vorwerfen, sie würden das Problem meines Sohnes falsch einschätzen und sich um ihn kümmern, obwohl er seines Erachtens ja nur nicht wolle? Woher nimmt sich dieser Mensch das Recht, so etwas zu sagen? Aber ich kann mich nicht wirklich wehren, weil das meinen Sohn zu sehr verletzen würde. Also versuche ich, so schnell wie möglich von dem Gesagten abzulenken, damit es nicht noch mehr weh tut, und spreche dann nochmals einige Lösungsvorschläge an. Ich versuche einfach, diesen saudummen Kommentar zu ignorieren und weiterzudiskutieren, welche Vorschläge es noch gibt. Ich bemerke, dass das Klinikpersonal auch froh ist darüber, dass wir auf diese vorige Aussage nicht eingehen müssen.

Jedenfalls ist eine meiner Lösungen, dass mein Sohn vielleicht in eine Privatschule könnte. Ich habe mich vorab bereits informiert, natürlich auch über viele andere Möglichkeiten, und bin dann auf eine private Schule gestossen, in der mehr auf die einzelnen Kinder eingegangen werden kann, da die Lehrer weniger Schüler gleichzeitig betreuen. Der Klassenzusammenhalt scheint viel enger und wichtiger als in der öffentlichen Schule. Es scheint, als könnte es meinem Sohn dort gefallen. Vielleicht könnte er dann da den Unterricht besuchen. Auch wären die früheren Kameraden nirgends in der Nähe. Ein ganz neues Konzept, ein ganz anderer Ort und eine ganz andere Schulstruktur. Die Reaktion des Schulleiters dazu war nur, dass ich das gerne versuchen könne, er stehe uns da nicht im Wege, aber die Schule oder Gemeinde würde keinerlei Kosten dafür tragen.

Während dem ganzen Gespräch geht es darum, dass die Schulleitung keinerlei sinnvolle Lösung anbieten kann oder will. Für sie scheint es klar, dass mein Sohn einfach nicht will, er sich gefälligst einfach anders verhalten, sich zusammenreissen und einfach die normale öffentliche Schule besuchen müsse. Der öffentlichen Schule scheint überhaupt nicht daran gelegen, meinen Sohn in irgendeiner Weise zu unterstützen. So verbleiben wir, ohne jegliche Hilfe der Schule zu bekommen, mit den gleichen Gedanken wie vor dem Gespräch, nämlich, dass wir uns selbst darum kümmern müssen, mit Unterstützung der Klinik. Interessant sind nach dem Meeting nur noch die Gespräche, welche die Personen von der Klinik mit mir führen wollen. Keiner kann glauben, was er soeben von diesem Schulleiter zu hören bekam. Wir alle können es nicht glauben. Und ich werde von allen Anwesenden nach dem Gespräch gefragt, ob dieser Schulleiter denn immer so sei. Als ich dann erwähne, dass seine letzte Unterstützung, wie er es vermutlich bezeichnen würde, ein Angebot war, dass mein Sohn eine Stufe zurückgesetzt werden könnte, glauben sie auch, nicht richtig zu hören. Da sie auch das fast nicht glauben können und es ihnen so sinnlos erschien wie das eben Gehörte, meinen sie nur zu mir, dass ich ihnen wirklich leidtue und dass sie nun verstehen können, welche Kämpfe ich nur wegen der Schule ausfechten muss. Es tut gut, endlich wieder einmal verstanden zu werden. Und auch zu hören, dass diese Psychiater und Mitarbeiter der Klinik das genau so sehen wie ich. Es bestärkt mich, dass ich nicht etwa falsch reagiere oder mir das einbilde. Sie fragen sich auch nur einfach, wie ein Schulleiter denn solchen Schwachsinn von sich geben kann. Das nächste, was ich tun muss, ist es, meinen Sohn zu beruhigen. Ich muss ihm klarmachen, dass alle anderen am Meeting, ausser eben diesem Schulleiter, wissen, dass er nichts vorspielt. Ich bestätige ihm, dass wir andern alle auf seiner Seite sind und er auf unser aller Unterstützung zählen kann. Er soll bitte den Schwachsinn, der von diesem Typen gesagt wurde, nicht ernst nehmen, sondern es einfach ignorieren. Ich sage ihm, dass wir die angebliche Unterstützung der öffentlichen Schule nicht brauchen und wir selbst einen Weg finden werden. Er soll sich keine Sorgen machen. Wir entscheiden uns für den Weg, den Schulabschluss in der Privatschule zu machen.

Bei der Kinderstation tritt er nun aus und wechselt in eine Jugendpsychiatrie, von welcher aus er in die Privatschule geht. Ja, die hohen Kosten dafür trage ich selbst. Die öffentliche Schule, obwohl die einen Teil daran bezahlen müssten, zahlen gar nichts. Aber es bleibt mir ja keine Wahl. Die Schule konnte mir ja keinen Vorschlag machen, der irgendwie Sinn ergeben hätte. Und das Wohlergehen meines Sohnes kann man nicht mit Geld aufwiegen.

Mein Sohn macht Fortschritte und besucht die Privatschule einigermassen regelmässig von der Klinik aus. Dann folgt der Versuch, die Schule von zuhause aus zu besuchen und die Schwierigkeiten beginnen wieder. Nach insgesamt etwa drei Monaten müssen wir das Projekt Privatschule abbrechen. Es geht meinem Sohn einfach zu schlecht. Es funktioniert einfach nicht. Es ist zu viel Druck für ihn. Seine Depression kommt wieder und er wird wieder in die Jugendpsychiatrie eingewiesen. Während den folgenden sechs Monaten versuchen wir wieder, eine Stabilität seiner Gesundheit zu erlangen. Für eine Abwechslung sorgen auch ein paar Wochen, in denen mein Sohn in der Gärtnerei der Klinik schnuppern kann, um sich ein Bild von der Arbeitswelt machen zu können. Da er dies in der Klinik selbst hinkriegt, gibt es ihm zumindest wieder einmal ein stärkeres Selbstbewusstsein und ein gewisser Stolz zeigt sich nach vielen vergangenen Rückschlägen. Doch sein letztes Schuljahr muss er auch noch irgendwie absolvieren können. Und in dieser Jugendklinik kann er einerseits nicht so lange am Stück bleiben, andererseits sind auch die Schulstunden in der Klinik nicht vergleichbar mit der öffentlichen Schule. Zahlenmässig sind es viel zu wenige Stunden, da auch viel mehr Rücksicht auf die psychische Erkrankung und weniger auf das Lernen genommen wird. Nach etlichen Versuchen kommt deshalb nun wieder eine neue Lösung, eine Therapiestation.

In der Therapiestation ist es ähnlich wie in einer Klinik. Während der Woche wohnen die Jugendlichen dort, helfen beim Kochen, Putzen und so weiter mit, gehen aber am Wochenende nach Hause. Dort findet er gute Freunde, lebt sich gut ein und blüht auf.

Natürlich ist es immer noch schwierig, als Jugendlicher wegen einer Krankheit unter der Woche in einer Therapiestation zu leben und für ihn heisst das, schon wieder weg von zuhause. Natürlich hätte ich ihn auch viel lieber gesund bei mir. Aber zu bemerken, dass er dort Halt hat und sich wohlfühlt, tut auch mir einfach einmal gut. Ich bin froh, dass es ihm endlich besser geht. Ich bin froh, dass er Freunde hat, mit denen er sich teils sogar auch am Wochenende trifft. Es ist schön zu sehen, dass er am Leben wieder teilnimmt, soziale Kontakte knüpft, Freunde draussen trifft, lacht und Spass hat. Grundsätzlich ist nun eine sehr grosse Verbesserung der Situation sichtbar. Und in dieser Therapiestation kann er sein letztes Schuljahr abschliessen. Ja, ganze 10 Monate ist er dort. Die Lehrer betonen immer wieder, dass es erstaunlich sei, wie gut seine schulische Leistung ist, obwohl er so viele Fehltage hatte und viele Themen in der Schule verpasst hatte. Aber mein Sohn ist intelligent und lernt schnell, sofern er nicht in einer tiefen Depression steckt und das Umfeld stimmt. Er kann somit ein gutes letztes Schuljahr in dieser Therapiestation machen und einen guten Abschluss erzielen.

In der Zwischenzeit finde ich einige temporäre Arbeitsstellen und arbeite einige Kurzeinsätze. Kurz, da ich in einigen Firmen zwar gut anfangen kann, aber es nach kürzester Zeit leider nicht passt oder ich gleich wieder krank werde. Jeder Einstieg in eine neue Stelle nach einer Krankheitspause ist auch für mich sehr schwierig. Teils bin ich eigentlich noch viel zu krank, um arbeiten zu können, versuche aber dennoch, mich irgendwie durchzuschlagen. Aber es funktioniert eben leider nicht immer so, wie ich es gerne hätte. Die Krankheit macht mir immer wieder einen Strich durch die Rechnung. Aber ich gebe nicht auf und versuche es immer wieder erneut.

13. Job für Job

Dann werde ich an eine Firma vermittelt, die nach einem temporären Einsatz, der voraussichtlich etwa drei Monate dauern soll, den Vertrag in eine Festanstellung wechseln möchte. Das klingt für mich sehr gut. Ich beginne voller Tatendrang in dieser Firma. Nach einer Woche muss ich mich krankmelden. Ich habe wahnsinnig starke Bauchschmerzen, -krämpfe und Verdauungsprobleme. Ich habe das Gefühl, ich müsste platzen. Keine Ahnung, was das ist. Psychosomatisch denke ich nicht, da ich psychisch eigentlich ziemlich gut unterwegs bin momentan. Dass ich was Falsches gegessen habe, glaube ich auch nicht. Leider muss ich mich auch am darauffolgenden Tag nochmals krankmelden. Ich habe starke Krämpfe und Schmerzen im Bauch. Ich informiere die Firma darüber und sage auch gleich, dass ich am Nachmittag einen Arzttermin habe. Da sagt mir die Vorgesetzte, bei der ich mich krankmelde, ich müsse am darauffolgenden Tag nicht mehr zur Arbeit erscheinen. Sie würden mir noch zwei Tage bezahlen, gemäss temporärem Arbeitsvertrag. Dieser sei per sofort aufgelöst. Aber ich war doch nur den zweiten Tag krank. Wieso soll dies denn jetzt meine ganze Zukunft in der Firma in Frage stellen? Ich kann nichts dagegen tun, da ich nur mit einem temporären Arbeitsvertrag da angestellt bin. Die Kündigungsfrist beträgt nur zwei Tage und Gründe müssen keine angegeben werden. Allerdings, im Nachhinein zu beurteilen, war das doch die bessere Entscheidung für das Geschäft gewesen, aber das wusste ich damals nicht und die Firma auch nicht. Meine Bauchschmerzen wollen einfach nicht aufhören. Ich mache etliche Bluttests und Ultraschalluntersuchung. Man findet keinen Auslöser für die Bauchschmerzen. Einerseits denke ich daran, wie mein Sohn darunter gelitten haben musste, solch starke Schmerzen zu spüren, als er immer wieder Tage hatte, an denen er deswegen nicht in die Schule konnte, denn ich konnte momentan auch nicht arbeiten deswegen. Andererseits weiss ich jetzt auch nicht so recht, ob das auch ein solches psychosomatisches Bauchweh ist. Eigentlich kann ich mir das nicht so recht vorstellen, da ich momentan in einer leichteren Phase der Depression bin. Ich veranlasse mehrere Untersuchungen. Man findet nichts. Ich bekomme langsam aber sicher Angst, es könnte eine ganz schlimme Krankheit sein.

Meine Gedanken kreisen sich um Krebs, um einen geplatzten Darm oder Blinddarm und um eine starke Entzündung des Bauches. Ich habe Angst, ob ich eine Operation benötigen würde, eine Bestrahlung oder vielleicht einen künstlichen Darmausgang. Ich drehe fast durch. Ich weiss nur, dass ich äusserst unangenehme Schmerzen habe. Ich kann nicht gehen, nicht stehen und nicht einmal mehr sitzen. Alles schmerzt. Wenn ich ganz ruhig und vorsichtig liege, sind die Schmerzen etwas weniger. Nicht weg, aber etwas erträglicher. Ich habe meistens Angst, etwas zu essen, weil ich weiss, dass es bald darauf verdaut werden muss. Und der Toilettengang wird fast unerträglich sein. Ich weiss es vorher schon. Es ist eine äusserst mühsame Situation. Diese Schmerzen sind unerträglich. Insgesamt liege ich etwa vier Monate lang flach, ständigen Untersuchungen ausgeliefert. Ich nehme zwar regelmässig Schmerzmittel, aber auch diese nützen nicht wirklich.

Schlussendlich muss ich mich ins Spital begeben, um dort eine Darmspiegelung machen zu lassen. Diese muss nun endlich aufklären, woran ich leide. Das Getränk, das man vorher einnehmen muss, damit die Untersuchung ohne Hindernisse stattfinden kann, ist ja wirklich äusserst eklig. Ich hatte es von Kollegen bereits gehört, dass es keinen guten Geschmack hätte, aber das ist ja wirklich absolut ungeniessbar. Aber es muss sein. Ich muss es einfach irgendwie hinunterspülen. Es wird mir immer wieder übel von diesem ekligen Saft, aber da muss ich durch. Der Darm muss ja schliesslich komplett leer werden. Bei der Untersuchung werde ich dann so betäubt, dass ich nicht wirklich was mitkriege und auch keine Schmerzen habe. Nach der Untersuchung dann die erlösende Mitteilung, dass es kein Darmkrebs sei, wovor ich nämlich die grösste Angst hatte, sondern ein Darmriss. Dieser verursache die starken Schmerzen. Und man müsse sehr vorsichtig sein. Ich soll keine Angst haben, zu essen und verdauen zu müssen, sonst werde es noch schlimmer. Das ist einfacher gesagt als getan. Ich hatte ja vor der Darmspiegelung schon diese Probleme mit dem Essen und der Verdauung. Nun denn, auch nach der Diagnose musste ich weiterhin Medikamente nehmen und weiterhin starke Schmerzen aushalten. Ich bekam Tabletten, Salbe, Zäpfchen und alles Mögliche. Schlussendlich waren es dann eben etwa vier Monate ohne Bewegung. Sport machen konnte ich schon gar nicht. Ich konnte ja fast die ganzen vier Monate nicht gehen, nicht stehen und nur unbequem sitzen. Das war eine ganz schwierige Zeit. Ich war immer sehr erschöpft, da ich wegen der Schmerzen auch fast nicht schlafen konnte.

Endlich merke ich nun aber, dass es sich bessert. Oh, ist das angenehm, endlich einmal nicht mehr solch starke Schmerzen zu haben, endlich wieder einigermassen sitzen zu können und mich endlich wieder ein bisschen vorsichtig bewegen zu können. Endlich konnte ich auch wieder Auto fahren. Ich bin sehr froh darüber, denn das lange Herumliegen machte mich träge und half mir nicht wirklich, fit zu bleiben oder die leichte Depression stabil zu halten. Es war sehr schwierig für mich. Doch irgendwie habe ich die harte Zeit auch überstanden.

Als ich dann endlich wieder gesundgeschrieben werde, melde ich mich wieder beim Stellenvermittlungsbüro und finde auch in kürzester Zeit wieder etwas. Es ist eine temporäre Anstellung zur Aushilfe. Eigentlich ist es nicht mein Aufgaben- und Erfahrungsgebiet, aber es ist ein angenehmer Job, welchen ich vorübergehend sehr gerne mache.

Während diesem temporären Einsatz finde ich eine andere Temporärstelle, welche dann nach meiner Probezeit in eine Festanstellung umgewandelt werden soll. Da mir dies mehr Sicherheit geben kann, wechsle ich zu dieser anderen Stelle. Ich freue mich. Endlich kommt wieder Hoffnung auf, dass ich doch wieder eine gute und passende Festanstellung kriege. In dieser Firma fange ich an und fühle mich am richtigen Ort, die Aufgabenstellung passt und der Arbeitsweg ist nicht zu lang. Es scheint perfekt. Mit dem Vorgesetzten verstehe ich mich gut und kann ihm bereits nach wenigen Tagen einige Tipps geben, was besser gemacht werden könnte. Doch eines Abends, nach nur ein paar Wochen, erhalte ich eine E-Mail von der Vermittlungsfirma, dass der Arbeitsvertrag dort aufgehoben wurde und ich nur noch meine Sachen dort holen solle. Was ist wohl hier passiert? Ich frage im Geschäft nach, doch da bekomme ich von meinem Vorgesetzten keine vernünftige Erklärung. Wie angenehm ist es doch, eine Kündigung nach der kurzen Zeit zu erhalten, ohne den Grund dafür zu erfahren, wenn doch beim Einstellungsgespräch ganz klar bestätigt wurde, dass sie mich gerne so bald wie möglich fest anstellen würden, da ich dermassen viel Erfahrung mitbringe. Das ist ja toll. Ich möchte aber schon gerne wissen, was denn nun dazu geführt hat, dass ich wieder ohne Arbeitsstelle dastehe. Und dieses Mal war es nicht meine Depression, die mir sonst immer im Weg steht. Ich rufe bei der Einsatzfirma an und lasse mich nicht so einfach abwimmeln. Mir wird gesagt, dass der offizielle Grund gegen aussen sei, dass der Vorgesetzte nicht mit meiner Art und Weise einverstanden sei, wie ich arbeite. Ich stelle anscheinend zu viele Fragen über die Abläufe und Strukturierung der Firma. Wie bitte? Das soll mal einer verstehen. Ich wurde ja genau dafür eingestellt. Bereits im Vorstellungsgespräch hat mir der Vorgesetzte ja gesagt, dass er mich wegen meiner langjährigen Erfahrung gerne einstellen würde, um eben diese Abläufe zu verbessern und eine neue Strukturierung einzuführen. Wie soll ich denn das tun, wenn ich den Stand der Dinge nicht kenne? Wie soll ich denn Prozesse ändern, wenn ich die jetzigen nicht kenne? Mir wird nun auch gesagt, dass dies eben die offizielle Erklärung sei. Ganz klar frage ich nun nach der inoffiziellen und wahren Begründung. Obwohl die Person das vermutlich nicht dürfte, aber sie mich in meiner Verzweiflung und Ungewissheit versteht, sagt sie mir, dass der Vorgesetzte mir aus dem Grund gekündigt habe, weil seine langjährige Freundin, welche mich eingearbeitet hatte, eifersüchtig gewesen sei. Na ja, dass die beiden eine Beziehung haben, habe ich ja schon vermutet. Aber wieso sollte sie eifersüchtig sein? Und was hat das mit der Arbeit zu tun? Mir wird weiter erklärt, dass diese Dame nicht mehr hätte mit ansehen können, dass ich so oft im Büro des Vorgesetzten, also bei ihrem Lebenspartner, gewesen sei und sie sich sehr unwohl gefühlt hätte, dass ich gut mit ihm klargekommen sei. Darf das denn nun wahr sein? Endlich bin ich einmal weniger depressiv, endlich bin ich einmal arbeitsfähig, endlich habe ich Aussicht, einen Arbeitsplatz zu finden, der passt und an dem ich mir die nächsten Jahre vorstellen könnte. Den vorigen temporären Job hatte ich aufgegeben, damit ich bei diesem Job eine Chance auf eine baldige Festanstellung wahrnehmen konnte. Und dann so was. Ich ziehe wohl das Pech einfach nur an. Oder warum passieren mir solche Dinge? Passieren eigentlich anderen auch solche Sachen? Haben andere auch ständig solche abstrusen Probleme an den Arbeitsstellen wie ich? Ich kenne die erstaunte Reaktion, wenn ich meine Arbeitsvorfälle meinen Freunden erzähle. Die Antwort ist dann jeweils, ich könnte ja direkt ein Buch darüber verfassen.

Es ist unglaublich, was mir immer wieder passiert. Ich habe die Nase so voll davon. Ich will doch nur eine Arbeitsstelle, in der ich gute Arbeit verrichten kann, in der ich meine Erfahrung und mein Wissen anwenden kann und in der ich aufblühen kann. Ist das wirklich zu viel verlangt?

Zwischenzeitlich kann mein Sohn nun, von der Therapiestation aus organisiert, einige Wochen eine Schnupperlehre in unserer Nähe machen. Diesmal als Schreiner, denn das scheint momentan der Beruf zu sein, an dem er interessiert ist. Die Arbeit scheint ihm gut zu gefallen. Es wird ihm gesagt, dass er dann in ein paar Monaten, wenn er die Schule abgeschlossen habe, dort eine Lehrstelle beginnen könne. Das klingt doch genial. Ich bin sehr beruhigt, dass mein Sohn nun eine berufliche Chance hat. Diese Ausbildung ist perfekt für ihn, denn sie ist sehr nahe von unserem Zuhause gelegen und sogar zu Fuss erreichbar. Der Schreiner kennt die Schwierigkeiten meines Sohnes und hätte Verständnis, wenn mein Sohn mal einen Rückfall oder sonstige Probleme hätte. Das klingt wirklich einfach nur wie ein Traum. Einige Wochen später wird uns dann mitgeteilt, dass es eben nur ein Traum ist. Die Schreinerei laufe nicht so gut, sie hätten finanzielle Schwierigkeiten und mein Sohn könne die Ausbildung nun doch nicht dort machen. Nach mündlicher Zusage kriegt mein Sohn nun die mündliche Absage. Das darf doch nicht wahr sein. Muss mein Sohn nun etwa auch noch solche Sachen mit Arbeitgebern erleben wie ich?

Auf der Suche nach Alternativen wird uns von einem Amt eine Idee vorgestellt, die Lehre in einer behinderten Werkstätte zu absolvieren. Mein Sohn, enttäuscht von der Absage des Schreiners, versucht wenigstens, die Kraft aufrechtzuerhalten. Er sieht sich das Ganze einmal an. Es könnte vielleicht eine Lösung sein. Der Betrieb würde auf seine Probleme und Krankheit eingehen, da es ein geschützter Arbeitsplatz wäre. Es heisst dann aber schnell, dass er für diese Ausbildung auch wochentags dort wohnen müsste. Also wäre mein Sohn dann nochmals drei oder vier Jahre nur am Wochenende zuhause. Das klingt für mich noch viel zu früh, um meinen Sohn fast schon ausziehen zu lassen. Er hat schliesslich seine Jugendzeit schon eher in Kliniken als zuhause verbracht. Er war schliesslich die letzten Jahre oftmals über Monate hinweg nur an Wochenenden zuhause. Aber ich müsste mich wohl oder übel damit arrangieren. Es geht schliesslich um die Ausbildung. Auch mein Sohn ist eigentlich wenig begeistert, nicht endlich wieder zuhause wohnen zu können, nachdem er nun so oft während den letzten Jahren in Kliniken verbracht hatte. Er sagt oft zu mir, dass er noch gerne wenigstens einen Teil seiner Jugend in seinem Zuhause verbringen würde. Später, wenn er älter sei, sei es was anderes. Aber momentan würde er noch gerne nachholen, was er verpasst hat, nämlich zuhause mit seiner Mutter zu wohnen. Ich verstehe ihn nur allzu gut. Auch ich würde meinen Sohn gerne wieder einmal zuhause haben. Aber wenn es keine andere Möglichkeit gibt, muss es leider so sein. Wir behalten schliesslich auch im Auge, dass er den Ausbildungsplatz auch zu einem späteren Zeitpunkt wechseln könnte, wenn es ihm besser geht. Also lässt er sich auch auf dieses Projekt ein, bezieht sein Zimmer dort für ein paar Probewochen, trifft die Mitbewohner, mit welchen er Wohnzimmer, Bad und Küche teilen wird und lernt seinen Arbeitsplatz kennen. Nach einigen Tagen reden wir darüber, wie es denn so läuft.

Mein Sohn erzählt von den Schwierigkeiten, beispielsweise am Mittag dort in der Kantine mit 1000 Personen essen zu müssen. Einige dieser Personen sind geistig behindert, einige körperlich behindert und andere beides. Einige sind äusserst laut und anstrengend, einige sind unkontrollierbar. Gewalt und Aggression spielen bei einigen Personen dort auch eine grosse Rolle. Mein Sohn, der sonst im sozialen Rückzug lebt und schon fast eine Krise bekommt, wenn 10 oder 20 Personen um ihn herum sind, soll mit einer solch riesigen Anzahl Mitarbeitern und Bewohnern arbeiten und auch dort wohnen? Meinem Sohn wird es zu viel. Er kann das nicht. Er kann nicht mit solch vielen Menschen zusammenarbeiten oder nur schon im gleichen Raum essen. Er braucht eine ruhigere Atmosphäre. Also ist auch dieses Projekt abgehakt und von der Liste gestrichen. Aber was nun? Wir stehen immer wieder vor dem Problem, wie es weiter gehen soll. Was jetzt? Gibt es noch andere Möglichkeiten, weitere Unterstützung der Ämter oder weitere Versuche, die wir machen könnten? Langsam gehen uns wirklich die Ideen aus. Die Möglichkeiten sind schon bald erschöpft.

Ich erkundige mich, ob es vielleicht eine Schule gibt, in der er vielleicht vorübergehend ein Zwischenjahr, ein Praktikum oder so etwas machen könnte. Ich stosse auf nur eine halbwegs vernünftige Idee. Alles andere passt nicht oder wäre zu anstrengend für meinen Sohn. Die Idee ist, dass er vielleicht eine kaufmännische Schule machen könnte. Ich lese im Internet, dass der Stundenplan nicht allzu voll ist und dass es nach einem Jahr ein Diplom gibt als Bestätigung, dass das erste Jahr abgeschlossen wurde. Nach drei Jahren hätte er dann eine absolvierte Berufsausbildung. Ich schaue das Ganze mit meinem Sohn an und sage ihm auch, dass er sich da keinen Druck machen müsste. Er könnte mit einer lockeren Einstellung sich darauf einlassen, damit er ein Jahr Stabilität erhält. Er müsste keine guten Noten schreiben oder zwingend das Diplom nach einem Jahr erreichen. Er müsste auch nicht die ganze Ausbildung machen, wenn er nicht will, respektive nach einem Jahr eine Ausbildung seiner Wahl beginnen will. Es sei eine Lösung, in der er einen guten Tagesablauf hätte und stets etwas zu tun. Es sei nichts allzu Anstrengendes und er könne was lernen, was er im Leben immer gebrauchen kann, wie zum Beispiel Geschäftsbriefe verfassen, Steuerformulare berechnen oder Budgetplanungen erstellen. All das Gelernte könne er auch als Schreiner oder in jedem anderen Beruf sowie im Privatleben gebrauchen. Also sehen wir uns die Schule einmal an und mein Sohn entscheidet sich dann später, diesen Weg zu beschreiten. Er startet also in dieser Ausbildung. Er hat oft nur vormittags Schulunterricht, nur wenige bis keine Hausaufgaben, er kommt sehr gut mit dem Unterrichtsstoff klar und er findet auch Anschluss zu den Klassenkameraden. Es läuft eigentlich sehr gut. Fehltage gibt es nur ganz vereinzelt. Es gibt keinen Druck, wenn er im Unterricht fehlt. Er schafft es immer wieder, nach Kranktagen zurück zur Schule zu gehen. Alles läuft endlich einmal ziemlich gut.

Ich finde unterdessen eine Ausschreibung einer erneuten temporären Stelle, in der ich etwas mehr verdienen könnte, welche aber auch nicht ganz meinem früheren Aufgabengebiet entspricht. Diese Stelle kriege ich sofort. Ich leiste da gute Arbeit, aber trage keinerlei Verantwortung und arbeite nur nach Anweisung. In der Zeit, in der ich dort temporär angestellt bin, finde ich wieder eine andere Stelle, die viel eher meiner Erfahrung entspricht. Somit beende ich das temporäre Verhältnis und nehme die neue Herausforderung an.

Ich muss in dieser Firma viel dazu lernen, aber es macht Spass und ist interessant. Es scheint alles perfekt. Die Betonung liegt auf 'scheint'. Meine Depression begibt sich langsam wieder in eine schlechtere Phase. Trotzdem versuche ich, es durchzuziehen. Ich melde mich nur selten und nur wenige Einzeltage krank, wenn ich es wirklich nicht hinkriege. Oft erbreche ich schon morgens, bevor ich mich fertig mache für die Arbeit. Nein, es ist keine Morgenübelkeit. Das würde gerade noch fehlen. Nein, ich bin nicht schwanger, sondern depressiv. Der Kollege, der mich einarbeitet, hat nicht gerade Freude, als ich mich mittlerweile einige Einzeltage krankmelden muss. Er meint zu mir, das sei dann nicht so abgemacht gewesen. Er hätte eine neue Aufgabe zu erledigen bekommen, während ich seine Arbeit übernehmen sollte. Nun müsse er an meinen Kranktagen meine Arbeit in Stellvertretung auch noch erledigen. Ich sage ihm, dass ich mich nicht wohl damit fühle, dass er an meinen Kranktagen meine Arbeit machen musste, aber dass ich nun einmal krank war und keine Schuld daran trage. Ich erkläre ihm, dass ich dies ja nicht absichtlich mache, damit er meine Arbeit mache und sage ihm auch, dass er nun mal meine Stellvertretung sei. Wenn er krank werde, würde ich seine Arbeit auch stellvertretend machen. Dies versuche ich ihm klar zu machen. Daraufhin sagt er mir, er wäre noch nie krank gewesen. Er sei immer gesund. Da sage ich nur zu ihm, dass das ja schön für ihn sei und ich mich für ihn freue. Aber ich sei nun einmal diese wenigen Tage krank gewesen und könne das nicht ändern. Er meldet unseren Vorgesetzten, er sei nicht glücklich darüber, dass ich krank werden könne. Er wolle eine Person als Teamkollegin, welche nicht krank wird. Obwohl ich jetzt schon vier Monate da arbeite, wird mir gekündigt. Und bei mir fällt alles wieder zusammen. Wieso nur hatte ich die letzte Arbeitsstelle für diese aufgegeben? Und nun stehe ich wegen eines Mitarbeiters, der halt immer gesund ist, wieder ohne Job da. Und wieso gibt es Vorgesetzte, die einfach völlig merkwürdige Entscheidungen treffen? Und wieso muss ich immer darunter leiden?

Währenddessen besucht mein Sohn immer noch die kaufmännische Ausbildung. Zwischendurch hatte er einen kleinen Rückfall von ein paar Tagen, aber bei dem ich zum Glück die Unterstützung der Jugendpsychiatrie sofort nutzen konnte. Ich konnte vereinbaren, dass mein Sohn sofort für kurze Zeit aufgenommen werde. Obwohl dies mit der Krankenkasse jeweils nicht so einfach ist, konnte die mir bereits bekannte Psychiaterin helfen. Sie arrangierte, dass mein Sohn sofort kommen konnte. Er blieb dort eine Woche ganztags in der Klinik. Danach konnte er nochmals ein paar Tage lang, um tagsüber in die Ausbildung zu gehen, abends in die Klinik zurückzukehren und dort übernachten. Dies funktionierte wunderbar. Danach konnte er direkt wieder von zuhause aus weiter in die Ausbildung. Seine Psyche wurde zum Glück in den zwei Wochen ganz konkret und sofort stabilisiert. Mein Sohn wurde sehr gut aufgefangen, wodurch danach alles wieder weiterlaufen konnte.

14. Job und Ausbildung – nichts funktioniert

Ich leide nun selbst wieder an einer solch schweren Episode der Depression, dass ich einige Wochen krankgeschrieben werden muss. Der Verlust all dieser Arbeitsstellen, was da jeweils alles passiert und wie mit mir umgegangen wird, ist einfach zu viel für mich und zu viel für meine Psyche. Ich leide stark. Meine Gedanken kann ich nicht mehr kontrollieren. Immer wieder befinde ich mich im Gedankenchaos. Meine Gedanken drehen sich um Arbeitsstellen, Vorgesetzte und Mitarbeiter. Ich kann nicht mehr schlafen, da ich die Gedanken nicht abstellen kann. Es geht mir wieder richtig mies. Ich habe keine Kraft mehr, keinen Antrieb mehr und keine Lust mehr. Ich will nicht mehr. Ich bin von allem einfach wieder nur noch völlig überfordert, enttäuscht und unsicher. Ich habe diesmal ständig Kopfschmerzen, der Rücken tut mir bei jeder Bewegung weh, ich bin völlig ausgelaugt und ich fühle mich am Ende.

Erst wenige Monate später suche ich erneut eine Arbeitsstelle, da mich der Psychiater wieder gesund schätzt. Ich versuche es natürlich wieder. Ich finde dann auch gleich wieder eine Arbeitsstelle. Die Arbeit selbst passt und der Arbeitsweg ist recht kurz. Nur der Lohn ist leider sehr tief im Vergleich zu meinem früheren Lohn. Aber ich gehe auf die Vereinbarung ein, mit der vertraglichen Abmachung, dass eine Lohnerhöhung nach sechs Monaten gemacht wird. Dieser Betrag ist ja auch schon vertraglich abgemacht, entsprechend macht mir das keine Sorgen. Mir ist es wichtig, dass ich endlich eine Arbeitsstelle habe, in der ich längere Zeit bleiben kann. Und bei solch tiefem Lohn nehme ich an, dass es eine lange Arbeitsbeziehung sein werde. Schliesslich muss das Geschäft nicht so viel Geld ausgeben, wie es normalerweise müsste, um eine Arbeitskraft mit meiner Erfahrung, mit meinem Wissen und mit meinem Arbeitseinsatz zu bekommen. Da denke ich mir, dass es für dieses Unternehmen ein dermassen gutes Angebot ist, dass ich wohl lange dort angestellt sein werde. Ich möchte auch in meinem weiteren Lebenslauf nicht nochmals fast zehn Arbeitsstellen in nur fünf Jahren aufführen müssen. Ich möchte auch keinerlei Lücken mehr im Lebenslauf haben in nächster Zeit, da ich diese jedem neuen Arbeitgeber wieder umständlich erklären müsste. Da wäre nun ein neuer Eintrag auf dem Lebenslauf, der sich über längere Zeit erstreckt, wirklich sehr wichtig. Deshalb nehme ich auch den tiefen Anfangslohn für die ersten sechs Monate in Kauf und hoffe dann aber auch, dass ich eine lange Zeit für diese Firma arbeiten kann. Die ersten Monate, also die Probezeit, ist geschafft. Es scheint alles endlich einmal rundzulaufen.

Mein Sohn hat mittlerweile nach dem ersten Ausbildungsjahr die Diplomprüfung, welche ihm eine Zwischenausbildung bescheinigen wird. Er schneidet an der Prüfung sehr gut ab. Ich bin so stolz auf ihn. Er hat es das ganze Jahr geschafft, in den

Unterricht zu gehen. Er hatte nur sehr selten Krankheitstage. Er hat eine sehr gute Prüfung abgelegt und hat nun ein sehr gutes Zwischendiplom vorzuweisen. Bravo! Mein Sohn hat nach der Zwischendiplomprüfung nun einige Wochen Urlaub. Ich habe leider nur ein paar Tage Urlaub, da ich erst vor ein paar Monaten im neuen Geschäft angefangen habe. Aber wir nehmen uns die Zeit und reisen ein paar Tage fort. Es tut uns beiden gut, wegzukommen von zuhause, von den ganzen Problemen und dem ganzen Stress.

Nach dem Urlaub geht es für ihn in das zweite Ausbildungsjahr und für mich zurück an die Arbeitsstelle. Es ist immer viel zu tun, eher zu viel. Das Team in dieser neuen Firma ist nicht wirklich gut aufgestellt und mittlerweile fehlt uns der Auszubildende, der zuvor tatkräftig mithalf. An seine Stelle trat nun eine neue Auszubildende, die zuerst noch eingearbeitet werden muss, was Mehraufwand für uns bedeutet.

Damit das Team entlastet werden kann, muss es umstrukturiert werden. Ich arbeite neu nur noch 80 %, aber an allen fünf Wochentagen. Somit werden meine Arbeitstage kürzer und ich kann während meiner Anwesenheit mehr leisten, weil ich weniger erschöpft bin. Diese ein oder zwei Stunden täglich, welche ich weniger arbeite, werden allerdings von einer neuen Arbeitskraft im Team aufgefangen, welche zu 50 % angestellt wird. Nun haben wir also mehr Arbeitspensum zur Verfügung und es sollte nun besser vorangehen. Als diese Halbtagsarbeiterin dann eingearbeitet ist, leistet sie hervorragende Arbeit und es ist für das ganze Team eine Entlastung. Auch die Auszubildende ist mittlerweile bereits eine sehr gute Unterstützung. Sie lernt schnell und viel. Somit wird es etwas einfacher. Meine Arbeit wird immer mehr, da sich neue Verkaufsgebiete eröffnet haben, also muss ich jeweils schauen, dass ich viel an die neue Halbtagsstelle abgeben kann, um mit meinem kleineren Pensum gut zurechtzukommen. Aber es geht irgendwie. Es ist einfach immer viel zu tun.

Leider fällt mein Sohn mittlerweile gerade wieder in eine tiefere Phase der Depression. Er ist nicht mehr glücklich, man sieht ihn weniger lächeln, seine Motivation ist im Keller und sein Antrieb ist fast nicht mehr da. Er fehlt nun in der Ausbildung einige Tage. Ich überlege mir, ob er den Wiedereinstieg wohl schaffen wird. Ich unterstütze ihn bestmöglich. Eigentlich hätte er nun gerade ein Praktikum ausserhalb der Ausbildungsschule, welche auch bei der Benotung berücksichtigt wird. Doch er schafft es nicht, dahinzugehen. Er hält diesen Druck nicht aus. Seine Krankheit holt ihn wieder ein. Auch zur Ausbildung schafft er es wenige Wochen später nicht mehr. Er scheint traurig und energielos. Ich hatte so gehofft, dass es nach einem Jahr Ausbildung, in dem es ihm ziemlich gut ging, alles endlich besser werde. Ich hatte das Gefühl, seine Depression sei nun endlich fast weg und auch ich könnte nun ohne Depression weiterleben. Es sah doch alles danach aus. Es sah doch so gut aus. Doch leider kam jetzt bei meinem Sohn die Depression wieder stärker auf. Nach einigen Wochen im zweiten Ausbildungsjahr verschlechtert sich sein psychischer Zustand dramatisch. Mein Sohn bittet mich, ihn in einer Klinik anzumelden. Er bemerkt, dass er wieder in eine tiefe Depression abrutscht. Mittlerweile haben wir Erfahrung mit der Krankheit. Wir wissen beide, wohin ihn sein momentaner Zustand bringen wird. Entsprechend suche ich sofort einen Klinikplatz für ihn. Ich selbst versuche, irgendwie durchzuhalten.

Im Geschäft sind nun die sechs Monate durchgehalten und der Lohn wird nun bald angepasst, wie vereinbart. Ich freue mich, an diesen Punkt gelangt zu sein. Kurz vor Ablauf der sechs Monate bittet mich dann der Chef zu sich ins Büro. Er sagt zu mir, dass es der Firma nun nicht möglich sei, die Lohnanpassung zu machen. Ich sage ihm, dass dies doch vertraglich so abgemacht war und dass ich dies jetzt nicht verstehen könne. Mir wurde diese Erhöhung bei der Einstellung schriftlich zugesagt. Er sagt zu mir, es gehe finanziell nicht so gut und da ich darauf bestanden hätte, nur noch 80 % zu arbeiten, sei sowieso alles anders. Er könne eh nicht verstehen, wie ich mein Pensum kürzen konnte, obwohl mehr Arbeit durch die neuen Verkaufsgebiete zu bewältigen sei. Ich sage ihm, dass es nicht nur meine Idee war, und schon gar nicht ein Verlangen. Ich hätte damals gefragt, ob dies gehen würde und es wurde mir zugesagt, mein Pensum zu reduzieren. Ausserdem hätten wir ja eine zusätzliche Arbeitskraft von 50 % eingestellt, somit sei ja mehr Kapazität im Team vorhanden als vorher. Ich sehe da jetzt nicht ein, was der Chef meint.

Dann sagt er zu mir, es sei auch wirklich mühsam, dass ich die Blockzeiten nicht einhalte. Teilweise würde man mich suchen oder Kunden möchten mich erreichen, aber es sei keiner da. Da sage ich zu ihm, dass es ja auch andere Teilzeitmitarbeiter gäbe, dass ich mein Telefon jeweils an eine Kollegin umleite und dass kein Mitarbeiter jede Minute erreichbar sein könne. Wenn ich beispielsweise an einem Meeting sei, werde der Anruf auch auf eine Kollegin umgeleitet und ich könne dann auch erst eine Stunde später zurückrufen. Und ich sage ihm auch, dass ich die Blockzeiten nicht alle einhalten könne, da ich ja nur Arbeitsstunden von vier Tagen auf fünf Tage verteilt arbeite. Wenn ich alle Blockzeiten einhalten würde, müsste ich ja 100 % arbeiten. Das gehe ja nicht auf. Daraufhin kann ich dann endlich mit dem Chef vereinbaren, dass er mir zwar die vertraglich bereits abgemachte Lohnerhöhung nach den sechs Monaten nicht zu zahlen braucht, dass ich aber dafür eben diese Blockzeiten nicht einhalten werde. Ich bestätige ihm, dass ich natürlich nicht nachts anstatt tagsüber zur Arbeit kommen werde, mehr oder weniger würde ich schon zu den Arbeitszeiten kommen. Damit erhoffe ich mir, keine solchen Anschuldigungen mehr zu hören und noch flexiblere Zeiten arbeiten zu können. Jedenfalls verbleiben wir so. Ich habe nun zwar nicht den Lohn, den wir abgemacht hatten, aber konnte nun die 80 % sehr flexibel anwesend sein. Ich bin froh, dass dies nun geklärt ist.

Einige Wochen später geht es mir immer wieder schlecht. Ich merke, wie mich die Situation mit meinem Sohn überfordert und mich runterzieht. Obwohl er schon vor Wochen sagte, er müsse in die Klinik, haben wir dort noch keinen Platz zugesagt bekommen. Gleichzeitig merke ich auch, wie ich im Team nicht mehr richtig respektiert werde und wie mich die Teamkollegin immer wieder in schwierige Situationen bringt. Ich habe einige Fehltage, an welchen ich mich krankmelden muss. Dies ist natürlich für das Team nicht sehr erfreulich, da die Arbeitskollegen etwas Mehrarbeit leisten müssen. Und obwohl angeblich Verständnis da sei, wenn jemand ein paar Tage krank sei, lässt mich das Team spüren, dass es nicht okay sei. Um mich von dem ganzen Stress zu erholen und damit auch mein Sohn sich bald besser fühlen kann, planen wir einen Urlaub über die Festtage. Die Reise müssen wir irgendwie hinkriegen. Wir müssen von dem ganzen Stress weg. Wir brauchen Erholung. Wir brauchen eine Auszeit. Also fliegen wir in den Tagen, in denen das Geschäft sowieso geschlossen ist, in die Ferien. Ich kann fast zuschauen, wie es meinem Sohn die ersten Tage besser und besser geht. Er ist erleichtert, fühlt sich wohler und hat mehr Energie. Er kann auch einen grossen Teil des Stresses vergessen. Wir sind weg von den Problemen, können uns auf uns konzentrieren, können tun, was uns guttut und haben keine Verpflichtungen. Wir empfinden keinen Druck, wir müssen keinen Haushalt machen, keine Termine wahrnehmen und sind nicht mehr in der gewohnten Umgebung gefangen. Die Depression scheint sich stark zu bessern. Aber es wären ja nicht wir, wenn dies so einfach einmal schön und gut laufen würde. Am vierten Tag des Urlaubs bekommt mein Sohn hohes Fieber, wirklich sehr hohes Fieber, einiges über 40 Grad. Ich frage an der Rezeption des Hotels, ob es einen Arzt gäbe, den man kommen lassen könnte. Sie sagen mir, dass das Krankenhaus in nur zehn Minuten mit dem Taxi erreichbar sei, deshalb würde kein Arzt ins Hotel vorbeikommen. Ich müsste schon dahin gehen mit meinem Sohn.

Man kann es sich fast nicht vorstellen, aber ich und mein Sohn sind um zehn Uhr abends im Hotelzimmer. Draussen sind es immer noch weit über 30 Grad. Mein Sohn liegt zugedeckt im Bett, schwitzt wie wahnsinnig und hat über 40 Grad Fieber. Das sind ja tolle Ferien. Und jetzt müssen wir, fast mitten in der Nacht, mit dem Taxi in das iranische Krankenhaus von Dubai. Das kann ja heiter werden. Mit viel Mühe und nach etlichem Kraftverlust kommen wir nun im Spital an und können nun einchecken, wie sie das nennen. Ich muss bestätigen, dass ich genügend Geld für die Behandlung dabeihabe.

Dann können wir die Formulare ausfüllen und im Wartezimmer Platz nehmen. Es dauert und dauert. Meinem Sohn geht es gar nicht gut. Etwas trinken muss er, damit er genügend Flüssigkeit hat zum Schwitzen. Dann muss ich ihm den Blutzucker messen, der ja bei Fieber vielleicht wieder völlig daneben ist. Da haben wir Glück, der Blutzucker scheint momentan in Ordnung. Wir sehen dabei zu, wie ein Patient nach dem anderen ins Behandlungszimmer verschwindet. Ein reges Hin und Her. Endlich werden wir ausgerufen. Ich stütze meinen Sohn, da er so wenig Kraft hat, dass er sich fast nicht auf den Beinen halten kann. Im Behandlungszimmer sitzt dann ein Arzt, der uns etliche Fragen stellt. Ich muss dann den Arzt bitten, die Temperatur meines Sohnes zu messen, da er von sich aus wohl nicht auf die Idee gekommen wäre. Unsicher hoffen wir, dass er weiss, was er tut. Danach sollen wir wieder draussen Platz nehmen. Jemand werde dann zu uns kommen. Lange warten wir wieder. Inzwischen fühlt sich mein Sohn besser und fragt, ob wir nicht einfach ins Hotel zurückfahren sollen, damit er wenigstens den dringend nötigen Schlaf bekommen könne. Ich finde das keine gute Idee, denn ich fühle an seiner Stirn, dass er immer noch sehr hohes Fieber hat. Ich finde es nicht so gut, jetzt, mitten in der Nacht, ins Hotel zurückzugehen und dann vermutlich gleich wieder zurückzukommen, weil es ihm wieder schlechter geht. Mein Sohn denkt nun auch, dass es vielleicht doch besser sei, da zu warten. Ich werde nun von einem Pfleger gebeten, mit dem Zettel, den er mir in die Hand drückt, in die Apotheke zu gehen. Das muss er mir genauer erklären. Er sagt, sie würden meinem Sohn eine Infusion legen, welche das hohe Fieber rasch möglich senken würde. Aber das Mittel, welches sie ihm einfliessen lassen wollen, müsse ich bei der Klinikapotheke selbst abholen gehen und dort direkt bezahlen. Dann könne ich zurückkommen und dann werde meinem Sohn geholfen. Ich hoffe, dass ich das Medikament schnell bekommen werde und mache mich sofort auf die Suche nach der Apotheke. Mein Sohn bleibt im Wartezimmer sitzen, da er zu schwach ist, diese Suche mitzumachen. Ich versuche, mich zu beeilen, doch warten da noch drei weitere Personen auf ihre Medikamentenausgabe. Jedenfalls hoffe ich, dass es meinem Sohn in der Zeit gut gehe, so allein im Wartezimmer mit solch hohem Fieber. Aber ich muss nun da warten, bis ich endlich an die Reihe komme. Ich strecke ihm nun den Zettel hin, er geht in seinem chaotisch aussehenden Lager auf die Suche nach dem Mittel, welches wir anscheinend benötigen, und kommt damit nach etwa zehn Minuten zurück. Er bittet mich zu zahlen und ich kann endlich wieder zu meinem Sohn. Nochmals eine lange Zeit später, es ist mittlerweile nach Mitternacht, kommt endlich jemand, der uns in ein grosses Zimmer bringt. In diesem Raum sind vermutlich etwa 15 Betten, voneinander mit einer Art Duschvorhang getrennt, damit man sich fühlt, als hätte man ein wenig Privatsphäre. Mein Sohn steht vor dem Bett, welches ihm zugewiesen wird, schaut mich an und fragt, ob er sich da wirklich hineinlegen und den Ärzten vertrauen soll. Ich sage ihm, er könne ja die Kleider anlassen, da er ja nur eine Infusion am Arm bekomme. Somit müsse er sich ja nicht direkt in das von Löchern übersäte Bettlaken legen. Sauber scheint es schon, aber halt sehr alt. Leider muss ich meinen Sohn nun wieder kurz allein lassen, während ihm die Infusion gelegt wird. Mein Sohn weiss, dass es unvernünftig von mir wäre, dabei zuzuschauen. Würde ich da in Ohnmacht fallen, wäre es für keinen von uns angenehm, also verschwinde ich kurz aus dem Raum und komme nach ein paar Minuten zu meinem Sohn zurück. Die Infusion ist gelegt und nun kann ihm das Medikament, welches ich in dieser Apotheke holte, endlich zugeführt werden.

Mein Sohn fühlt sich ziemlich schnell besser. Gegenüber schaut ein älterer Herr meinem Sohn entgegen. Er wird gerade von seiner Familie besucht. Auf einmal hört man, wie ein Schrei näherzukommen scheint. Eine Frau kreischt wie verrückt und wird soeben vom Flur draussen in den grossen Raum befördert. Mein Sohn wundert sich, was denn diese Frau wohl für Schmerzen erleiden müsse. Sie wird gleich hinter dem Vorhang neben das Bett meines Sohnes geschoben. Es ist sehr irritierend, dass die Frau immer noch unermüdlich weiter schreit. Sie scheint nicht mehr aufhören zu können. Ich muss nun, auch wenn es vielleicht nicht die feine Art ist, kurz aufstehen und einen Blick zwischen den Vorhängen riskieren, als gerade ein Arzt zu der Frau geht. Ich habe zwar auch ein wenig Angst, was mich erwartet, aber ich möchte, wenn es möglich ist, meinen Sohn etwas beruhigen. Ach, sie ist hochschwanger. Somit sind dann wohl die Schmerzen erklärt. Mein Sohn ist etwas geschockt, dass Wehen eine Frau zu solchem Schreien treiben kann. Aber auch er weiss, dass dies zu einer Geburt dazu gehört. Jedenfalls fühlen wir uns beide etwas beruhigt, dachten wir ja beide zuvor, sie hätte vielleicht einen schweren Unfall erlitten oder so etwas. Wir bleiben dann noch eine Zeit lang dort im Spital, während die Infusion ihre Wirkung im Körper meines Sohnes entfaltet. Die Ärzte möchten ihn noch eine Viertelstunde beobachten.

Als er sich danach fitter fühlt und das Fieber gesunken ist, bedanken wir uns bei den Ärzten, machten das Bett für den nächsten Patienten frei und nahmen das Taxi zurück ins Hotel. Ich habe beim Auschecken im Spital noch ein Rezept mitgegeben bekommen und muss entsprechend am nächsten Morgen dann eine nächstgelegene Apotheke aufsuchen. Dort bekomme ich einen Sirup, den mein Sohn noch ein paar Tage einnehmen soll. Das Fieber geht immer weiter zurück, mein Sohn fühlt sich noch ziemlich schwach, sagt aber, am liebsten würde er gleich nochmals ins Spital gehen, um eine solche Mischung abzuholen. Das fiebersenkende Mittel, das ihm als Infusion abgegeben wurde, scheint sehr stark gewesen zu sein. Er sagt, er befinde sich gerade in einem solchen Hoch, dass es schon fast beängstigend sei. Vermutlich fühlte es sich an, als wäre er auf Drogen. Jedenfalls kam er mir so vor. Trotzdem kriegt er aber keine weitere Dosis. Das weiss ich zu verhindern. Das Fieber ist ja sehr deutlich runtergegangen. Wir versuchen, die Tage noch durchzustehen, obwohl mein Sohn am liebsten gleich heimgeflogen wäre. Aber ich hoffe immer noch, dass es ihm vielleicht gegen Ende des Urlaubs doch noch viel besser gehen könnte und dass wir noch Einiges erleben könnten. Leider kommt es nicht so. Er bleibt mit nun leichterem Fieber kraftlos im Bett für die letzten Urlaubstage, die Stimmung schlägt wieder um, seine Psyche ist wieder völlig erschöpft und wir fliegen dann wie geplant zurück.

Auch zuhause hat er noch leicht erhöhte Temperatur. Ich habe mittlerweile auch Fieber bekommen. Nach den Weihnachtsferien soll ich eigentlich wieder arbeiten, kann aber nicht, da ich dann plötzlich über 40 Grad Fieber habe. Ich melde mich krank im Geschäft. Ich versuche dann ein paar Tage später nochmals, die Arbeit aufzunehmen. Da merke ich aber, dass es noch zu früh war, ich hatte immer noch diese hartnäckige Grippe und muss mich nochmals krankmelden. Und kurz darauf folgt auch bei mir wieder die Depression, die sich unangekündigt wieder in mir ausbreitet und vollkommen über mich bestimmt. Mein Körper hat einfach, wegen der Depression, jeweils keinerlei Kraft, auch noch gegen eine Grippe oder sonstige Krankheiten zu kämpfen. Und wenn ich eben gegen das Fieber kämpfen muss, dann folgt sofort die Depression.

Natürlich hätte ich mir dies anders gewünscht, schon wegen der Arbeitsstelle, bei der ich nun schon seit neun Monaten bin. Doch ich kann nicht. Ich versuche immer noch, das Fieber runter zu bringen. Und ich kämpfe immer noch gegen die Depression, in der Hoffnung, dass diese schnell wieder weggeht und mich endlich in Ruhe leben lässt.

Mein Sohn wartet nun seit Herbst auf einen Klinikplatz. Kurz vor den Festtagen hiess es noch, sie hätten erst im April einen Platz für ihn. Ich kann es nicht glauben, dass wir ein halbes Jahr warten sollen, bis er in eine Klinik gehen kann. Wie sollen wir denn die Zeit überstehen? Wir hatten den Urlaub geplant, damit wir überhaupt durchhalten und um etwas Entspannung zu kriegen. Da geht es mit der Psyche meines Sohnes die ersten Tage endlich einmal langsam bergauf, dann kommt die Grippe mit äusserst hohem Fieber und dann folgt der Absturz der Psyche wieder in das tiefe, dunkle Loch. Wieso nur haben wir immer solches Pech? Und nun zuhause bin auch ich noch krank und kann meinen Sohn nicht so unterstützen, wie es nötig wäre.

Aber es ist auch bei mir nicht nur das Fieber oder die Grippe, sondern auch die Anstrengung, meinen Sohn in solch schlechtem psychischen Zustand zuhause zu haben und die Verantwortung zu tragen, wenn er eigentlich von sich aus bereits vor Monaten sagte, dass er in eine Klinik eintreten sollte. Mir macht es Angst, ihn zuhause zu haben. Ich trage volle Verantwortung, sollte arbeiten gehen und muss mich dort wegen der Grippe auch noch krankmelden, nachdem ich im Herbst bereits vereinzelte

Tage krank gewesen war. Mir geht es nicht gut. Ich kann nicht mehr dagegen ankämpfen. Ich bespreche mit meinem Psychiater, wie es vielleicht weiter gehen könne. Das Geschäft wird sehr ungeduldig und fragt ständig nach, wann ich denn wieder zur Arbeit erscheinen werde und was genau ich habe. Zum Zeitpunkt, wann ich wieder arbeiten kann, kann ich nichts sagen. Ich meine, woher soll man wissen, wann man wieder gesund ist, wenn man krank ist? Und nach dem Grund der Krankheit zu fragen ist eigentlich eine Unverschämtheit. Eigentlich geht es mein Geschäft überhaupt nichts an, weswegen ich krankgeschrieben bin. Wenn sie mir nicht glauben würden, dass ich tatsächlich krank bin, könnten sie mich ja zu einem Vertrauensarzt der Firma schicken, der ihnen bestätigen würde, dass ich wirklich krank bin. Mehr aber auch nicht. Ich bin nicht verpflichtet, darüber Auskunft zu geben. Wäre ja noch schöner. Nein, ich muss es nicht machen. Aber ich möchte auch ein offenes Arbeitsverhältnis haben und erwarte von der Firma auch Vertrauen. Also schenke ich ihnen auch Vertrauen und teile der Firma mit, dass ich momentan mit einer Depression kämpfe. Ich könne vermutlich und voraussichtlich in etwa zwei Wochen wieder arbeiten.

Dann ist nun nämlich endlich ein erneuter Klinikeintritt in die Jugendpsychiatrie für meinen Sohn geplant, welcher auf meinen Druck hin doch noch zwei Monate vorgezogen werden konnte. Sein Klinikeintritt könnte vermutlich helfen, dass meine Depression sich etwas abschwächt. Darauf hoffe ich natürlich. Also, in erster Linie natürlich, dass es meinem Sohn dann besser geht. Und vielleicht hat es den Nebeneffekt, dass es mir dann auch etwas besser geht. Ich sage also der Firma, ich könne vermutlich in zwei Wochen wieder arbeiten.

Dann müsse ich dann später einmal eine Therapie machen. Für diese könne ich aber natürlich meine Ferientage beziehen. Ich könnte dann zum Beispiel in den Sommerferien einmal eine Therapie machen. Und ich bin sogar so fair, dass ich der Firma sage, dass sie entscheiden könne, wann ich eine Therapie antreten soll. Es soll der Firma möglichst wenig Aufwand oder Probleme bereiten.

Sie sollen dies doch bitte dann mit mir besprechen, wenn ich in zwei Wochen wieder zur Arbeit komme. Ich möchte ja nicht dann eine Therapie machen, wenn es in der Firma sehr hektisch zu und her geht oder wenn jemand anderes vom Team bereits Urlaub geplant hat. Also gebe ich der Firma die Möglichkeit, mir zu sagen, wann die Zeit für eine Therapie respektive für meinen Ferienbezug am besten sei.

Ein paar wenige Tage später werde ich von der Firma gebeten, zu meiner Arbeitsstelle zu fahren und dort zu einem Meeting mit den Vorgesetzten zu erscheinen. Trotz meiner immer noch 100 %-igen Krankschreibung, lasse ich mich auf das Treffen ein. Ich denke, es ist sinnvoll, wenn ich gleich weiss, wann ich von der Firma aus am besten eine Therapie machen soll. Ob es nun direkt in dieser Zeit sein soll oder erst im Sommer, wenn im Geschäft vielleicht nicht so viel läuft. Jedenfalls gehe ich mit dem Gefühl dahin, dass ich bald mehr weiss und bald eine Anmeldung in einer Klinik für meine Therapie machen kann.

Ich komme also dort ins Sitzungszimmer und warte auf die anderen. Ich werde von der Personalchefin begrüsst und gefragt, wie es mir gehe. Ich sage natürlich, dass es mir nicht gut gehe, ich sei ja deswegen auch zu 100 % krankgeschrieben. Ich sage zu ihr, ich sei trotzdem hier, um eine gute Lösung für beide Parteien zu finden und einen Termin zu finden, damit ich planen kann. Sie entschuldigt sich kurz, da sie nicht auf mein Gesagtes eingehen will, geht aus dem Sitzungszimmer und kommt danach erst wieder zusammen mit dem Geschäftsführer zurück. Sie übergeben mir zwei verschiedene Akten. Einmal eine Kündigung und einmal einen Aufhebungsvertrag. Ich werde aufgefordert, mich zu entscheiden, welches der beiden Blätter ich denn nun gerne unterzeichnen würde. Beim Aufhebungsvertrag könne ich noch eine Abfindungssumme erhalten. Wenn ich mich für die Kündigung von ihnen entscheide, gebe es keine Abfindung.

Eigentlich sollte ich gerade genau in diesem Moment das Zimmer und die Firma verlassen. Eigentlich sollte ich mir dies nicht gefallen lassen. Eigentlich sollte ich mich wehren. Eigentlich sollte ich ihnen klarmachen, dass ich krankgeschrieben bin. Eigentlich dürfen sie mir nicht kündigen, weil ich eben krankgeschrieben bin, jedenfalls nicht gleich. Eigentlich sollte ich fragen, weshalb. Eigentlich sollte ich ihnen auch klarmachen, dass ich nicht urteilsfähig bin momentan, jedenfalls nicht in meinem kranken Zustand, und dass ich mich völlig überrumpelt fühle. Eigentlich sollte ich die Situation erst ganz gut überdenken. Aber ich bin depressiv. Also mache ich, was ich in meiner Depression eben mache. Ich versuche, schnellstmöglich aus dieser Situation zu kommen, da ich es nicht aushalten kann, länger am Tisch zu sitzen unter diesen Umständen. Ich kann auch nicht klar denken. Ich kann mich ja auch auf nichts konzentrieren. Ich bin eben depressiv und deshalb ja entsprechend krankgeschrieben. Wenn ich nicht im Stande bin, zu arbeiten, wie soll ich dann im Stande sein, klardenkend eine Entscheidung dieses Ausmasses zu treffen?

Ich unterschreibe nun, fast ohne zu denken, den Aufhebungsvertrag, da ich dort immerhin noch eine Abfindung bekomme, und versuche danach, schnellstmöglich nach Hause zu kommen. Weinend versuche ich, die Treppe unerkannt hinunterzukommen, schnell gehe ich nach draussen, atme zuerst einmal tief durch und fahre nach Hause. Zuerst muss ich mich da hinlegen und schlafe gleich einmal zwei Stunden. Das passiert häufig, wenn ich völlig gestresst bin und in einer

Depression stecke. Vor lauter Aufregung, Stress, Druck, Unklarheit, Überforderung und Enttäuschung verliere ich jegliche Kraft und lasse mich absolut erschöpft ins Bett oder auf das Sofa fallen und bin wie weggetreten und innert Minuten im Tiefschlaf.

Langsam erwache ich, von Gedanken gequält. Diese Arbeit hat mir gefallen. Ich war zehn Monate da. Ich hätte es doch hingekriegt. Ich hätte nur noch zwei Wochen gebraucht, um meine Energie zurückzugewinnen. Und später einmal hätte ich eine Therapie machen können, während meinen eigenen Urlaubstagen, um für eine nächste Phase viel besser vorbereitet zu sein. Es hätte das Geschäft nicht beeinflusst. Nur zwei Wochen hätten sie mir geben müssen. Nur zwei Wochen, damit ich die Depression einigermassen unter Kontrolle hätte bringen können. Nur eine Chance hätte ich gewollt. Aber so sollte es nicht kommen. Mir wird später am Abend auch klar, warum nicht. Ich war noch kein volles Jahr in der Firma. Im ersten Arbeitsjahr kann man mir noch kündigen, obwohl ich krankgeschrieben bin. Dazu muss die Firma im ersten Jahr nur einen einzigen Monat warten. Und dann habe ich einen Monat Kündigungsfrist. Dann wäre bei mir das erste Jahr erst voll gewesen. Also können sie mir kündigen, egal ob ich krank oder gesund bin, sofern sie es in der Zeit machen, in der sie es getan haben. Einige Wochen später hätten sie dies nicht so schnell machen können, weil mich dann das Gesetz besser geschützt hätte. Aber eben erst ab dem zweiten Anstellungsjahr. Nun wird mir alles klar. Deshalb wurde ich dahin bestellt, obwohl ich krankgeschrieben war. Da sind die ja fein raus. Na ja, mir soll es recht sein. Ich kann es ja eh nicht ändern. Nach meinen Erfahrungen, welche ich in so vielen Firmen bereits gemacht habe, krieche ich sicherlich nicht zurück. Es hätte auch eh keinen Sinn gehabt. Die wollen mich einfach nicht mehr. Und mit der Krankheit schon gar nicht. Ich hätte bloss nie jemandem etwas sagen sollen. Das ist mir jetzt auch klar. Diese Leute waren nicht so, wie sie sich gaben. Sie hatten kein Verständnis, obwohl sie dies sagten. Und Arbeitskollegen sind eben teilweise nur genau das, Arbeitskollegen. Es sind nicht zwangsläufig Freunde, denen man vertrauen kann. Es gibt zu Viele, die einem vorspielen, sie würden einen unterstützen, verstehen, hinter einem stehen und einen als Teamkollegen zu schätzen wissen. Aber dann, wenn es darauf ankommen würde, wollen sie von nichts mehr wissen. Dann wollen sie nur noch den eigenen Kopf aus der Schlinge ziehen oder boxen einen sogar noch nieder. Ich hasse solche Menschen. Mit solchen Menschen sollte man wirklich nur arbeiten, sonst nichts. Man sollte solchen miesen Menschen nie Privates erzählen. Anfangs hatte ich auch in diesem Geschäft gedacht, dass es besser sei, mit offenen Karten zu spielen. Ich wollte keinem vormachen, ich sei völlig gesund, wenn jemand nach meiner Vergangenheit fragte. Ich habe meiner Arbeitskollegin und Teamleiterin von meinen Problemen erzählt. Ich dachte, wenn sie es weiss, hätte sie vielleicht auch mehr Verständnis für meine Situation und gestattet mir vielleicht eher einmal, kurzfristig freizunehmen, wenn ich wegen meines Sohnes dringend irgendwo hin muss. Jedenfalls sagte sie mir immer, sie hätte Verständnis und würde mich unterstützen.

Eine Zeit lang war es auch so. Wenn ich fragte, ob ich nächsten Nachmittag freihaben könnte, weil ich zu einem Arztgespräch mit meinem Sohn müsse, sagte sie meistens, dass dies kein Problem sei. Ich arbeitete dann dafür am selben Tag länger und am Tag nach dem Termin auch nochmals, so hatte ich meine Arbeitszeit sofort wieder drin. Ich hatte ja eh eine ganze Menge Überstunden. Ja, obwohl ich mein Pensum auf 80 % reduzierte und wir eine neue 50 %-Stelle zum Team dazu bekamen, musste ich trotzdem immer wieder Überstunden machen. Aber eben, auf eine Unterstützung musste ich verzichten, das angebliche Verständnis war auf einmal wie weggeblasen, mir wurde sozusagen das Messer in den Rücken gestochen und ich, so dumm ich mich vor allem in der Depression anstelle, lasse das ohne Gegenwehr über mich ergehen. Ich habe keine Kraft, da zu kämpfen. Ich kann nicht Energie aufwenden, um klar zu stellen, wie es wirklich war. Und offensichtlich habe ich ja dann zu oft gefehlt. Ich war vor den Weihnachtsferien einige Male tageweise krank gewesen und im neuen Jahr hatte ich dann noch die schlimme Grippe. Das reichte vermutlich schon. Und weil ich dann noch ehrlich war, musste ich den Preis zahlen. Aber wie gesagt, es ist jetzt halt so.

15. Psychiatrieaufenthalte - parallel

Eigentlich habe ich auch ganz andere Probleme momentan, als wieder einmal eine Kündigung wegen meiner blöden Krankheit erhalten zu haben. Ich muss nämlich meinen Sohn wieder in die Klinik bringen. Das bricht mir zwar jedes Mal wieder fast das Herz, aber es geht ihm so schlecht, dass er die volle Unterstützung der Psychiatrie mit all den Therapien vor Ort benötigt. Es ist hart für mich, dies schon wieder machen zu müssen. Aber so kann es ja auch nicht weitergehen. Eigentlich hat mein Sohn genau zu dieser Zeit im zweiten Semester in der Ausbildung Anschluss finden wollen. Mit der kaufmännischen Schule habe ich dies bereits geklärt. Er könnte in eine andere Klasse gehen und sein zweites Ausbildungsjahr einfach dieses halbe Jahr später beginnen. Doch die Grippe und die dadurch wieder schlimmere Depression machte die Rückkehr in die Schule unmöglich. Er muss also jetzt schauen, dass er die Ausbildung dann im Sommer weitermachen kann. Wir hoffen, dass dieser Klinikaufenthalt ihn dafür stabil genug machen wird.

Zwischenzeitlich melde ich mich jetzt, da ich ja eh arbeitslos bin, sofort in einer Klinik an, um eine Therapie zu machen. Die Arbeit steht mir jetzt nicht mehr im Weg. Ich muss keine terminbezogene Rücksicht mehr auf den Arbeitgeber oder Mitarbeiter nehmen. Ich kann also die Therapie beginnen, sobald die Klinik einen Platz für mich frei hat. So kommt es, dass ich in die Psychiatrie eintrete, während mein Sohn auch noch in der Klinik ist. Allerdings überschneidet sich dann die Zeit. Mein Sohn wird dann kurz vor seinem 18. Geburtstag aus der Klinik entlassen, da er nun nicht mehr als Jugendlicher gilt und eigentlich in eine Erwachsenenabteilung wechseln müsste. Allerdings sei nun ein Wechsel nach bereits zwei Monaten auch keine Lösung, da dies zu viel für ihn würde. Aber bleiben könne er auch nicht länger, obwohl ihm noch zwei oder drei Wochen sehr guttun würden und er es eigentlich nötig hätte. Aber dies ist versicherungstechnisch nicht möglich. Also wird er vor seinem Geburtstag entlassen.

Da kommt bei mir natürlich sofort Stress auf. Ich bin nun seit kurzem in einer Klinik. Es ist meine erste stationäre Behandlung. Und nun soll mein Sohn währenddessen aus der Jugendklinik austreten, obwohl er noch nicht ganz bereit dazu ist und dann allein zuhause wohnen, solange ich noch in der Psychiatrie bin. Wie soll das denn funktionieren? Wie kann man denken, dass er die in der Klinik gewonnene Stabilität zuhause beibehalten kann, wenn ich nicht da bin und er auf sich allein gestellt ist? Wie soll er das hinkriegen, wenn er doch nur wegen seiner Volljährigkeit die Klinik vorzeitig verlassen musste? Ehrlich gesagt kann ich mir dies überhaupt nicht vorstellen. Aber ich kann auch nicht meine Therapie abbrechen, denn mir geht es wirklich überhaupt nicht gut. Mir geht es hauptsächlich aus dem Grund gar nicht gut, weil ich ja schon wieder eine Arbeitsstelle verloren habe. Und das Mühsamste daran für mich ist, dass es eine Arbeitsstelle war, bei der ich mehrere Jahre hätte sein wollen, bei der ich auf sehr viel Lohn verzichtet hatte, nur um eine Festanstellung zu haben und bei der ich eine Arbeit machen konnte, die mir Spass machte. Und nun habe ich auch diese verloren. Wieder ein herber Rückschlag. Und mit dem wenigen Lohn gearbeitet zu haben, sogar ohne die anfangs versprochene Erhöhung nach sechs Monaten zu erhalten, beeinflusst natürlich nun meine finanzielle Existenz. Die Krankentaggeldversicherung rechnet nun auf diesem tiefen Lohn. Auch die Arbeitslosenversicherung, wenn ich dann wieder gesund bin und wegen meines bald unüberschaubaren Lebenslaufes längere Zeit keine Anstellung finden würde, wird ihre Berechnung auf diesem tiefen Gehalt basieren. Die rechnen dann von dem tiefen Lohn aus und von dem tiefen Pensum von nur 80 % aus. Grossartig. Das habe ich ja wieder super hingekriegt mit meinem positiven Denken, immer hoffend, dass es nun endlich gut komme, dass ich endlich gesund werden würde, dass ich endlich eine Festanstellung für längere Zeit haben würde und dass alles schon gut kommt. Wieso glaube ich diesen Mist eigentlich immer noch? Nach all dem bereits Passierten müsste ich es doch besser wissen und mir gar keine solch positiven Hoffnungen machen. Ich werde ja stets nur enttäuscht.

Alles scheint wieder einmal schief zu laufen. Aber der Klinikaufenthalt gibt mir wieder ein bisschen Kraft. Mein Sohn, mittlerweile aus seiner Jugendklinik frühzeitig wegen des Geburtstages rausgeworfen, versucht sich zuhause zurechtzufinden. Er versucht, ab und zu etwas im Haushalt zu machen. Er macht zwar nur wenig, aber immerhin. Er will mir damit auch eine Freude bereiten, wenn ich jeweils am Wochenende nach Hause komme. Ansonsten trifft er sich des Öfteren mit einem Kollegen, geht oft stundenlang an der frischen Waldluft spazieren und unternimmt wieder Sachen. Es geht ihm einigermassen gut.

Währenddessen bin ich nun jeweils unter der Woche in der Klinik. Schnell freunde ich mich mit Mitpatienten an, treffe diese dann zwischen den Therapien im Garten, reden über unsere Probleme, über das neu Gelernte, über die Therapien, über unser Leben und über unsere Krankheit. Man erkennt schnell, dass jeder seine eigene Geschichte hat. Einige haben schon etliche Therapien oder Klinikaufenthalte hinter sich, andere sind, wie ich, das erste Mal in einer stationären Behandlung. Einige machen sich grosse Sorgen, wie es den Zuhausegebliebenen wohl ohne sie gehe, andere sind froh, am Wochenende auch in der Klinik bleiben zu dürfen. Einige scheinen ziemlich gut zu funktionieren, andere überhaupt nicht. Einige erzählen während den Gruppentherapien, wie es ihnen so ergeht. Mir tut es unendlich gut zu hören, dass einige der Mitpatienten dieselben Probleme haben wie ich.

Ganz so abnormal scheine ich dann wohl doch nicht zu sein. Jemand erzählt, er habe Mühe, wenn er in ein Geschäft einkaufen gehen soll, sobald dort viele Leute unterwegs sind. Das kenne ich. Ein anderer sagt, er kriege Panik, sobald das Telefon klingelt, da die Gedanken anfangen sich zu drehen und einem fast verrückt machen, da man beim ersten Klingeln nicht weiss, wer anruft oder was auf einen zukommt. Das kenne ich weniger, kann es aber durchaus nachvollziehen. Ich habe teilweise auch sehr grosse Mühe, ein wichtiges Telefonat zu führen. Teilweise sogar schon, wenn ich nur den Therapeuten oder einen Arzt anrufen muss, um mitzuteilen, dass ich nicht an den Termin kommen kann, da ich gerade erbreche vor lauter Stress. Dann versuche ich zwar, das Telefonat einfach so schnell wie möglich hinter mich zu bringen, aber es gibt Tage, an denen ich es effektiv nicht schaffe, einen Termin abzusagen. Warum? Keine Ahnung. Das weiss ich eben leider auch nicht. Ich kriege es einfach nicht hin. Ich könnte dann stundenlang darüber philosophieren und raten, warum ich es vermutlich nicht kann, aber merke immer wieder, dass alle gesuchten Erklärungen eigentlich überhaupt keinen Sinn ergeben. Rational sind solche Ängste und Blockaden überhaupt nicht erklärbar.

Jemand in der Klinik kann solche Blockaden, ich nenne sie mal Verhaltensstörungen, überhaupt nicht nachvollziehen. Also ich meine nicht, dass er sie nicht begründen und erklären kann, sondern, dass er gar nicht verstehen kann, dass jemand solche Sachen durchlebt. Ich versuche ihm das Ganze zu erklären. Ich finde, es wäre für ihn und die Mitpatienten hilfreich, wenn er es wenigstens einigermassen verstehen könnte. Mit dem Wissen würde er vielleicht einmal eine sehr unpassende Bemerkung für sich behalten. Das wäre eine Art Schutz für die anderen. Jedenfalls frage ich ihn, ob er Angst vor Spinnen oder der Höhe habe. Vor Spinnen habe er keine Angst, aber vor Schlangen. Ok, gut. Also, ich entschuldige mich, ich meine nicht gut, dass er diese Angst vor Schlangen hat, sondern gut für mich zu wissen, da es für mich nun eine Grundlage für die Erklärung gibt, die er nachvollziehen kann, hoffe ich jedenfalls.

Wenn er nun also eine Schlange sehe, dann reagiere vermutlich sein Körper mit Zittern, Schweissausbruch oder Ähnlichem. Dies bejaht er. Eben genau das ist vergleichbar. Sein Körper reagiert mit Symptomen, weil er eine Schlange sieht. Vielleicht ist die Schlange in einem Käfig, trotzdem reagiert aber der Körper. Der Kopf sagt einem, dass man keine Angst vor der Schlange haben müsse, da die Schlange ja eingesperrt sei und einem nichts tun könne. Und trotzdem, obwohl also der Kopf eine logische Erklärung hat, warum man keine Angst haben sollte, hat man trotzdem Angst. Man versucht, sich Mut zuzusprechen oder sagt sich, dass andere Menschen doch auch keine Angst vor Schlangen haben und wundert sich über sich selbst, weshalb man denn nun Angst hat. Doch es hilft nichts. Man hat die Angst und findet das eigentlich absolut unvernünftig, da die Schlange ja im Käfig ist und nicht raus kann. Aber genau diese Vernunft fehlt. Denn der Körper reagiert. Man kann versuchen sich einzureden, dass es keinen Sinn macht. Man weiss vielleicht, dass es keinen Sinn macht. Trotzdem hat man dieses Gefühl, ohne jegliche logische Nachvollziehbarkeit. Man fühlt es irgendwie, obwohl es keinen Sinn macht. Und das haben viele Personen, die an einer Depression oder an anderen psychischen Krankheiten leiden. Sie wissen, dass sie sich anders verhalten sollten oder gar müssten, können es aber eben nicht. Sie denken mit dem Kopf Sachen, welche sie aber nicht umsetzen können.

Und jetzt ist ein Depressiver erst recht in der Situation, in der er noch mehr Gedanken darüber hat, wieso er nicht aufhören kann, Gedanken darüber zu haben. Es bildet sich langsam ein Kreis, der sich wie eine Spirale in jeder Runde vergrössert und irgendwann scheint alles voller Kreise und Spiralen. Man blickt nicht mehr durch. Aber die Eigendynamik, die der erste kleine Kreis hat, ist nicht aufzuhalten. Man sieht, wohin es führen wird. Man weiss, dass man den Kreis stoppen sollte und dass man die Spirale gerade ziehen sollte, aber man schafft es nicht. Man ist überfordert. Man fängt bald darauf an, wütend auf sich selbst zu sein, dass man es zwar sieht, aber nicht ändern kann. Man ist wütend, dass man es nicht schafft, die Spirale zu stoppen. Man ist wütend, dass man nicht zu denken aufhören kann. Man denkt dann über die Wut nach, die man verspürt, was eigentlich auch keinen Sinn macht. Man kann ja auch nichts dafür, dass man diese Wut empfindet. Aber trotzdem ist sie da. Und dann wird man verzweifelt, weil man nicht zu denken aufhören kann und dann wird man wütend, weil man beginnt, über die Wut nachzudenken und so weiter. Es hört einfach nicht auf. Das ist eine sehr quälende Situation. Vielen Depressiven ist dieses Leiden sehr gut bekannt. Und leider ist es fast nicht abzustellen. Ich glaube, dass genau das die Krankheit ist, nämlich seine Gedanken einfach nicht unter Kontrolle bringen zu können. Diese Gedanken machen einen fast verrückt und rauben einem jegliche Kraft. Und ohne Kraft weiter denken zu müssen, obwohl man weiss, dass man nicht denken sollte, führt auch wieder zu nichts.

Mein Mitpatient scheint es jedenfalls langsam zu verstehen, wie es einigen von uns geht. Die Therapien sind anstrengend. Es ist nicht etwa wie ein Urlaub. Nein, es ist harte Arbeit. Sich mit sich selbst auseinander zu setzen, die Vergangenheit und die Probleme immer wieder umzuwälzen, sich auch den negativen Gefühlen zu stellen und auch die traurigen Zeiten nochmals durchleben zu müssen, ist Kräfte zehrend. Jede Therapie ist anders, aber jede auf ihre eigene Art anstrengend. In Gruppentherapien finde ich es zum Beispiel anstrengend, mich mit den Mitpatienten und deren Problemen auch noch auseinandersetzen zu müssen. Auf der anderen Seite geniesse ich die Physiotherapie, denn dies ist eigentlich mehr eine Entspannungsmassage, die wirklich einfach mal guttut. Und dabei wird einem auch bewusst, wie gut es tut, sich selbst was zu gönnen. Man denkt darüber nach, ob man das verdient hat oder geniessen darf. Es sind verrückte Gedanken. Aber der Körper fühlt sich so entspannt an wie schon lange nicht mehr. Die ganzen Probleme und Belastungen werden wie wegmassiert und die psychosomatischen Beschwerden gelindert. Sich einfach verwöhnen zu lassen ist herrlich. Das hatte ich schon länger nicht mehr erlebt. Meistens bleibt ja keine Zeit oder Kraft, um sich um sich selbst zu kümmern. Und die Gedanken würden dies auch höchst selten zulassen. Aber diese Massage und die Entspannung machen Platz für neue Ideen und geben neuen Antrieb, weiterzukämpfen. Dann gibt es zum Beispiel eine Musiktherapie, in der man ganz neue Seiten an sich entdeckt und auf ganz andere Art und Weise Sachen verarbeitet. Mit Musik, Takt, Tönen und Instrumenten scheint die Gefühlswelt direkt kontaktiert zu werden, ohne Umwege. Einige Gefühlsausbrüche erleben wir in dieser Therapie. Auch die Gruppendynamik wird beim rhythmischen Rasseln zum Beispiel sehr stark spürbar. Der Musiktherapeut ist auch ein sehr weiser und erfahrener Mann, der weiss, wie man mit Patienten umgehen muss. Er hat auch selbst viele Erfahrungen gemacht, zum Beispiel, als er zu einigen Indianern reiste oder durch die Meditation, die er erlernt hatte. Man fühlt sich bei ihm einfach sehr gut aufgehoben.

Man kann sich ganz natürlich geben, man braucht sich überhaupt nicht zu verstellen, man kann seinen Gefühlen einfach nachgehen, ihnen freien Lauf lassen und sie so richtig ausleben. Das befreit ungemein. Ja, auch mich bringt er öfters mal zum Weinen, vor allem in der Einzeltherapie. Mir ist er einfach sehr sympathisch und ich habe vollstes Vertrauen zu ihm. Sich in guten Händen zu wissen, während man seine Ängste und Gefühle zulässt, hilft enorm. Es ist ein schönes Gefühl.

Mit den sportlichen Aktivitäten habe ich anfangs ziemlich mühe. Ich war früher sehr sportlich und fit. Aber die letzten Jahre war es einfach viel schwieriger, durchzuhalten oder überhaupt den Antrieb dazu zu finden. Ich habe meine körperlichen Betätigungen auf ein Minimum beschränkt. Und das spüre ich natürlich jetzt. Mein Muskelkater lässt grüssen. Trotzdem mache ich stets so gut es geht mit und merke von Woche zu Woche, wie sich mein Körper wieder fitter fühlt und die Bewegungen leichter fallen. Auch meine Kondition steigert sich ziemlich rasch. Wieso das hier in der Klinik funktioniert?. Vermutlich, weil ich sonst keinerlei Aufgaben zu erledigen habe und keinerlei Verpflichtungen habe. Das Zimmer und Badezimmer in der Klinik werden regelmässig geputzt und die drei Mahlzeiten stehen jeden Tag am Buffet bereit. Es braucht kein Abräumen, keinen Abwasch, kein Ein- und Ausräumen des Geschirrspülers, kein Putzen, kein Machen des Bettes, kein Öffnen der Post, kein Erledigen von Telefonaten, kein Rausbringen des Mülls und keine Bezahlung von Rechnungen. Es wird einfach entweder wie in einem Hotel von anderen gemacht oder man macht die Sachen dann erst am Wochenende zuhause, wie beispielsweise die

Post und die Rechnungen. Oder man nimmt diese mit und macht sie zusammen mit dem Therapeuten, wenn man Unterstützung benötigt. Weil man also die ganzen Verpflichtungen und Aufgaben nicht hat, kann man die Energie, die man hat, für sich selbst nutzen und sich um sich selbst kümmern. In dieser Klinik macht man, was einem guttut. Es gibt schon ab und zu Therapien, an denen man nicht teilnehmen kann, weil die Kraft fehlt oder es einem an dem Tag vielleicht einfach zu schlecht geht. Aber man hat die Möglichkeit, ohne Schuldgefühle oder Rechtfertigung, den Termin abzusagen und kann beim nächsten Termin einfach wieder mitmachen, wenn es einem besser geht. Den Therapeuten ist klar, dass man ja in der Klinik ist, weil man sich besser fühlen will. Man will etwas verändern, sonst würde man den einfacheren Weg wählen und zuhause in Sicherheit bleiben. Also ist es einleuchtend, dass jemand, der eine Therapie versäumt, wohl einen Grund dafür hat.

Und sollte einem eine Therapie nicht passen oder nicht viel bringen, kann man eine andere Therapieart wählen und vielleicht eine Maltherapie durch eine Musiktherapie ersetzen. Die Klinik ist zum Glück sehr flexibel und bietet etliche Varianten von Therapieplänen an. Das hilft auch, eine geeignete Therapie zu finden, die man später zuhause weiter machen möchte. Man kann jegliche Therapien ausprobieren. Die eine oder andere spricht jeden irgendwie an. Es ist auch sehr interessant, was die Mitpatienten über die Therapien sagen, wie sie diese empfinden und welche ihnen hilft. Mit solchen Gesprächen füllen wir meist die Zwischenzeit, wenn man vielleicht an einem Nachmittag keine Termine hat. Oder man legt sich schlafen, wenn es einem nicht so gut geht oder wenn einem die Kraft fehlt. Oder man macht vielleicht auch einmal einen Spaziergang zum See oder gar einen Ausflug. Mir hilft jedenfalls am meisten, dass ich keine Hausarbeit zu erledigen habe und dass dieser Druck nicht da ist, noch viele Dinge eigentlich machen zu müssen, welche ich dann eh nicht hinkriege. Das geniesse ich in der Klinik. Das tut einfach nur wirklich gut. Und das gute Essen, das zur Verfügung steht, hilft natürlich eher, sich besser zu fühlen, als wenn man zuhause nur Schokolade und Fertigpizza isst.

Und während dieses Aufenthaltes lerne ich die Freundin kennen, die auch verrückt ist, die ich bereits erwähnt hatte. Sie leidet unter anderem auch an einer Depression. Und mit ihr kann ich bereits in der Klinik sehr gute Gespräche führen. Wir versuchen, uns gegenseitig zu stärken, wir lachen oft zusammen oder gehen abends auch mal in einem sehr ruhigen Lokal etwas trinken. Es ist schön, sie kennengelernt zu haben.

Wie es zu dieser Freundschaft eigentlich kam? Eigentlich lernten wir uns in der Klinik beim Frühturnen kennen. Gleich nach dem Aufstehen, noch vor dem Frühstück, gibt es die Frühaktivierung. Wie es schon selbsterklärend sagt, ist es ein aktiver Start in den Tag. Aber es ist nicht einfach nur Sport. Es soll vor allem auch den Geist langsam in den wachen Zustand bringen. Ich habe einige Beispiele, von denen ich und meine Freundin heute noch sprechen. Wir reden vor allem dann darüber, wenn wir wieder mal lachen wollen. Denn diese Geschichten bringen uns immer wieder zum Lachen.

Bei einem Beispiel besteht die Aufgabe darin, sich zu Zweien im Team gegenüberzustehen. Meine Freundin hat dann einen blauen Ball in der linken Hand und einen roten Ball in der rechten. Ich drehe ihr nun den Rücken zu. Sie muss jetzt ein Tier und eine Rechnung laut sagen. Dann drehe ich mich schnell um und muss den korrekten Ball fangen. Den richtigen Ball wählen muss ich anhand des Tieres, das sie vorhin gesagt hat. Falls das Tier ein Wassertier ist, muss ich den blauen Ball fangen, ist es ein Landtier, entsprechend den roten Ball. Nun zu der Rechnung, die sie mir stellt. Ist das Resultat der Rechnung ungerade, muss ich den korrekten Ball mit meiner linken Hand auffangen, ansonsten mit der rechten. Diese Übung macht den Kopf fit. Jedenfalls ist das Ziel dieser Übung. Allerdings kann es uns auch absolut überfordern. Jedenfalls stehe ich nun mit meiner Freundin dort, beide sind bereit. Sie nennt die Ente und bittet mich, 3 + 5 zu rechnen. Ich drehe mich also um, sie wirft beide Bälle zu mir hin, ich entscheide mich, den blauen Ball zu fangen, und zwar mit meiner rechten Hand. So geht es hin und her. Nach etwa fünf Wechseln sagt sie, sorry, aber sie wisse keine Tiernamen mehr in Deutsch, sie würde sie also in ihrer Sprache sagen. Dazu kann ich erwähnen, dass ich ihre Muttersprache wirklich nicht kann. Jetzt, nach zwei Jahren Freundschaft zwischen uns, kenne ich immer noch erst ein einziges Tier in ihrer Sprache. Also, sie steht da und sagt, sie würde die Tiere in ihrer Sprache benennen. Sie meint das in vollem Ernst und schmeisst die Bälle. Da kann ich schon nicht mehr vor Lachen. Hat sie nicht daran gedacht, dass ich die Tiere vielleicht auch verstehen muss, um diese als Land- oder Wassertier einordnen zu können? Ich fange also keinen der Bälle. Sie schaut mich verdutzt an und fragt, was denn los sei. Ich muss noch lauter lachen. Ich kann mich fast nicht mehr auf den Beinen halten. Sie schaut mich immer noch völlig ahnungslos an. Ich kauere mich, gebeugt vor Lachen, bald auf den Boden. Und ich sage zu ihr, so gut ich neben dem Lachanfall kann, dass ich ihre Tiere leider nicht zuordnen könne. Sie fragt, warum ich dies nicht könne. Ich kann nicht mehr. Liebe Freundin, ich verstehe deine Muttersprache nicht. Oh ja, jetzt hat es bei ihr geklingelt. Ihr ist ein Licht aufgegangen. Sie kann sich Momente später auch nicht mehr halten vor Lachen. Wir sind eigentlich beide depressiv. Den ganzen Tag über sind wir traurig, verzweifelt und kraftlos, aber hier können wir nicht anders. Wir lachen laut los. Die anderen in dieser Therapie schauen uns merkwürdig an. Nur ein paar wenige schmunzeln schon länger mit mir mit. Und jetzt können sie sich auch nicht mehr halten. Also, wenn meine Freundin ja selbst über sich lachen muss, dann dürfen die das auch. Ach, es tut so gut. Sie ist die beste Therapie.

Ein anderes Mal sollte sie den blauen und roten Ball zu mir werfen und mir während des Wegwerfens sagen, welche Farbe ich auffangen soll. Sie konzentriert sich. Ich sehe, wie sie beide Bälle in den Händen hält. Beide Arme schwingen nach hinten, um Anlauf zu holen. Nun schwingen die Arme nach vorne, sie lässt beide Bälle los und sagt: Grün. Nein, ich kann wirklich nicht mehr. Man muss sich das vorstellen. Sie sagt es nicht als Witz. Sie sagt es völlig konzentriert. Sie wundert sich, weshalb ich keinen der Bälle fange. Sie überlegt sich, was denn mit mir los sei. Sie fragt, ob mit mir alles ok sei. Aber sie wundert sich jetzt nicht mehr über mich, weil ich keinen Ball gefangen habe, sondern darüber, weshalb ich lache. Sie ist so witzig. Ich kann nicht mehr. Sie hat immer noch nicht kapiert, warum ich lache. Ich frage sie also, ob sie mir die Farbe bitte nochmals nennen könnte. Sie sagt nochmals grün. Ah, da ist ihr Lachen. Herrlich. Wir haben so viel Spass miteinander. Obwohl alles so ernst zu nehmen ist, die Therapien wirklich anstrengend sind und wir eigentlich sehr schlecht drauf sind. Aber dieses Lachen und diese Freundin sind einfach herrlich.

Eine der Übungen finde ich äusserst fordernd. Man stellt sich mit geschlossenen Beinen hin. Dann springt man nach vorne, indem man zuerst mit dem rechten, dann gleich mit dem linken Bein auftritt. Danach springt man zurück, mit dem rechten Fuss zuerst auftretend, dann mit dem linken. Anschliessend dann das Ganze nochmals, aber mit dem linken Fuss zuerst. Danach wieder mit rechts. Ja, das klingt noch einfach. Das kriegen wir hin. Aber dazu kommt jetzt noch das, was im Zusammenhang mit dem leichten Springen eine echte Herausforderung darstellt. Man sagt bei jedem Sprung, nach vorne und zurück, jeweils das Alphabet auf. Aber auch dies nicht einfach ABC, sondern zusammen mit Zahlen. Also 1A, 2B, 3C und so weiter. Wenn man das jetzt nicht so schwierig findet, sollte man es selbst versuchen. Die meisten der Teilnehmer schaffen es etwa bis zum Buchstaben H, einige bis L, ich meistens bis etwa R. Und man sehe meine Zufriedenheit in meinem Gesicht. Da breitet sich Stolz aus. Zwar ist es eigentlich nur eine kleine Übung, aber ich kann endlich wieder einmal mit meinem Ergebnis zufrieden sein, obwohl das Springen langsam aber sicher in die Beine geht. Diese Übung ist wirklich interessant, fordert Körper und Geist, macht wach und gibt einen guten Start in den Tag. Teilweise braucht es so wenig.

Alles in allem kann ich sagen, dass dieser Klinikaufenthalt mir schon Einiges gebracht hat. Nicht nur eine neue, sehr gute Freundin. Ich habe viele Strategien kennengelernt, gute Therapien gehabt, Kraft wiederaufbauen können und fühle mich somit nun gewappnet, die Klinik zu verlassen und zuhause in dieser Verfassung weiterzumachen. Ich hoffe natürlich, dass ich meine Stabilität aufrechterhalten kann, das Gelernte umsetzen kann und meine bessere Gesundheit wahren kann.

Der Wiedereinstieg in das Leben zuhause scheint nicht schlecht. Mein Sohn scheint immer noch ziemlich stabil von seinem Klinikaufenthalt. Ich scheine Einiges von der Klinik mitgenommen zu haben und schaffe es auch einigermassen, einiges Gelerntes umzusetzen. Doch es wäre ja zu schön, um wahr zu sein, wenn dies auch lange Zeit so anhalten würde.

16. Das Kämpfen muss weitergehen

Zwei Wochen nach Austritt aus der Klinik finde ich in der Post ein Schreiben der Arbeitslosenversicherung, da nun inzwischen auch meine Kündigungsfrist abgelaufen ist und ich mich dort sofort bei Erhalt der Kündigung melden musste. Darin steht leider nichts Erfreuliches. Aber wie könnte es das auch? Ich ziehe ja das Pech förmlich an wie ein Magnet. Diese Versicherung teilt mir nun mit, dass mein Arbeitgeber ganz andere Gründe für die Aufhebung des Vertrages angegeben hätte. Es stimme überhaupt nicht mit meinen Angaben überein. Damit kann ich im Moment nichts anfangen. Ich habe ja keine Ahnung, was denn diese Firma über mich, über das Arbeitsverhältnis und vor allem über die Aufhebung dessen mitgeteilt hatte. Auf mein Verlangen hin hat man mir dann die entsprechenden Unterlagen zukommen lassen. Ich las darin, dass mein letzter Arbeitgeber der Arbeitslosenversicherung gegenüber angegeben habe, dass ich anscheinend die Blockzeiten nicht eingehalten hätte, mich ab und zu nicht abgemeldet hätte, dass ich sehr oft gefehlt hätte, dass ich wegen der Krankheit meines Sohnes nicht zur Arbeit erschienen sei (also die sagten nicht, wegen meiner Krankheit, sondern wegen der meines Sohnes, trotz Arztzeugnissen, welche meine Krankheiten an den Fehltagen bestätigten) und, das fand ich das Beste, dass ich eine Abmahnung bereits ein halbes Jahr vor der Kündigung erhalten hätte und mich trotzdem kein bisschen gebessert hätte.

Ich erinnere mich, dass ich schon mehr als nur einmal dachte, dass es solch einen Arbeitgeber ja nicht nochmals geben könne. Oder ich war mir sicher, dass das, was mir mit der einen Arbeitsstelle passiert war, mir wohl kaum nochmals passieren könnte. Oder ich dachte, dass ich doch nicht ständig solch ein Pech mit Arbeitgebern haben könne. Und da bin ich nun, vor mir ein Schreiben, anhand dessen ich angeblich selbst schuld sein soll, dass mir gekündigt wurde. Ich hätte Abmachungen nicht eingehalten und hätte auf die Abmahnung nicht reagiert. Entsprechend sei der Firma keine andere Wahl geblieben, als mir zu kündigen. Wieso ich mich darüber aufrege, wenn ich doch eh schon nicht mehr in dieser Firma bin? Ja, es wäre mir auch lieber, ich müsste mich nicht aufregen und ich hätte absolut nichts mehr mit der Firma zu tun. Ganz ehrlich, ich wäre so froh darüber. Aber wegen dieser Fehlinformationen, die dieses Geschäft nun im Formular an die Arbeitslosenversicherung weitergegeben hat, will mir die Versicherung nun einige Monatslöhne streichen. Ich hätte keinen Anspruch auf sofortiges Geld der Versicherung, da ich selbstverschuldet in die Arbeitslosensituation gekommen sei. Das ist ja wieder super. Irgendwelche Leute sagen irgendwelche Dinge und ich bin diejenige, die leiden muss. Kommt mir irgendwie schon bekannt vor. Aber ich kann nicht mehr. Ich kann solche Sachen nicht akzeptieren. Und auch wenn ich eigentlich keine Kraft habe, muss ich dagegen kämpfen und mich wehren. Das darf doch alles nicht wahr sein. Auch wenn ich momentan krankgeschrieben bin und somit das Arbeitslosenamt momentan nicht für mich zahlen muss, könnte es in Zukunft sicherlich zu Schwierigkeiten führen. Solange ich noch 100 % arbeitsunfähig bin, zahlt mir die Krankentaggeldversicherung, nicht das Arbeitslosenamt, einen Teil des zuvor verdienten Lohnes aus. Das ist nicht viel, weil ich ja nur ein Pensum von 80 % gearbeitet hatte und die vertraglich vorabgestimmte Lohnerhöhung zu dem eh schon geringen Lohn nicht erhalten hatte, aber es ist immerhin ein monatlicher Betrag, den ich wegen meiner Krankheit ja zugute habe.

Doch sobald ich arbeitsfähig werde und ich wieder gesund bin, dann müsste, solange ich noch keine neue Stelle gefunden hätte, die Arbeitslosenkasse für mich zahlen. Und diese schreibt mir jetzt, ich würde eine Sperrung von einigen Wochen oder Monaten bekommen. Das würde dann heissen, dass ich dann diese ganze Zeit keinerlei Einkommen haben würde. Das geht doch wohl nicht. Das kann ja nicht sein. Wieso sollte ich kein Geld bekommen, obwohl es mir zusteht, nur weil diese blöde Firma solchen Mist an das Arbeitslosenamt schickt? Nein, so sollten die nicht mit mir umgehen. Ich habe denen ja nichts getan. Und es stimmt ja überhaupt nicht, was die da ausgefüllt haben. Solche Sachen machen mich echt wütend. Ich weiss nicht, ob es meine Depression ist oder ob ich auch in gesundem Zustand die Nerven fast verlieren würde. Aber ich werde sehr wütend. Ich frage mich echt, was solche Arbeitgeber eigentlich denken. Meinen die, sie können mit mir machen, was sie wollen? Meinen die, sie können Lügen verbreiten, wie es ihnen passt? Und vor allem, was bringt ihnen dieses Lügen? Sie haben ja nichts davon, wenn sie der Arbeitslosenversicherung irgendwelche Unwahrheiten erzählen. Oder möchten sie sich selbst schützen, damit ich nicht vielleicht noch die Kündigung anfechte? Haben die etwa das Gefühl, sie müssten versuchen, sich für die ausgesprochene Kündigung zu rechtfertigen?

Ich frage mich auch, weshalb ich ständig meine Kraft für solche Sachen aufwenden muss. Ich könnte meine Energie wirklich für bessere Dinge einsetzen. Ich sollte mich eigentlich jetzt darum kümmern, die Stabilität der Klinik aufrechtzuerhalten. Aber nein, ich muss mich jetzt um diesen Mist kümmern. Ich rufe das Arbeitslosenamt an und informiere sie über die Sache. Ich stelle klar, dass ich weder gelogen habe, noch selbst verschuldet die Kündigung erhalten habe. Daraufhin sagt diese, dass sie eben zwei verschiedene Formulare hätten, eines von mir und eines von der Firma. Diese beiden Formulare würden anscheinend gegenteilige Aussagen aufzeigen. Also muss ich mich nun darum kümmern, dass die Firma das Ganze aufklärt und, zu meinen Gunsten und bei der Wahrheit bleibend, eine Korrektur an das Amt schickt. Ich verfasse also einen Brief, denn telefonischen Kontakt kann ich nicht gebrauchen, da ich viel zu unkonzentriert bin und mir vermutlich meine Depression, die jetzt schon wieder langsam in mir hochsteigt seit dem Schreiben des Amtes, im Weg stehen würde, um ein sinnvolles Telefonat zu führen. Die Wut und die Verärgerung meinerseits würden wohl dazu führen, dass ich meine Worte nicht so zusammenbringen könnte, wie es sein sollte. Vermutlich würde ich den Punkt, den ich machen wollen würde, nicht rüberbringen können. Mein Konzentrationsmangel würde mir nicht helfen, am Telefon die wichtigen Punkte zu filtern. Ich würde abschweifen und mein Verlangen würde nicht berücksichtigt werden. Oder ich würde meiner Wut am Telefon gleich freien Lauf lassen. Das wäre sicherlich auch absolut kontraproduktiv. Entsprechend setze ich ein Schreiben auf und maile dieses an die Firma. Darin erwähne ich alle Punkte, die nicht der Wahrheit entsprechen. Im Schreiben mache ich auch meinen Standpunkt ganz klar, dass ich es eine Frechheit finde, dass sie solche Falschangaben gemacht haben. Darin teile ich der Firma auch mit, welche Konsequenzen es für mich hat und sage der Firma auch ganz klar, dass ich das nicht akzeptieren werde. Ich bitte dann zum Schluss um eine Berichtigung der Angaben gegenüber dem Arbeitslosenamt und warte danach gespannt, ob ich von der Firma oder direkt dem Amt Bescheid erhalte.

Kurze Zeit später lädt mich die Firma zu einem Gespräch bei denen vor Ort ein. Nur sehr ungern gehe ich dort hin. Ich hoffe zwar immer noch, dass vielleicht die Personalchefin einfach die Korrektur bereits vorbereitet hat und mich bitten möchte, ihr mein Einverständnis zu geben, bevor sie es an das Amt übermittelt, damit später nicht noch weitere Probleme auftauchen. Aber meine Hoffnung scheint eigentlich auch für mich seltsam. Eigentlich kann ich mir nicht so richtig vorstellen, dass diese Angelegenheit so schnell erledigt sein wird. Wenn doch, hätte die Firma die Korrektur ja einfach an das Amt schicken können. Doch nun wurde ich eingeladen. Innerlich kochend und äusserlich zitternd betrete ich das Firmengelände und hoffe, dass ich diesen Besuch irgendwie durchzustehen vermag.

Gespannt warte ich dann im Sitzungszimmer. Es ist das gleiche Zimmer, in welchem ich vor einigen Monaten die Kündigung vorgehalten bekommen hatte. Das Warten ist sehr unangenehm. Dann kommen die Personalchefin und meine Teamleiterin respektive Arbeitskollegin herein, begrüssen mich freundlich und fragen, wie es mir gehe. Ich antworte, dass es mir selbstverständlich nicht sehr gut gehe, nachdem mir einerseits von ihnen gekündigt wurde und andererseits nun solche Probleme für mich durch sie verursacht wurden. Für Smalltalk bin ich schliesslich nicht hierhergekommen. Darauf habe ich absolut keine Lust. Ich wüsste auch nicht, weshalb ich mit denen Smalltalk halten sollte. Schliesslich haben beide ihren Teil dazu beigetragen, dass es mir wieder so schlecht geht. Die Beiden scheinen es zu verstehen und warten nun etwas ruhiger mit mir auf den Geschäftsführer, der anscheinend auch dazukommen soll.

Dieser öffnet die Sitzungszimmertür und ich merke ihm sofort an, dass er sehr unzufrieden, wütend und fast am innerlichen Kochen ist. Ich stehe auf und begrüsse ihn. Er grüsst zurück, setzt sich hin und sagt mir als Erstes, dass er sich so etwas nicht gefallen lassen werde. Das sei eine Frechheit, was ich da geschrieben hätte. Er hätte es fast nicht glauben können. Ich könne mich darauf gefasst machen, dass er überhaupt kein Problem damit habe, mit mir vor Gericht zu gehen. Das lasse er sich nicht gefallen. Vor allem nicht, nach dem, was er alles für mich getan habe. Sehr erschrocken darüber, dass er wirklich denkt, er sei im Recht, antworte ich ihm, zum Glück ziemlich entspannt, dass ich auch kein Problem hätte, vor Gericht zu gehen, aber dass ich es nicht einsehe, weshalb dies nötig sein sollte. Es würde ja nur viel Geld kosten und vor allem, was mich krankheitsbedingt schwerer trifft, auch viel Energie. Ich erkläre ihm nochmals, dass etliche Angaben, welche die Firma dem Amt gegenüber gemacht habe, einfach schlichtweg nicht der Realität entsprechen. Er sagt, er könne sich nicht vorstellen, dass dieses Formular falsch ausgefüllt wurde. Ich bestätige, dass ich es mir auch nicht hätte vorstellen können, aber dass ich diese Information vom Amt erhalten habe und dass diese Angaben nicht dem entsprechen, was vorgefallen sei.

Ich nenne ein Beispiel, da keiner der drei mir Gegenübersitzenden glauben will, was ich ihnen erzähle oder was ich eigentlich bereits im Schreiben gemeldet hatte. Ich frage sie, wer mir denn zum Beispiel an dem im Formular erwähnten Datum eine Abmahnung gegeben hätte. Keiner der drei weiss, was er sagen soll. Dann sagt die Teamleiterin, sie hätte jedenfalls kein solches Gespräch mit mir gehabt, das würde ihre Kompetenz ja völlig überschreiten. Die Personalchefin sagt auch, sie hätte mir keine Abmahnung gegeben. Bleibt noch der Geschäftsführer. Der sagt aber, er sei an keinem derartigen Gespräch dabei gewesen. Daraufhin sage ich, ich auch nicht. Ich sei auch an keinem Gespräch dabei gewesen, bei dem ich angeblich eine Abmahnung erhalten haben soll. So wie die drei auch nicht. Ich erkläre nochmals, dass es niemals ein solches Gespräch gegeben habe, dass es niemals eine Abmahnung gegeben habe und dass weder einer von ihnen noch ich irgendetwas von einer Abmahnung wissen, da es sie ja nie gegeben hat. Und ich frage nun, wie es denn dazu kommen kann, dass im Formular für das Amt stehe, dass ich eine Abmahnung erhalten hätte. Und dazu sei ein genaues Datum notiert, an welchem ich diese erhalten hätte. Und warum gibt es darüber keine Unterlagen, keine Aktennotiz, keine schriftliche Form der Abmahnung und keinen einzigen Eintrag in der ganzen Firma? Ist ja schon sehr merkwürdig. Daraufhin weiss keiner von denen, was sie dazu sagen sollen. Nach einer Weile sagt dann die Personalchefin zum Chef, dann müsse sie dies wohl korrigieren. Na endlich. Wenigstens haben sie das jetzt kapiert. Es wurde auch langsam Zeit.

Dann geht es noch einige Zeit weiter mit den Diskussionen. Ich frage den Chef auch, was er damit meinte, als er anfangs des Gespräches sagte, nach dem, was er alles für mich getan habe. Er erklärt mir, dass er mir erlaubt hätte, mein Pensum zu verringern, obwohl so viel Arbeit angestanden sei. Ich sage dazu, dass diese Entscheidung besprochen wurde, beide Seiten einverstanden waren und dass an Stelle meiner 20 %, die ich kürzertrat, eine neue 50 % Stelle dazugekommen sei. Eigentlich schaue ich dabei die Teamleiterin an und erwarte ganz klar, dass sie sich dazu äussert. Es war ja unter anderem ihre Idee. Sie sagte ja schliesslich immer wieder zu mir, dass sie diese Mitarbeiterin gerne im Team hätte, aber dazu kein Okay vom Chef kriege. Daraufhin hatte ich ihr den Vorschlag gemacht, ich könnte auf 80 % runter, dann würde diese 50 %-Stelle vermutlich genehmigt. Das würde mir sehr entgegenkommen und dem Team auch. Es würde ihrem Wunsch entsprechen, die zusätzliche Arbeitskraft im Team zu haben. Aber diese sagt im jetzigen Gespräch überhaupt nichts dazu. Für mich fühlt es sich gerade an, als ob sie mir ein stumpfes Messer in den Rücken rammen wolle. Es schmerzt. Ich fühle mich von allen im Stich gelassen. Sie schweigt einfach. Hat sie etwa Angst, dazu zu stehen? Ist es ihr egal, ob ich nun dasitzen und allein kämpfen muss? Ist es ihr Ernst, dass sie mich jetzt nicht unterstützt, wo ich sie doch die ganzen Monate durch unterstützt hatte bei ihren Plänen? Und jetzt hätte ich mal ihre Hilfe nötig, doch sie sitzt da und fällt mir in den Rücken. Ich bin sehr enttäuscht. Ich hätte das niemals von ihr erwartet. Und ich bin mir in diesem Moment sicher, dass ich später zuhause viele Dinge nochmals in meinem Kopf durchgehen werde und vermutlich sehen werde, wie falsch ich diese Schlange eingeschätzt hatte. Aber es ist ja egal. Ich habe denen trotzdem klar gesagt, wie es ist, halt auch ohne Unterstützung oder Stärkung.

Dann sagt der Geschäftsführer weiter, ich hätte die Blockzeiten nie eingehalten. Ich versuche ihn daran zu erinnern, dass ich dies mit ihm persönlich abgemacht hätte. Daran konnte oder wollte er sich nicht erinnern. Ich habe ihm dann als Gedächtnisstütze gesagt, dass ich ja wohl nicht ohne Grund und ohne Nutzen auf die bereits vertraglich abgemachte Lohnerhöhung verzichtet hatte. Das würde ja keinen Sinn machen. Wieso hätte ich dies tun sollen? Ich erinnere ihn, dass ich darauf nur verzichtet hatte, da er mir im Gegenzug bewilligte, die Blockzeiten nicht immer einhalten zu müssen. Ich sage, falls dies die Personalchefin nicht wusste, könne ich ja nichts dafür. Er hätte das mit mir abgemacht und ich hätte es dem Team mitgeteilt. Dabei schaue ich die Teamleiterin an und erwarte eigentlich auch hier, dass sie dies bestätigen würde. Aber sie versucht sich wohl jeder Konfrontation zu entziehen. Zum Glück hatte ich immer gedacht, sie würde mich verstehen und hinter mir stehen, aber da habe ich mich wohl geirrt. Ich verstehe bis heute nicht, weshalb sie sich überhaupt nirgends eingebracht hatte, obwohl sie genau wusste, was ich damals mit dem Geschäftsführer abgemacht hatte. Auch war es mitunter ja ihre Idee, mein Pensum auf

80 % zu setzen, damit sie mehr Chance hatte, die 50 % Arbeitskraft hinzuzunehmen. Aber nun schaut sie zu, wie der Chef sagt, er wäre mir entgegengekommen, obwohl mehr Arbeit anfiel. Sie unterstützt mich nicht, sie sagt nicht, wie es wirklich war, und sie hilft mir nicht. Nein, sie schaut lieber nur zu. Hat sie etwa vergessen, dass ich sie auch immer in Schutz genommen hatte? Oder ist ihr das egal? Oder hat sie dies vielleicht nicht einmal bemerkt? Kann sie so ignorant sein und nicht bemerkt haben, dass ich sie gegen andere Mitarbeiter immer in Schutz genommen hatte, sie verteidigt hatte und den anderen Mitarbeitern stets zu erklären versucht hatte, wieso sie solche Entscheidungen, welche diese Mitarbeiter überhaupt nicht verstehen konnten, getroffen hatte, damit diese nicht auf sie wütend wurden? Hat sie nicht bemerkt, dass ich sie ständig verteidigt hatte? Ist sie sich gar nicht bewusst, dass ich ihr stets den Rücken freigehalten hatte? Oder hat sie nun Angst, dass ich was ausplaudern könnte, was sie in ein schlechtes Licht stellt? Will sie verhindern, dass ich auspacke? Das könnte ich ja so oder so, wenn ich wollte. Aber das mache ich nicht. So bin ich nicht. Ich falle ihr nicht in den Rücken. Das passt nicht zu meinem Charakter. Das müsste sie eigentlich wissen und entsprechend keine Angst davor haben. Aber eben, es sind nicht alle Menschen gut. Das wird mir ja immer wieder bewusst und wird mir immer wieder vor Augen geführt.

Und dann kommen noch andere Gedanken, welche ich aber für mich behalte. Mir kommen gerade Sachen in den Sinn, wie zum Beispiel, dass der Chef vorhin einmal zwischendurch gesagt hatte, dass ich das Telefon nicht abgenommen hätte, weil ich Blockzeiten nicht eingehalten hätte. Und mir fällt dabei ein, dass sie diejenige war, die mir sagte, ich solle den Anruf bitte nicht entgegennehmen und erklärte mir auf meine Rückfrage nach dem Grund hin, dass sie die Unterlagen eben noch nicht bereit habe, die sie für meinen Kunden machen müsste. Sie sei noch nicht dazu gekommen. Ich habe ihr dann jeweils gesagt, ich könne doch den Anruf nicht einfach ignorieren, doch sie hat darauf bestanden und mir gesagt, sie sei die Teamleiterin. Man könne nicht jederzeit jeden Anruf annehmen und sie wisse in diesem Fall nicht, was sie ihm sagen soll. Ich sagte ihr dann, ich könne ihm ja mitteilen, dass wir dran arbeiten, aber noch nicht fertig seien. Das sei doch immer noch professioneller, als den Anruf zu ignorieren. Das wollte sie nicht. Sie liess ja auch ihre eigenen Anrufe immer wieder ins Nichts laufen, auch wenn ich anbot, das Telefon für sie abzunehmen. Da arbeitet sie völlig unprofessionell, meiner Meinung nach. Ich nehme Kundenanrufe immer entgegen und stehe zu meinen Fehlern, wenn ich denn welche wirklich gemacht haben sollte. Oder ich erkläre dem Kunden ganz freundlich, weshalb die Unterlagen für ihn zum Beispiel noch nicht fertig sind. Aber ich lasse ganz bestimmt nicht ein Telefon klingeln und den Kunden am anderen Ende wütend werden, denn später muss ich ihm dann ja doch irgendwann mitteilen, dass er noch warten muss. Das konnte ich schon während der Arbeit dort überhaupt nicht verstehen. Da habe ich eine ganz andere Art und Weise, den Kunden zu behandeln, nämlich immer mit Respekt, mit Freundlichkeit und mit klarer Kommunikation.

Ich hatte niemals Probleme, wenn ich einem Kunden sagen musste, dass er sich noch gedulden müsse. Meine von mir betreuten Kunden wussten immer, dass ich sehr wohl mein Bestes gebe, aber dass es einfach teilweise nicht wie gewünscht geht. Ich hatte immer Verständnis bekommen. Meine Kunden waren sicherlich dann nicht begeistert, aber sie wussten, dass ich mich darum kümmere, dass sie die Unterlagen schnellstmöglich erhalten. Ich hatte schon immer ein faires und offenes Verhältnis zu meinen Kunden. Die Transparenz und das Vertrauen sind mir da schon immer wichtig gewesen. Aber es arbeiten nicht alle gleich. Aber ich hätte ja dem Chef nie etwas davon gesagt oder wäre ihr in den Rücken gefallen. Ich habe nur sie persönlich mehrmals darauf angesprochen, und dies vor allem auch aus dem Grund, weil sie dies auch bei meinen Kunden machte. Aber egal, diese und viele andere Gedanken schiessen mir durch den Kopf. Aber dann, obwohl sie ihre Arbeit in solcher Weise macht, bekomme ich vom Chef zu hören, dass ich wegen der unregelmässigen Arbeitszeit nicht ans Telefon gegangen sei. Und ich antwortete ihm nicht, was ich über meine Teamleiterin dachte, sondern antwortete ihm nur darauf, dass ich schliesslich ein 80 % Pensum auf fünf Tage verteilt gearbeitet hätte. Also musste ich ja jeden anwesenden Tag kürzere Arbeitszeiten machen. Ansonsten wäre ich ja 100 % anwesend gewesen, aber hätte nur 80 % Lohn erhalten. Allerdings könne er auch gerne meine Arbeitszeiten prüfen, denn ich hatte ja immer alles ein- und ausgestempelt. Dann könne er auch gleich sehen, wie viele Überstunden ich gemacht hatte. Also könne er mir doch nicht wirklich vorwerfen, ich hätte Anrufe nicht entgegengenommen. Ich war ja mit 80 % und den Überstunden fast ständig da.

Viele Themen werden angesprochen. Gegen etliche Vorwürfe muss ich mich wehren, viele Tatsachen in das korrekte Licht rücken und einige Lügen widerlegen. Ich muss mich ohne Unterstützung gegen die drei Personen durchschlagen. Aber ich habe ausnahmsweise einmal genügend Kraft. Ich kann mich bis zum Schluss des Gespräches einigermassen zusammenreissen. Ich weine nur zwischendurch einmal kurz vor lauter Überforderung mit dem ganzen Mist, der mir über den Kopf zu wachsen scheint. Aber ich kann sonst ziemlich zufrieden mit mir sein. Ich bin froh, das Gespräch durchgestanden zu haben. Ich bekomme zum Schluss die Bestätigung, dass das Schreiben an das Amt sofort von der Personalchefin korrigiert werde.

Wow, endlich habe ich einmal etwas erreicht. Endlich hat mal etwas funktioniert. Endlich habe ich mal ein bisschen Glück. Ich kann es fast nicht fassen. Klar, es ist eindeutig, dass ich auch das Recht auf meiner Seite hatte und dass es sowieso hätte so kommen müssen, aber für mich ist es ein innerlicher Sieg. Ich habe trotz Krankheit ein solch intensives Streitgespräch geführt und meinen Standpunkt klarmachen können. Das konnte ich schon lange nicht mehr. Meine Depression ist mir immer im Weg gestanden. Meistens, weil ich mich nicht konzentrieren konnte, sofort den Faden verlor, nicht mehr wusste, worauf ich eigentlich hinauswollte und mir teilweise nicht einmal die Worte in den Sinn gekommen sind, die ich sagen wollte. Das habe ich nun aber wirklich gut hingekriegt.

Mit einem erleichterten Lächeln verlasse ich dann schlussendlich die Firma und rufe zuhause dann gleich das Amt an und teile das Aufgeklärte mit und versichere, dass die Firma demnächst eine Korrektur an sie schicken wird. Ich kann endlich ein bisschen durchatmen.

Ich merke, dass ich langsam an Kraft verliere. Die ganzen Themen, Abklärungen und Kämpfe werden mir bald wieder zu viel. Aber ich gebe nicht auf und versuche, weiterhin das Beste aus meiner Situation zu machen. Zwischenzeitlich geht es meinem Sohn auch nicht mehr so gut. Er wird schon langsam nervös, da in ein paar Wochen der erneute Wiedereinstieg in die kaufmännische Schule ansteht. Er möchte ja das zweite Ausbildungsjahr machen. Er hat nun schon fast ein Jahr nicht mehr in die Ausbildung gehen können. Und nun kommt der Zeitpunkt immer näher. Mein Sohn versucht sich, so gut es geht, darauf vorzubereiten. Wir hoffen beide, dass es diesmal funktionieren wird.

Doch leider ist auch diesmal der Wiedereinstieg schwieriger als vermutet. Mein Sohn geht am ersten Schultag dahin, meldet sich im Sekretariat, holt die Bücher ab und bekommt dann wieder Panik. Er verlässt das Gebäude, nimmt den Zug und fährt zurück. Zuhause erklärt er mir dann, dass es nicht funktioniert hatte. Er kann einfach nicht. Er kriegt es nicht hin. Es tut mir so leid für meinen Sohn. Mir tut es so leid, dass er diese mühsame Krankheit haben muss. Es tut mir so weh, ihn so sehen zu müssen. So gerne hätte ich, dass ich ihn fröhlich erleben könnte. So froh wäre ich, wenn es ihm besser gehen würde. Es bricht mir das Herz, zu sehen, wie er immer wieder kämpft und seine Krankheit ihn dann wieder runterzieht. Es ist hart, das mitanzusehen. Immer wieder starten wir Versuche und immer wieder müssen wir diese Rückschläge ertragen. Es ist ein ewiger Kampf. Und zwischendurch fehlt uns einfach beiden die Kraft, um weiterzukämpfen.

Mein Sohn kämpft hart, versucht es immer wieder und nimmt immer wieder einen neuen Anlauf, aber es ist für ihn nicht machbar. Er schafft es nicht, den Unterricht zu besuchen. Wir warten nochmals einige Zeit und wir versuchen beide, stabiler zu werden. Im Herbst ist es dann so weit, dass ich gar nicht mehr funktioniere, mich zieht es dermassen runter. Ich verzweifle fast. Ich weiss nicht mehr wie weiter.

Mit neuer Hoffnung entscheidet mein Sohn, nochmals einen Anlauf zu nehmen, in einer Psychiatrie gesund zu werden. Wir planen also seinen Eintritt in die Klinik, in welcher ich zuvor auch schon war.

Beim Erstgespräch fragen wir, ob es denn möglich sei, da es eine ziemlich offene Klinik ist und es keine strikten Regeln gibt, dass mein Sohn vom Personal geweckt würde. Ich erkläre, dass er momentan wieder einmal den Tagesrhythmus verschoben hat. Er kann erst sehr spät nachts oder gegen früh morgens einschlafen und schläft dann bis um die Mittagszeit oder länger. Essen ist nur eine Nebensache geworden. Heisshunger auf Süsses kommt immer wieder auf. Teilweise wird es ihm hingegen beinahe übel, wenn er nur schon ans Essen denkt. Es gibt also auch da keinen Rhythmus. Wir erklären der Psychologin und dem anwesenden Pfleger, dass mein Sohn dringend geweckt werden müsse und beim Aufstehen deren Unterstützung brauche. Auch müssen sie dringend kontrollieren, dass er regelmässig isst. Ohne diese Unterstützungen gehe es nicht. Sie müssen garantieren können, dass sie meinen Sohn wecken und unterstützen. Da beide sofort zusichern, dass sie dies machen werden, können wir den Eintritt dort planen. Sie sagen beide, es sei kein Problem für sie, eine Ausnahme zu machen. Der Pfleger sagt auch, dass er am Morgen dann jeweils ins Zimmer meines Sohnes gehen und neben dem Bett stehen bleiben werde, bis mein Sohn richtig wach und aufgestanden sei. Ich müsse mir da überhaupt keine Sorgen machen. Wir kriegen das schon hin, sagen beide.

Meinen Sohn dann zwei Wochen später in die Klinik zu fahren für den Eintritt, ist wie jedes Mal schwierig. Wir haben zwar Erfahrung damit, da mein Sohn schon etliche Klinikaufenthalte hinter sich hat, aber es ist immer wieder sehr Kräfte zehrend. Vor dem Eintritt wird er nervös. Einige Tage vorher weiss er nicht mehr so recht, weshalb er sich eigentlich entschieden hat, in die Klinik zu gehen. Dann kommen die Gedanken, die ihn daran erinnern, wie die vorigen Klinikaufenthalte jeweils für ihn waren. Zwar sind die Erinnerungen nicht ganz der Realität entsprechend, meistens sieht er eher negativ darauf zurück, aber er erinnert sich daran, dass die damaligen Aufenthalte ja schlussendlich auch nicht geholfen hatten, ganz gesund zu werden. Also sieht er vor allem das Negative, was alles nicht funktioniert hatte und findet im Rückblick, dass es nichts gebracht hatte. Wie soll denn dieser Klinikaufenthalt besser sein als der letzte? Wieso hoffe ich denn immer wieder und werde enttäuscht? Könnte ich es nicht vielleicht doch zu Hause schaffen? Muss ich wirklich in die Klinik? Und was ist an dieser besser? Werden die mir wirklich helfen? Diese Gedanken sind verständlich, aber ich als Mutter muss dann versuchen, ihn auch an die positiven Sachen zu erinnern. Zum Beispiel daran, dass er in der einen Klinik sehr gute Freunde gefunden hatte, in einer anderen Klinik wirklich eine Zeit lang glücklich war oder daran, dass er nach einem Therapieaufenthalt im Anschluss die Ausbildung beginnen konnte und es ihm damals ein Jahr lang danach gut ging. Ich versuche, seinen Ansporn und den Mut, es nochmals zu versuchen, zu unterstützen, ihm gut zuzureden und bestätige ihm immer wieder, wie sehr ich ihn liebe und dass ich immer hinter ihm stehen werde und ich ihn bei allem unterstützen werde. Ich bin immer für ihn da. Viel mehr kann ich leider, auch wenn ich wollte, nicht tun. Ich kann ihm das Leid nicht ersparen. Ich kann ihm den Kummer nicht wegnehmen. Ich kann ihm die Krankheit nicht abnehmen. Ich kann die Therapie nicht für ihn machen. Leider muss er das selbst tun und für sich selbst. Er muss da durch. Er muss den Kampf kämpfen. Ich kann nur dabei sein, ihn stützen und ihm helfen. Mehr kann ich leider nicht für ihn tun. Und ganz ehrlich, auch das schmerzt enorm. Es tut weh, dies dem Kind nicht abnehmen zu können, mitansehen zu müssen, wenn es ihm schlecht geht oder ihn wie jetzt in eine Klinik fahren zu müssen. Es ist der reinste Horror.

Mein Sohn geht am Anfang noch nicht gerne mit den anderen in den Essraum. Es hat ihm zu viele Leute. Da ist zu viel los. Morgens hofft er stets vergebens, dass man ihn wecken würde. Er schläft teilweise bis um die Mittagszeit, verpasst somit das Frühstück und einige Morgentherapien. Er berichtet mir darüber und ich versuche ihn zu bestärken, dass er dies dem Pflegeteam und auch der Psychologin nochmals mitteilt. Dies tut er zwar, aber leider scheint es keine Wirkung zu haben. Da mein Sohn nun mittlerweile schon genug Stress damit hatte, versuche ich nun, ihm dies abzunehmen und rufe dort selbst an, um mich zu beschweren.

Es wird mir bestätigt, dass sie ihn in Zukunft wecken werden. Es sei vermutlich vergessen gegangen. Mein Sohn ist mittlerweile schon sehr gestresst davon, dass da nicht getan wird, was versprochen wurde. Entsprechend versuche ich ihn per Telefon von zuhause aus zu wecken, um ihm eine Unterstützung zu sein. Doch auch dies funktioniert nicht immer, da er teilweise mit mir telefoniert, sich dann umdreht und wieder einschläft. Das ist ja sein Problem. Ihm fehlt der Tagesrhythmus. Weil er eben nicht selbständig wach wird, haben wir deren Unterstützung ja angefordert. Doch was soll ich tun, wenn dies einfach nicht gemacht wird?

Ich bin ratlos und weiss nicht, ob mein Sohn besser dableiben soll, in der Hoffnung, dass die bald tun, was sie tun müssten, oder ob ich ihn besser nach Hause holen soll, wo ich wenigstens zu ihm schauen kann. Ich weiss nur, dass er, wenn er so lange schläft, keinen gesunden Rhythmus hinkriegen kann und auch zu viele Therapien verschläft. Aber wenigstens hat er nachmittags einige Therapien, was auch besser ist, als zuhause gar keine Therapien zu haben. Aber wie gesagt bin ich ratlos. Ich versuche mir immer wieder, alles schön oder schöner zu reden. Meinem Sohn hilft dies allerdings gar nicht.

17. Das psychiatrische Gutachten

Zwischenzeitlich meldet sich nun die Krankentaggeldversicherung schon wieder bei mir. Erst vor einigen Wochen war ein Vertreter bei mir zu Besuch, der mich zu meinem Gesundheitszustand befragte. Ich habe ihm damals erklärt, dass ich arbeitsunfähig sei und auch zuhause den Haushalt nicht machen könne, was er ja gleich selbst sehen konnte. Ich habe ihm auch mitgeteilt, dass ich es fast nie hinkriegen würde, einkaufen oder überhaupt raus zu gehen. Er konnte also sehr gut erkennen, dass ich mich in einer tiefen depressiven Phase befand. Dieser Herr meinte damals, er könne das sehr gut verstehen. Er hatte mir sein Mitgefühl ausgesprochen und schien begriffen zu haben, dass ich effektiv arbeitsunfähig war. Aber nun erhalte ich eine Einladung dieser Versicherung, um mich von einem Gutachter untersuchen zu lassen. Oh, davon habe ich schon gehört. Ich habe schon öfters gelesen und Sendungen darüber gesehen, wie einige Gutachter falsche Berichte erstellen, damit die Krankentaggeldversicherung nicht zahlen muss. Ich habe kein gutes Gefühl bei der Sache. Ich habe Angst, dass mir der Gutachter dann vielleicht nicht glauben wird. Ich habe eine Depression. Wie will man diese beweisen? Man kann es nicht. Es gibt keine Möglichkeit, wie bei einem körperlichen Gebrechen, medizinische Beweise vorzulegen. Man kann nicht einfach sagen, sie sollen die Röntgenbilder anschauen, welche dann für sich sprechen. Eine Depression zu beweisen ist nicht einfach. Ein Gutachter müsste aber durch das Gespräch herausfinden können, ob ich denn diese Depression wirklich habe. Er müsste dies richtig einschätzen können. Dies würde dann als Beweis gelten. Ich versuche, weiterhin die Hoffnung zu bewahren, dass dieser Gutachter keine falsche Einschätzung über mich macht, nur damit seine Versicherung nicht zahlen muss. Ich sage mir, dass dieser angeblich neutrale Gutachter ja ein Psychiater sei und deshalb schon wisse, was er tut. Er wird wohl mich und meine Krankheit schon richtig einschätzen. Er wird mich schon verstehen, wenn ich ihm von meinen Problemen, meinen Ängsten, meinen Tagesabläufen, meinen Schwierigkeiten und meinen psychosomatischen Beschwerden berichte. Es ist ja so, dass nicht nur mein Psychiater die Diagnose Depression stellt. Auch die Klinik, in der ich ein halbes Jahr zuvor war, hat mich als schwer depressiv eingestuft. Also wäre das ja eigentlich schon ein Beweis, wenigstens schon zwei unabhängige Meinungen. Und da ich zuvor schon etliche andere ambulante Psychiater hatte, welche mich alle auch als depressiv eingestuft hatten, sind es noch etliche unabhängige Meinungen mehr.

Der Termin steht nun am folgenden Tag an. Aber ich kriege die Krise. Ich zittere am ganzen Körper, ich erbreche mehrmals am Tag und ich kann nicht schlafen. Ich bin so nervös und gestresst und ich fühle mich so unwohl und hilflos, dass ich den Termin absagen muss. Das fällt mir nicht leicht, aber ich kann nicht anders. Es geht mir so richtig dreckig. Ich habe ein schlechtes Gewissen, den Termin abgesagt zu haben. Ich schäme mich, dass ich den Termin nicht wahrnehmen konnte. Ich bin verärgert über meine Krankheit, die meinen Körper in einen dermassen schlechten Zustand versetzt, dass ich nicht einmal an einen solch wichtigen Termin gehen kann. Dann ruft mich die Krankentaggeldversicherung an, fragt bei mir nach, wie es mir gehe und bittet mich, in einigen Tagen an den neu vereinbarten Termin zu gehen.

Sie haltet fest, dass es sehr wichtig sei, dass ich an dem Termin dann rechtzeitig anwesend sei, da sonst die Zahlungen an mich gefährdet seien. Grossartig, jetzt macht sie mir noch mehr Druck. Diese Tage vor dem Termin geht es mir so schlecht wie schon lange nicht mehr. Aber ich weiss, dass ich da durch muss und dass ich es unbedingt hinkriegen muss, mich irgendwie zu diesem Gutachter zu schleppen. Ansonsten ist meine Existenz bedroht. Ich versuche, die Tage zuvor keinerlei Termine zu haben. Ich sage also alle anderen Termine ab und schaue, dass ich keine Kraft aufwende, bis der Gutachtertermin durchgestanden ist. Ich mache absolut gar nichts im Haushalt, mache keine Post auf, dusche nicht, mache keine Wäsche und gehe nicht aus dem Haus. Ich liege fast die ganzen Tage nur rum. Ich versuche, mich zu schonen und Kraft zu sammeln.

Dann kommt der Tag des Gutachtens. Ein schrecklicher Tag. Morgens stehe ich auf und muss mich zuerst einmal heftig übergeben. Dann lege ich mich nochmals auf mein Sofa, mache Atemübungen, versuche dann, mich anzuziehen und erbreche dann nochmals, weil ich keine Kraft habe. Nach dem dritten Gang zur Toilette ist nichts mehr in mir drin, was ich erbrechen könnte. Dann versuche ich mit aller Kraft, mich für den Termin fertig zu machen und fahre dann eine gute Stunde zu dem Termin. Der Weg ist eigentlich nicht so lange, aber ich muss unterwegs zweimal anhalten, um durchzuatmen. Ich bekomme das Gefühl, dass ich ersticken muss. Der Hals schnürt sich schlagartig zu. Ich fahre also zweimal rechts ran, atme tief ein und aus und versuche, mein Zittern wieder loszuwerden. Erst wenn das Zittern aufhört, fahre ich weiter. Ich muss dort am Bahnhof parken, da dieser in der Nähe des Psychiaters ist. Doch um vom Parkplatz zu der Praxis zu kommen, muss ich am Bahnhof vorbeigehen. Dort hat es viele Leute, die auf den Zug wollen oder vom Zug kommen. Alle sind in Eile. Da wird es mir wieder übel. Ich kann das Erbrechen gerade noch so zurückhalten. Ich habe eh nichts mehr im Magen. Vorsichtig schlendere ich nun mit letzter Kraft zu der Praxis. Oh nein, da ist noch eine Treppe zu überwinden, da der Psychiater seine Praxis nicht im Erdgeschoss hat. Ich bleibe beim Eingang eine Weile stehen, atme tief durch und erhole mich zuerst nochmals einigermassen von den Strapazen. Es war schwierig für mich, an den vielen Leuten vorbeizugehen. Erst dann kann ich, mich am Treppengeländer stützend, die Stufen langsam erklimmen. Ein

Kraftakt für mich, den ich so erst kenne, seit ich eine Depression habe. Eigentlich sei das lächerlich, denke ich. Aber es hilft nichts. Kraftlos und erschöpft komme ich oben an. Der Gutachter kommt mir entgegen, bittet mich, im Wartezimmer Platz zu nehmen und sagt, er komme gleich.

Einige Minuten vergehen, dann beginne ich zu weinen. Ich kann nicht mehr. Alles überfordert mich. Wie soll dieses Gespräch stattfinden können, wenn ich schon in einem solchen Zustand ankomme? Der Psychiater geht an der offenen Wartezimmertür vorbei in ein anderes Zimmer, während ich gerade meine Tränen vom Gesicht wische. Mir ist dies äusserst peinlich. Er sagt zu mir, er müsse noch kurz in das Nebengebäude, da sein Gerät dort sei. Ich weiss nicht mehr, ob ein Faxgerät oder Kopierer. Das interessiert mich auch überhaupt nicht. Ich weiss nur, dass es nun schon 15 Minuten über der Zeit ist, dass ich immer noch in dem Wartezimmer sitze und es mir übel ist. Eigentlich würde ich am liebsten verschwinden, mich einfach in Luft auflösen oder im Boden versinken. Am liebsten wäre ich einfach weg und einfach nicht mehr da. Ich halte es fast nicht aus. Es schmerzt mich so ziemlich jeder Teil meines Körpers. Es ist unerträglich und ich kann nichts, aber auch gar nichts, dagegen tun.

Endlich kommt der Psychiater zurück und bittet mich, ihm zu folgen. Ich komme nicht so schnell hinterher. Ich bin mir nicht sicher, ob er fast rennt oder ob ich so langsam gehe, jedenfalls brauche ich mehr Zeit als er. Er wartet dann auf mich bei seiner Bürotür und bittet mich, drinnen Platz zu nehmen. Ich hoffe, dass dies alles schnell vorbei sein wird. Ich kann nicht mehr. Aber ich weiss auch, dass ich da durch muss. Ich habe keine Wahl. Meine Existenz hängt davon ab. Ich versuche mich, so gut es geht, zusammen zu reissen, wie ich es eigentlich bei jedem Termin mache. Mein behandelnder Psychiater hat mir auch schon gesagt, er könne es jeweils fast nicht glauben, wie sehr ich mich zusammenreissen könne. Ich habe ihm damals auch gesagt, dass dies vermutlich durch die jahrelange Erfahrung im Beruf so sei, bei welchem ich, auch wenn ich krank, müde oder genervt war, einen guten Auftritt hinlegen musste und mir nichts anmerken lassen konnte und dass ich dann jeweils nach dem Termin absolut zusammenbrechen würde. Und so scheint es mir auch hier zu gehen. Ich versuche, respektvoll und freundlich aufzutreten, da dies einfach meiner Persönlichkeit entspricht. Die eine Stunde, die das Gespräch vermutlich dauern wird, muss ich mich zusammenreissen und versuchen, ein vernünftiges Gespräch zu führen und die nötigen Informationen abzugeben.

Der Psychiater hat, denke ich, einen Fragebogen vor sich liegen. Er beginnt mit der Frage, wie ich denn an den Termin gekommen sei und ob ich seine Praxis ohne Probleme gefunden hätte. Ich erkläre ihm, dass ich mit dem Auto gekommen sei und ein Navigationsgerät habe, welches mich hierherführte. Er scheint, anhand seiner Bemerkung zu urteilen, erstaunt, dass ich allein mit dem Auto kam. Ich erkläre ihm dann, dass ich unmöglich Zugfahren könne. Im Zug hat es zu viele Menschen, was ich eben gar nicht ertrage, und ich bekäme im Zug jeweils Panikattacken oder Angstzustände. Das sei mir viel zu viel Stress. Deshalb sei ich mit dem Auto gekommen. Aber ich hätte zuvor zuhause schon mehrmals erbrechen müssen und auf dem Weg auch anhalten müssen, um Pausen einzulegen und um durchzuatmen. Ich sehe, dass sich der Psychiater Notizen macht. Kurz darauf liest er vermutlich die nächste Frage ab. Und so geht das Gespräch, Frage für Frage. Insgesamt dauert die Befragung über eineinhalb Stunden. Ich bin völlig erschöpft. Er erzählt noch irgendetwas von Deutschland. Keine Ahnung, was er da sagt, denn ich kann mich überhaupt nicht mehr konzentrieren. Ich habe während des ganzen Gespräches zwischendurch einfach nicht zuhören können. Ich habe ihn ab und zu mal fragen müssen, ob er wiederholen könnte, was er gesagt hatte oder ich musste nachfragen, was er gemeint hatte. Meine Konzentration ist einfach nicht mehr so, wie sie war, bevor ich depressiv wurde. Auch meine Gedankengänge sind völlig anders. Teilweise erwische ich mich, wie ich logische Gedanken nicht fassen kann und erinnere mich, wie klar und intelligent meine Gedanken früher waren. Doch seit der Depression ist alles anders. Ich kann mir Sachen nicht mehr merken und lese Seiten immer und immer wieder durch, bis ich den Inhalt verstehe. Früher hatte ich nie solche Probleme. Ein anderes Beispiel sind auch Rechenaufgaben. Früher hatte ich immer alles schnell im Kopf ausgerechnet, während ich es heute im Kopf überhaupt nicht mehr hinkriege und sogar auch dann noch Fehler mache, wenn ich schriftlich rechne. Das macht mir jeweils höllische Angst. Ich habe dann Angst, den Verstand zu verlieren oder meine Intelligenz. Ich habe dann Angst, ich würde vielleicht dumm werden.

Aber zurück zum Gutachter. Er sagt immer wieder zwischendurch, das sei ja absolut verständlich, wenn ich an einer schweren Depression leide. Das sei ja ganz klar. Und dies sei nachvollziehbar unter diesen Umständen. Und, natürlich könne er sich vorstellen, dass dies mit meiner Depression schwierig sei. Er gibt mir das Gefühl, verstanden zu haben, was eine Depression ist und scheint auch zu verstehen, dass ich die Wahrheit sage, mich überhaupt nicht verstelle und dass ich eben wirklich an einer schweren Depression leide. Nach dem Termin fahre ich mit letzter Kraft nach Hause und verbleibe mit einem Gefühl, dass der Gutachter mich korrekt einschätzt und mich eben ganz klar als arbeitsunfähig sieht.

Doch etwa einen Monat später erhalte ich ein Schreiben meiner Krankentaggeldversicherung. Die Zahlungen an mich seien sofort eingestellt worden. Für mich ist dies unbegreiflich. Ich schreibe sofort der Krankentaggeldversicherung, dass ich sie bitte, mir dies zu erklären. Ich hätte das Gefühl, dass da vielleicht die Akten vertauscht wurden oder sonst irgendetwas schiefgelaufen sein müsse. Es könne nicht sein, dass der Gutachter mich zu 100 % arbeitsfähig sehe. Da kann etwas nicht stimmen. Ich fordere zugleich eine Kopie des Gutachtens an.

Zwischenzeitlich ist mein Sohn noch in der Klinik. Er ruft mich allerdings eines Abends an und fragt, was er denn nun tun soll. Sein Diabetessensor, welcher an seinem Oberarm befestigt ist und welcher ihm ständig den Blutzucker misst, damit er es mit dem Gerät ablesen kann, ohne sich jeweils fünf- bis zehnmal täglich in die Fingerkuppe stechen zu müssen, muss ausgewechselt werden. Er hat dies soeben versucht, sofort Fotos davon gemacht, mir diese geschickt und mich dann daraufhin sofort angerufen. Ich sehe die Bilder und bin geschockt. Es zeigt seinen Oberarm, den Sensor und Blut, das mitten durch den Sensor durch rauskommt. Auf einem Bild ist das Waschbecken seines Klinikzimmers zu erkennen, in welchem überall Blut zu sehen ist. Ich bin froh, dass er auch gleich anruft, denn ich weiss nicht, wie ich sonst zuhause damit hätte umgehen sollen. Ich bin zuhause, während er blutend in der Psychiatrie ist. Es beruhigt mich, dass er einigermassen normal mit mir spricht am Telefon. Natürlich ist er etwa genauso geschockt wie ich. Er hat den Sensor gesetzt. Dabei sticht eine Nadel unter die Haut. Ein dünnes, bewegliches Silikonröhrchen bleibt dann in der Haut stecken, wenn die Nadel wieder herausgezogen wird. So wird durch das Röhrchen ständig der Blutzucker überprüft. Nun hat mein Sohn diesen Sensor gesetzt und dort, wo das Röhrchen ist, ist das Blut aus der Mitte des kreisrunden Sensors gespritzt. Ich sage ihm, er solle damit nun bitte ganz schnell zur Pflegeabteilung gehen. Es ist unklar, ob er vielleicht nur ein feines Äderchen aufgestochen hat oder ob er sich sonst etwas im Oberarm verletzt hat. Jedenfalls habe ich grosse Sorge, da der Sensor ja mit Batterie funktioniert. Vielleicht könnte mein Sohn durch das Blut, das aus dem Sensor kommt, einen elektrischen Schlag bekommen. Ich habe Angst, zittere zuhause und hoffe, dass es nichts Schlimmes ist und dies irgendwie schnellstmöglich behoben werden kann. Wie gesagt, habe ich ihn in die Pflegeabteilung geschickt. Von dort wieder zurück im Zimmer ruft er mich wieder an. Ich frage gespannt, ob nun alles gut sei. Mein Sohn meint nur zu mir, nein, es sei überhaupt nichts gut. Das Pflegeteam hätte gesagt, sie wissen nicht, was zu tun sei. Ob es denn ein Notfall sei. Mein Sohn hatte denen gesagt, er wisse es doch auch nicht, aber dass er gerne deren Hilfe hätte.

Die Pflegerin telefonierte anscheinend kurz und sagte dem Arzt am Telefon, es sei kein Notfall. Danach sagte sie zu meinem Sohn, dass der Notarzt leider etwa eine Stunde benötigen würde, bis er in der Klinik sei und sich um ihn kümmern könnte. Daraufhin habe sie ihm gesagt, er solle doch ins Zimmer zurückgehen und dort warten. Was? Mein Sohn blutet aus dem Arm und die medizinisch ausgebildeten

Pfleger und Pflegerinnen wollen nichts machen? Schickt diese Pflegerin ihn wirklich einfach wieder in sein Zimmer, ohne was zu tun? Ich finde dies äusserst fahrlässig. Mein Sohn sagt mir nun am Telefon, er wolle den Sensor selbst einfach aus dem Arm reissen. Ich bestehe darauf, dass er mich am Telefon warten lässt, während er das tut, damit ich reagieren könnte, falls ich ihn nicht mehr höre oder so. Ich habe Angst, dass er sich beim Herausziehen noch mehr verletzen könnte oder dass er vielleicht immer noch unter Schock stehen und in Ohnmacht fallen könnte, vor allem, wenn vielleicht dann noch viel mehr Blut aus seinem Arm spritzt. Ich mache mir grosse Sorgen und versuche, ihn am Telefon dabei zu unterstützen. Ich lasse ihn mir alles erklären, was er genau tut, damit ich seine Stimme höre und weiss, dass er bei Bewusstsein ist. Ich drehe fast durch zuhause. Ich kann nicht bei ihm sein, um ihm zu helfen. Ich sitze in der Wohnung, das Telefon in der Hand und habe Angst. Zum Glück geht alles gut. Es scheint, als hätte er sich nicht weiter verletzt. Ich bin beruhigt. Ich sage ihm, er solle alles ganz gut desinfizieren und danach ein Pflaster darauf machen. Diese Sachen hat er ja eh bei sich, denn desinfizieren muss er zum Beispiel den Arm vor dem Setzen des Sensors, sowie auch den Oberschenkel oder Bauch, wenn er Insulin spritzt. Er reinigt die Wunde also selbst, erklärt mir, dass es nicht schlimm aussehe und klebt dann ein Pflaster auf die Stelle. Einen neuen Sensor wird er nicht setzen. Dazu hat er keine Lust und verständlicherweise auch ein bisschen Angst. Also muss er in den nächsten Tagen und Wochen wohl den Blutzucker wieder am Finger messen. Aber das ist nicht so schlimm. Wenigstens ist dem Oberarm nichts passiert. Aber wie kann ein Pflegeteam einen Patienten, dem es aus einem Sensor am Arm blutet, ohne jegliche Unterstützung einfach wieder ins Zimmer schicken? Mein Sohn hätte ja ohnmächtig werden können. Keiner hätte was gemerkt. Oder es hätte eine Entzündung oder Blutvergiftung geben können. Meine Gedanken haben etliche Szenarien durchgedacht. Aber die Pflegeabteilung hat meinen Sohn einfach wieder auf sein Zimmer geschickt. Sie haben ihn nicht bei sich behalten, um den Vorgang, wenn er den Sensor wegnimmt, zu beobachten. Sie haben ihm keinerlei Hilfe angeboten. Sie haben nichts desinfiziert. Sie haben überhaupt nichts gemacht, ausser ihm gesagt, dass der Arzt sehr lange hätte und er ins Zimmer gehen soll. Entschuldigung, aber kein normaler Mensch tut doch so was, oder? Jeder andere hätte ihm geholfen und ihn unterstützt. Und dabei ist nicht zu vergessen, dass dieses Pflegepersonal medizinisch geschult ist. Wie kann es dann sein, dass man sich meinem Sohn gegenüber so fahrlässig verhält? Mir fehlen heute noch die Worte. Und ich musste mir somit tagtäglich Sorgen machen, ob es meinem Sohn gut gehe und ob sie ihn dort richtig betreuen.

Mittlerweile habe ich nun eine Kopie des insgesamt 17-seitigen Gutachtens von der Krankentaggeldversicherung erhalten. Ich beginne, das Gutachten zu lesen. Allerdings muss ich immer wieder von vorne anfangen oder Texte mehrmals lesen, weil meine

Konzentration einfach nicht reicht, um sachliche Inhalte nach nur einmal durchlesen zu verstehen. Früher hatte ich nie solche Probleme. Auch kompliziertеste Texte konnte ich einmal lesen und hatte diese vollständig begriffen.

Heute fällt es mir schon schwer, in einem Frauenheftchen, das in Wartezimmern aufliegt, zu lesen und mir zu behalten, was dagestanden hat. Ich habe auch Mühe zu begreifen, worum es im Text geht. Das habe ich heutzutage auch bei einfachsten Texten. Mein logisches, vernetztes Denken fehlt mir, um Inhalte korrekt in meinem Gehirn zu verarbeiten. Also lese ich auch dieses Gutachten über mehrere Tage hinweg immer wieder. Ich versuche zu verstehen, was der Psychiater geschrieben hat. Als ich nun endlich langsam den Inhalt einigermassen durchgearbeitet habe, muss ich alles nochmals lesen. Diesmal aber nicht mehr, weil meine Konzentration nicht da ist, wie sie sollte und auch nicht, weil mein Gehirn nicht richtig mit macht. Jetzt muss ich es nochmals lesen, weil der Inhalt effektiv sehr merkwürdig ist und ich teilweise nicht glauben kann, dass dieser Text wirklich das aussagt, was ich denke, gelesen zu haben. Ich lese es nochmals und nochmals, doch es scheint immer noch so, dass da Sachen geschildert sind, die ich gesagt haben soll, die ich ganz sicherlich nicht gesagt hatte. Auch wurden etliche Tatsachen völlig verdreht und Text wurde dazu gedichtet. Etliche Daten und Jahreszahlen stimmen nicht. Wichtigste Informationen, die ich gegeben hatte, sind weggelassen worden. Und da steht auch noch im Gutachten, dass ich bereits seit zwei Monaten mindestens 60 % arbeitsfähig gewesen sei und ich ab sofort mindestens 80 %, wenn nicht sogar 100 %, arbeitsfähig sei.

Wie kommt er darauf? Wie soll ich denn 100 % arbeitsfähig sein, wenn ich nicht einmal ohne Probleme an einen Termin gehen kann? Wie soll ich arbeiten gehen können, wenn ich den ersten Termin bei ihm schon absagen musste, weil ich so stark erbrechen musste vor lauter Überforderung? Und den zweiten Termin konnte ich nur wahrnehmen, nachdem ich mich mehrmals übergeben hatte. Den Weg musste ich unterbrechen, um durchzuatmen, damit das Gefühl wegging, dass ich einen Erstickungstod erleiden müsse. Dann war ich ja fast durchgedreht wegen der vielen Leuten am Bahnhof und hatte Panik bekommen. Und dann hatte ich im Wartezimmer sogar geweint. Wie soll ich denn so bitte schön arbeitsfähig sein? Stellt sich der Psychiater vor, dass ich an einen Termin fast nicht gehen kann, aber zur Arbeit zu fahren und jeden Tag auf die vorgegebene Zeit da zu sein, soll ohne Probleme funktionieren? Soll ich da keine Panik und Atemprobleme kriegen? Denkt er, dass ich dann nicht erbrechen müsste? Wieso denkt er, dass ich diese Probleme dann nicht haben würde? Und wie soll ich denn da arbeiten können? Wie soll das gehen, wenn ich sonst schon überhaupt nicht um Leute sein kann? Soll ich dann Wände um mich herum aufstellen, damit ich keine Arbeitskollegen sehe? Soll ich das Telefon bei der Arbeit ausschalten, damit ich nicht jedes Mal wie zuhause zusammenzucken muss, wenn es klingelt? Soll ich dem Chef dann sagen, ich könne leider weder an Sitzungen noch an Kundengespräche gehen, weil ich keine Menschen ertrage? Und soll ich mich gleich vorab entschuldigen, dass ich für jedes Schriftstück eine halbe Stunde zum Lesen brauche, bis ich verstehe, worum die Nachricht geht, weil meine Konzentration so schlecht ist? Und soll ich dem Chef bereits vorab Bescheid geben, dass ich vermutlich jeden Tag zu spät kommen werde, da ich mich noch übergeben muss zuhause? Soll ich mich bereits vorab dafür entschuldigen, dass ich vermutlich viel Zeit auf der Toilette verbringen werde, weil ich entweder erbrechen muss oder Verdauungsprobleme habe? Denn all diese Probleme habe ich schon, ohne unter Druck zu stehen, ohne eine Arbeit bewältigen zu müssen, ohne mich mit anderen Menschen auseinandersetzen zu müssen und ohne irgendwelche Kraft aufwenden zu müssen. Ich habe diese Probleme auch, wenn ich nur zuhause in der Wohnung bin.

Wie kann es mir dann erst ergehen, wenn ich arbeiten müsste? Ich kann ja auch den Haushalt überhaupt nicht machen, kann nicht einkaufen gehen und kann nicht einmal einen Spaziergang machen, da ich teilweise kurz vor der Wohnung schon wieder völlig zusammenbreche. Wie stellt er sich das vor? Ich könnte doch einfach nicht. Es ist absolut unmöglich. Es steht auch nicht zur Diskussion. Mein eigener Psychiater weiss, dass ich an einer Depression leide. Ich weiss es. Ich weiss, dass es momentan unmöglich ist, zu arbeiten. Ich weiss, dass ich sehr gerne arbeiten würde, sehr gerne gesund wäre, sehr gerne eine Leistung erbringen würde und sehr gerne das stolze Gefühl hätte, gebraucht zu werden und mir mein Geld selbst verdienen zu können. Gerne würde ich einfach funktionieren. Und obwohl ich dies wirklich von Herzen gerne tun würde, kann ich nicht, weil ich diese verdammte Krankheit, also diese verflixte Depression, habe. Ich kann nicht, weil ich an dieser Depression leide, die mir immer im Weg steht, mir alles kaputt macht, mir jegliche Kraft nimmt, mir jegliche Zukunftspläne zerstört und mir immer wieder einfach den Boden unter den Füssen wegzerrt.

Und jetzt kommt ein solches Gutachten zu mir geschickt. Ich kann es wirklich nicht glauben. Ich fühle mich ähnlich auf den Arm genommen, wie damals, als die Firma das Formular für die Arbeitslosenkasse ausgefüllt hatte, nur fühle ich mich noch schlechter. Die Auswirkung des Gutachtens ist weitaus verheerender als die des damals falsch ausgefüllten Formulars. Das Gutachten ist übersät von Behauptungen, die nicht der Wahrheit entsprechen, Tatsachen wurden verdreht und so weiter. Und ich muss darunter leiden. Nun, wenn dieses Gutachten sagt, dass ich zu 100 % arbeitsfähig sei, dann zahlt mir die Krankentaggeldversicherung ganz einfach kein Geld. Mir werden dann diese Zahlungen eingestellt, obwohl mein eigener Psychiater mich immer noch 100 % arbeitsunfähig schreibt, obwohl ich ein Arztzeugnis vorweisen kann, das meine Krankheit belegt und obwohl ich effektiv krank bin.

Trotzdem bekomme ich nun das Geld nicht von der Versicherung, weil dieses Gutachten so verfasst wurde. Nur stellt sich mir die Frage, weshalb er dies gemacht hat, weshalb er so viele Sachen geschrieben hat, die überhaupt nicht der Wahrheit entsprechen, weshalb er meine gesagten Sätze völlig verdreht und eine neue Geschichte daraus erfunden hat und mir stellt sich ausserdem die Frage, was dieser Gutachter denn davon hat. Mir gegenüber hat er im Gespräch die wichtigen Sachen wiederholt, offensichtlich erkannt und immer wieder erwähnt, dass er dies ja verstehen könne und es sei ja klar und verständlich, dass es mir so und so gehe, wenn ich ja eine Depression habe. Er könne das schon nachvollziehen. Er hat mir das Gefühl gegeben, zugehört und begriffen zu haben. Aber nun lese ich dieses Gutachten und frage mich immer noch, ob da vielleicht Akten vertauscht wurden.

Beispielsweise steht da, dass ich öfters Mal zu meinen Eltern gehen würde, um Kaffee zu trinken. Jeder, der mich kennt, weiss, dass ich keinen Kaffee trinke. Das habe ich noch nie und das werde ich vermutlich nie. Ich mag überhaupt gar keinen Kaffee. Wie kommt der Gutachter nun also darauf, im Bericht zu schreiben, dass ich das mache? Ich kann das nie gesagt haben, da ich mein Leben lang noch nie Kaffee getrunken habe. Ich kann ihn schon nicht mal riechen, ohne dass mir fast übel wird. Wieso schreibt und erfindet er das? Was sagt das über mich und meine Krankheit aus? Ich verstehe es nicht. Na ja, ist ja nur ein kleines, bedeutungsloses Beispiel. Aber es nervt mich halt trotzdem.

Ich wusste zum Beispiel auch nicht, dass meine Schwester auf einmal, ohne mein oder ihr eigenes Wissen, von einem Dorf ins andere umgezogen war. Wieso kann ein Gutachter nicht einfach korrekte Notizen machen? Wie glaubwürdig ist es denn, wenn er nicht einmal Ortschaften korrekt hinkriegt? Wie glaubwürdig sollen dann alle anderen Angaben sein? Ein anderes Beispiel ist, dass er im Gutachten schrieb, dass ich auf die Frage der Aktivitäten des täglichen Lebens mit der Antwort kam, dass ich jeweils morgens frühstücken würde, dann den Haushalt erledigen würde und dann die Wäsche machen würde. Meine Aussage dazu war aber, dass ich meistens nicht frühstücke, weil ich meistens keinen Appetit, keinen Hunger oder keinen Antrieb dazu hätte und ich oft auch deshalb nicht essen könne, weil ich morgens erbrechen müsse, vor allem dann, wenn ein Termin ausserhalb anstehe. Danach hatte er mich gefragt, wenn ich denn frühstücken würde, was es denn da geben würde. Dann habe ich gesagt, wenn ich denn frühstücken würde, gäbe es vielleicht ein Brot oder Cerealien, je nachdem, was ich wohl zuhause hätte, aber ich hatte gleich auch nochmals betont, dass ich meistens eh nicht frühstücken könne. Mir scheint es so, dass diese Aussage von mir und seine geschriebenen Worte im Gutachten nicht wirklich dem gleichen Inhalt gerecht werden. Oder es steht im Gutachten, ich hätte den Haushalt gemacht. Das liest sich auch nicht gleich wie meine Mitteilung, dass ich, wenn ich es denn überhaupt schaffe, vielleicht einmal den Geschirrspüler ausräumen würde oder vielleicht einmal die Wäsche machen würde. Aber die meisten Arbeiten im Haushalt würden einfach liegen bleiben. Es steht zum Beispiel auch im Gutachten, mittags würde ich keine Siesta machen, auch das Einkaufen sei eher unregelmässig. Ich dagegen hatte aber gesagt, dass ich mich tagsüber immer etwa ein oder zwei Stunden schlafen legen müsse, meistens kurz nachdem ich nur irgendetwas Kleines getan hätte, da ich einfach davon schon absolut erschöpft sei und nur noch schlafen könne. Zum Thema Einkaufen hatte ich erwähnt, dass ich dies in den letzten vier Wochen etwa zweimal hingekriegt hätte, aber ich könne sowieso meistens nur in Tankstellenshops einkaufen gehen und nur zu Zeiten, in denen es fast keine Leute hat. Auch dies funktioniert eben nur selten. In grösseren Shops würde ich oftmals Panikattacken kriegen. Des Öfteren musste ich schon aus Geschäften rennen, weil ich hyperventiliert hatte. Ich habe ihm auch gesagt, dass mir meine Mutter oftmals Brot und Milch bringe oder überhaupt für mich einkaufen gehe. Aber auch davon steht absolut nichts im Gutachten. Es klingt im Gutachten, als hätte ich einen geregelten Tagesablauf, als würde ich aufstehen, frühstücken, den Haushalt machen und einkaufen gehen. Es liest sich, als hätte ich alles im Griff. Doch ich habe überhaupt nichts Derartiges gesagt. Tatsache ist ja, dass ich weder irgendwas im Griff noch einen geregelten Tagesablauf habe. Ich kriege den Haushalt nicht hin, ich kann nicht wie ich will einkaufen gehen und ich habe auch nichts dergleichen gesagt.

Ein weiteres Beispiel ist, dass im Gutachten steht, meinen Mann habe es dann wieder ins Ausland gezogen. Na ja, ich habe mich von ihm getrennt. Er hat dann eine Zeit lang noch etwa zwei Zugstunden entfernt von uns gewohnt. Dann hat er eines Tages angerufen und mir am Telefon mitgeteilt, dass er nun im Ausland wohne. Er sei zurück dahin zurückgezogen, wo wir früher einige Jahre gelebt hatten und wo ich ihn auch kennengelernt hatte. Aber, dass es eine äusserst schwierige Zeit vor der Trennung war und auch während der Trennung, davon steht im Gutachten nichts. Auch nicht davon, dass ich extreme Angst hatte um meinen Sohn, ob mein Ex-Mann ihn entführen wolle oder nicht.

Na ja, das hat vielleicht mittlerweile mit meiner Depression nicht mehr so viel zu tun, da ich momentan diese Angst nicht mehr täglich oder ständig spüre. Aber wenn schon über die Vergangenheit berichtet wird, wieso dann nicht so, wie ich es gesagt hatte?

Viele der Zeitangaben stimmen auch nicht. Ich überlege mir, ob es sein kann, dass ich wegen meiner Depression so unkonzentriert war, dass ich diese völlig falsch gesagt hatte. Aber ehrlich gesagt, kann ich das fast nicht glauben. Ein Datum gibt mir dann Gewissheit. Dieses Datum werde ich nie vergessen. Dieses Datum muss ich auch immer wieder bei Ärzten und Kliniken angeben. Es ist das Datum, an dem bei meinem

Sohn die Erkrankung Diabetes Typ 1 diagnostiziert wurde. Das weiss ich natürlich auf den Tag genau. Ich muss es immer wieder in Formularen ausfüllen. Und dieses Datum war dermassen dramatisch, dass ich es nie vergessen werde. Und da ist das Gutachten ein ganzes Jahr daneben. Dies lässt mich wirklich darauf schliessen, dass er die Daten nicht korrekt notiert hatte. Ich hatte ihm ganz sicher gesagt, dass diese Diagnose am 14.02.2011 gestellt wurde, an einem Valentinstag. Und sicherlich habe ich nicht gesagt, im Jahre 2012. Doch dies steht im Gutachten, so wie auch andere Daten, welche bestätigen sollten, wann wer welche Krankheiten gehabt hatte. Nein, dieses Diagnosedatum ist meine Sicherheit, dass der Psychiater diese Daten nicht korrekt notiert hatte. Dieses Datum hätte ich niemals falsch gesagt.

Aber genau all diese Jahreszahlen sind sehr wichtig, da diese klarstellen, dass ich die Depression schon hatte, bevor eben mein Sohn depressiv wurde. Somit wäre, mit den korrekten Jahreszahlen, bestätigt, dass ich nicht aufgrund der Depression meines Sohnes depressiv wurde, sondern eben schon vorher. Und einige Jahreszahlen hätten, wenn diese korrekt notiert gewesen wären, gezeigt, dass es etliche Phasen gab, in denen ich arbeiten konnte, obwohl mein Sohn schwer depressiv war. Und die meisten dieser wichtigen Jahreszahlen wurden inkorrekt notiert. Wer von uns wann depressiv war und wie schwer, wäre ein wichtiger Hinweis bezüglich der Einschätzung der Versicherung. Einige Daten würden wiederum widerlegen, dass meine Depression eben doch einen Krankheitswert hat. Dies ist für alle Versicherungen absolut Ausschlag gebend. Aber, da die Jahreszahlen völlig verdreht im Gutachten stehen, kann dies nicht daraus abgeleitet werden.

Dann steht da noch etwas davon, dass ich mich gefreut haben soll. Die Frage des Gutachters war, ob ich denn Freude empfunden hätte die letzten Wochen. Ich sagte nein. Er fragte, ob es denn gar nichts gäbe, woran ich wenigstens ein kleines bisschen Freude gehabt hätte. Und da er nicht aufhörte zu fragen, gab ich nach der vierten Rückfrage die Antwort, dass es mich irgendwie freue, dass mein Sohn bald in die Klinik könne und ich ja hoffe, dass es ihm hilft und es ihm hoffentlich danach besser gehe. Der Psychiater fragte dann, ob es denn wirklich gar nichts anderes gegeben hätte, bei dem ich so was wie Freude empfunden hätte. Um diesen Fragen endlich nicht mehr länger ausgeliefert zu sein, habe ich dann gesagt, man könnte vielleicht folgende Situation nennen. Ich habe vielleicht so was wie Freude empfunden, als ein Kollege meines Sohnes mitteilte, dass er einen Job gefunden habe. Das könne man vielleicht da einordnen. Doch was steht dann darüber im Gutachten? Man könnte es ahnen. Da steht, auf konkrete Nachfrage hin hätte ich mitgeteilt, dass ich mich darüber gefreut hatte, dass dieser Kollege einen Job gefunden habe. Das ist doch auch nicht ganz korrekt, wenn man viermal gefragt wird, dreimal antwortet, dass man eigentlich überhaupt keine Freude empfunden habe oder empfindet, dann nach ewigem Rückfragen dann den Klinikeintritt des Sohnes erwähnt und immer noch weitergefragt wird. Und dann einfach etwas sagt, um nicht noch länger das Gleiche gefragt zu werden, was vielleicht diesem Gefühl ein kleines bisschen nahekommt und vielleicht etwa fünf Minuten angedauert hatte, wenn überhaupt.

Ja, mir fällt immer und immer wieder auf, dass Papier alles Mögliche annimmt und dass ich beim Gutachter wohl hätte sagen können, was ich wollte. Er hätte danach eh etwas völlig anderes niedergeschrieben. Es wurde ja wirklich fast alles falsch ausgelegt. Nichts wurde wirklich so geschrieben, wie ich es tatsächlich gesagt hatte.

Zu meiner Familienanamnese wurde geschrieben, dass bei meinem Bruder unklar geblieben sei, an welcher Krankheit er gelitten habe. Nein, das hatte ich nicht so gesagt. Es war ganz klar, dass er an einer bipolaren affektiven Störung gelitten hatte. Früher bezeichnete man diese Krankheit als eine manisch-depressive Erkrankung. Heute kann man umgangssprachlich immer noch manische Depression dazu sagen. Weil mich der Psychiater spezifisch danach gefragt hatte, ob mein Bruder diese Diagnose von Anfang an bekommen hätte oder ob sich seine Krankheit im Verlaufe der Zeit geändert hätte, was auch immer dies mit meiner Arbeitsfähigkeit zu tun haben mag, hatte ich dem Psychiater gesagt, dass es ganz am Anfang, die ersten Monate, nicht ganz klar gewesen sei, woran mein Bruder erkrankt sei, aber dass nach ein paar Monaten ganz eindeutig eine bipolare affektive Störung diagnostiziert worden sei. Die ersten Monate sei noch unklar gewesen, ob er eine Depression oder eventuell eine Schizophrenie habe. Aber es sei ja bei jeder psychischen Erkrankung so, dass viele Gespräche mit Psychiatern nötig seien, damit die richtige Diagnose gestellt werden könne. Aber danach sei alles klar gewesen und die manische Depression als Krankheitsbild belegt worden. Mein Bruder war insgesamt 12 Jahre lang krank, stets an einer bipolaren affektiven Störung leidend. Also kann der Psychiater daraus doch nicht den Text machen, dass es unklar geblieben sei, woran er gelitten hatte. Da sind doch meine Aussagen wieder einfach völlig verdreht worden. Warum denn? Bin ich nun deswegen mehr oder weniger arbeitsfähig? Bin ich deshalb nun leichter oder schwerer depressiv? Nein, ich verstehe es nicht. Ich möchte einfach, dass ein Gutachter, der meine Zukunft bestimmt und meine Existenz dermassen gefährden kann durch sein Schreiben, wahrheitsgetreu das notiert, was ich sage. Ich erwarte, dass er nichts erfindet, nicht Unwahrheiten schreibt, nicht die wichtigsten meiner Aussagen weglässt und sich ein faires Bild von mir und meiner Krankengeschichte macht. Und wie bitte schön soll ich darauf vertrauen, dass er ein ordnungsgemässes Gutachten über mich geschrieben haben soll, wenn alles, was ich lese, nicht meinen Aussagen entspricht? Ich habe somit selbstverständlich kein Vertrauen zu diesem Gutachter. Und ich finde es unfair, dass er solche Sachen schreibt. Denn diese stimmen nicht. Und anhand dieses Gutachtens wird entschieden, ob ich Geld bekomme, weil ich krank bin, oder eben nicht, weil er mich für gesund hält. Wie kann er so etwas entscheiden, wenn er nicht einmal die einfachsten gesagten Dinge korrekt notieren kann?

Dann kam der Teil im Gutachten, der sich psychischer Befund des Tages nennt. Ich sei pünktlich zur Untersuchung erschienen. Na ja, stimmt ja nicht wirklich. Den ersten Termin konnte ich ja wegen meiner Depression und dem psychosomatischen Erbrechen nicht wahrnehmen, also war ich eigentlich drei Tage zu spät, also erst beim zweiten vereinbarten Termin. Und ich habe viel Zeit eingerechnet, auch für eventuell nötige Pausen. Und ich bin ein Mensch, der überhaupt nicht gerne zu spät kommt. Also, ich war am zweiten Termin pünktlich da. Er, der Gutachter, war erst 15 Minuten später bereit. Ist er nun krank oder arbeitsunfähig deswegen? Auch hier verstehe ich den Zusammenhang nicht. Mich nerven diese irrelevanten Fragen und diese doofen Anmerkungen, die in einem Gutachten, wie auch in den meisten Berichten von Psychiatern, erwähnt werden müssen.

Dann folgt im Gutachten ein weiterer Standardtext. Sie war gepflegt, ordentlich gekleidet, im Auftreten höflich und im Aussehen altersentsprechend. Was heisst denn gepflegt? Dass ich meine Haare über eine Woche nicht waschen konnte, hatte er nicht bemerkt? Oder denkt er, das sei schon gepflegt? Ist es ungepflegt, wenn man sich die Haare über acht Tage nicht wäscht und bei sieben Tagen ist es gepflegt? Ordentlich gekleidet ist auch solch eine mühsame Anmerkung. Heisst es, ich sei ordentlich gekleidet, wenn ich keine kaputten Sachen trage? Ich habe eben einfach keine kaputten Kleider. Wie soll ich denn welche anziehen, wenn ich keine besitze? Wenn ich nur Kleider habe, die ordentlich aussehen, kann ich ja nicht unordentlich gekleidet sein, weil ich depressiv bin. Würde ich depressiver aussehen, wenn ich unordentlich gekleidet wäre, also in kaputten Sachen? Oder würde ich im Trainingsanzug eher depressiv aussehen? Ich verlasse das Haus eigentlich nur sehr selten im Trainingsanzug. Macht mich dies nun gesund oder krank?

Ich verstehe diese Feststellungen einfach nicht. Ob ich mir die Trainerhose oder eine Jeans rauf ziehe, kommt auf das Gleiche an. Es braucht nicht mehr Kraft. Ich verstehe es nicht, wieso es eine Rolle spielt. Wenn es heisst, ich sei im Auftreten höflich, ist dann etwa ein Mensch, der gesund ist, höflich, aber ein Mensch, der krank ist, unhöflich? Wieder habe ich keine Ahnung, was dieser Hinweis bedeuten soll. Im Aussehen altersentsprechend ist auch so ein sinnloser Text. Entweder sehe ich aus, wie ich aussehe oder ich habe mich operieren lassen oder etwas gespritzt, damit ich jünger aussehe, als ich bin. Ich habe mich weder operiert noch Botox gespritzt, also sehe ich logischerweise so alt aus, wie ich bin. Denn ich bin so alt, wie ich bin. Warum muss das notiert werden? Ich habe immer noch keine Ahnung.

Dann kommt wieder einmal so ein Textabschnitt, der nicht einmal mit dem vorherigen Text desselben Gutachtens übereinstimmt, geschweige denn mit dem, was ich gesagt hatte. Da steht, dass ich über eine Reihe von sozialen Kontakten berichte, die ich auch wahrnehmen würde. Davon weiss ich nichts. Ich habe nur eine Freundin, mit der ich telefoniere. Von ihr habe ich anfangs schon berichtet. Die Freundin, die mich versteht und ähnliche Probleme hat wie ich. Mit ihr kann ich mich austauschen, sie gibt mir Halt und wir zeigen uns gegenseitig Verständnis füreinander. Ich habe aber fast ausschliesslich telefonischen Kontakt zu ihr. Wenn ich mich nicht gut genug fühle, kann ich auch nicht einmal mit ihr telefonieren. Ich habe sie ein Jahr lang nicht gesehen, weil entweder ich oder sie zu krank war. Ansonsten habe ich keinerlei sozialen Kontakte. Ab und zu lese oder schreibe ich vielleicht einmal den einen oder anderen Kommentar in den sozialen Netzwerken, aber das war es dann auch schon. Der Gutachter hatte mich gefragt, ob ich denn Freunde hätte. Und das habe ich bejaht. Aber für mich heisst das eben genau das, nämlich dass ich Freunde habe. Es heisst aber nicht, dass ich sozialen oder gar persönlichen Kontakt zu ihnen pflege. Freunde zu haben heisst ja nicht, Freunde zu treffen. Aber der Gutachter schrieb, ich würde regelmässigen Kontakt zu meinen Freunden haben. Und er hatte dazu auch angesprochen, dass er meint, ob ich denn rausgehen würde und ob ich meine Freunde treffen würde. Wenn es mir gut gehen würde, könnte ich mich mit ihnen treffen und vielleicht eine gute Zeit mit ihnen verbringen. Sie wären auch gerne für mich da, auch dann, wenn es mir schlecht geht. Aber ich ertrage es nicht. Ich ertrage keinen Besuch. Ich ertrage keine Gespräche. Ich ertrage keine Freunde. Ich habe nur regelmässigen telefonischen Kontakt zu einer einzigen Freundin, da ich sehr offen mit ihr reden kann, ohne ein schlechtes Gewissen zu haben, da sie mich versteht und es ihr fast genauso geht wie mir. Wenn ich nicht mehr telefonieren mag, kann ich es ihr sagen und wir beenden das Telefonat, ohne Gestänker, Unverständnis oder Erklärungen. Aber der Gutachter macht aus meiner Bemerkung, dass ich Freunde hätte, seinen eigenen Text. Sein Text sagt, dass ich über eine Reihe sozialer Kontakte berichte und diese aktuell auch wahrnehmen würde. Keine Ahnung, wo er diese Information wieder hergenommen hat. Er scheint eine wirklich interessante, blühende Fantasie zu haben. Das passt nur leider gar nicht, wenn man ein Gutachten schreiben sollte.

Er sagt auch, ich sei das Gespräch hindurch gut konzentriert und aufmerksam gewesen. Hat er denn vergessen, wie oft ich nachfragen musste, was er soeben gesagt hatte oder wie oft ich ihn bitten musste, die Frage zu wiederholen? Hat dieser Mensch wirklich nicht bemerkt, dass ich immer wieder völlig von der Unterhaltung abschweifte und meine Gedanken völlig woanders waren, aber sicherlich nicht mehr mit mir in dem Raum? Hat er das vergessen, ignoriert, nicht bemerkt oder einfach danach nicht so in sein Gutachten geschrieben? Ich frage mich immer wieder, was denn mit diesem Gutachter los war. War er etwa völlig woanders mit den Gedanken? Oder wollte er einfach nur das ins Gutachten notieren, was er für wichtig hält, um dann schreiben zu können, dass ich arbeitsfähig sei?

Na ja, damit hat er seinem Auftraggeber dann natürlich eine Freude bereitet, denn somit muss diese Versicherung nicht zahlen, weshalb sie ja überhaupt erst ein Gutachten verlangt hatten. Aber ist das denn fair? Soll das etwa mir gegenüber fair sein?

Betreffend meiner Intelligenzbeschreibung habe ich auch so meine Zweifel an der Fähigkeit dieses Gutachters, mich einschätzen zu können oder seine Arbeit nur annähernd korrekt zu machen. Unter Berücksichtigung meiner schulischen und beruflichen Bildung sowie der allgemeinen Sozialisation sei meine Intelligenz durchschnittlich. Ha. Was soll ich denn dazu sagen? Dass ich Texte gefühlte hundertmal lesen muss, bis ich sie kapiere? Dass ich nicht einmal mehr rechnen kann? Und ich meine nicht hohe Mathematik, sondern Summen aus kleinen Zahlen, die Rechnungen der ersten oder zweiten Schulklasse. Intelligenz mit Schulleistung zu beurteilen ist auch ziemlich weit aus dem Fenster gelehnt, wenn man mich fragt. Er hat ja überhaupt keinen Vergleich zu der Zeit vor der Krankheit. Er kann doch auch nicht wissen, anhand meiner Ausbildung, wo meine Intelligenz liegt. Es muss ja nicht so sein, dass ich eine Arbeit meiner Intelligenz entsprechend gewählt habe. Ich könnte ja beispielsweise Arzt sein und trotzdem als Koch oder Maurer arbeiten wollen. Das ist nur ein Beispiel, aber ich will damit sagen, dass man jemanden nicht anhand des Berufes nach seiner Intelligenz beurteilen kann. Ich finde dies nicht wirklich korrekt. Auch kann jemand in der Schule schlecht gewesen sein, weil er keine Lust hatte, hätte aber die Intelligenz für gute Noten gehabt. Aber egal. Ich kann diese Befragung nicht ändern. Nun muss ich wohl damit leben, dass ich vom Gutachter als durchschnittlich intelligent eingestuft wurde. Was auch immer dies nun bedeuten soll. Ich weiss zwar immer noch überhaupt nicht, woher er das wissen will, aber wie gesagt, ist es ja auch egal.

Kein beschleunigtes Denken ist auch so etwas, dass er wohl nicht bemerkt hat. Ich war bei einigen Sätzen, die er sagte, schon so weit voraus, dass ich auch nachfragen musste, ob er das Gesagte für mich wiederholen könnte, weil er für mich immer noch auf einigen Seiten eines Buches zurücklag und ich schon längst im nächsten Kapitel rumwühlte. Auch Zwangsgedanken oder pathologische Ängste, sowie überwertige Ideen oder Wahn hat er bestritten, dass ich dies hätte. Was ist es denn, wenn man im Einkaufsladen steht, von zu vielen Leuten sich umgeben fühlt, schlagartig keine Luft mehr kriegt, zu ersticken droht, jedenfalls gefühlsmässig, und man dann panikartig das Einkaufskörbchen mit Ware drin mitten zwischen Gestellen stehen lassen muss und aus dem Gebäude laufen muss, um atmen zu können? Ist das ein gesundes Verhalten? Ist das etwa normal? Na ja, für mich leider schon beinahe normal, mittlerweile, weil es mir immer wieder einmal passiert. Aber ansonsten wohl eher nicht, oder? Ich würde es irgendwo bei dem von ihm bestrittenen Text einordnen. Wo genau es eingestuft werden müsste, kann ich nicht genau sagen, aber ich denke, es gehört irgendwo dahin. Ob es eine Angststörung, eine Panikattacke, pathologische Ängste oder sonst was ist, bin ich mir nicht sicher. Aber es ist sicherlich irgendwo bei einer dieser Krankheiten einzustufen. Aber natürlich kann man das auch einfach ignorieren oder nicht beachten, obwohl ich dies während des Gutachtens sage. Man kann einfach schreiben, dass ich all dies nicht aufweise. Man kann ja schreiben, was man will. Es ist ja nur ein Gutachten. Es bestimmt ja nur meine Existenzgrundlage, mein Einkommen und den Verlauf meines weiteren Lebens. Es ist ja nicht so wichtig.

Auf einmal steht da wieder etwas, das stimmt. Da steht nun tatsächlich, dass ich manchmal tagsüber schlafe. Wie kommt denn das da hin? Ja, es ist wahr, und ja, ich habe dies gesagt. Ich bin überrascht, auch einmal etwas Korrektes zu finden. Aber halt, wieso hatte derselbe Gutachter in demselben Gutachten denn vorher geschrieben, also einige Gutachten-Seiten zuvor, dass ich keine Siesta machen würde? Widerspricht sich hier nicht irgendwie der Psychiater sich selbst? Aber ja, anhand seines Textes wird über meine Zukunft entschieden. Ich bin so richtig begeistert darüber.

Ach ja, auch noch so ein herrliches Beispiel. Mein Selbstwertgefühl, welches ich über mein früheres Ich in Bezug auf die erbrachte Arbeitstätigkeiten aufweise, sei nicht depressionstypisch gemindert. Ach, bin ich da jetzt auch wieder gesund, weil ich sage, dass ich früher, als ich noch gesund war, gute Arbeit geleistet hatte? Müsste ich denn, weil ich depressiv bin, denken, dass ich früher schlechte Arbeit geleistet hatte? Ich verstehe auch hier den Zusammenhang nicht. Und mit dem Wort typisch ist es auch so eine Sache. Es kommt mir vor wie das Wort relativ. Beide Wörter haben für mich überhaupt keinerlei Aussagekraft, jedenfalls nicht in einem Gutachten.

Meine Psychomotorik ist auch erstaunlich. Oder eher, die Einschätzung des Gutachters ist erstaunlich. Oder eher schon ein bisschen befremdlich für mich. Ich sitze also da beim Gutachter, ihm gegenüber auf dem Stuhl, zittere ständig mit meinen Beinen und versuche immer wieder, eines der Beine wieder ruhigzustellen, indem ich mit der Hand den Oberschenkel runterdrücke. Und er sieht dies als normal an? Dann hat er wohl keine normale Psychomotorik, denn er hatte keine zitternden Beine. Auch scheint ihm nicht aufgefallen, dass ich ständig mit den Zähnen knirsche. Aber es kann ja sein, dass ihm dies wirklich nicht auffiel. Mir fiel es auf. Zwischendurch bemerke ich es jeweils wieder, versuche, es zu kontrollieren, dann kann ich mich irgendwann nicht mehr darauf konzentrieren und es beginnt wieder von Neuem. Aber meine Motorik ist absolut unauffällig, steht im Gutachten. Bestimmt.

Ich war nach Aussage des Gutachters auch fähig, meine Angelegenheiten selbständig zu regeln. Ja, selbständig, mit Hilfe und Unterstützung des Psychiaters in etlichen Angelegenheiten und auch mit Hilfe und Unterstützung meiner Eltern. Das ist ja sehr selbständig. Alles, was ich nicht hingekriegt habe, musste meine Mutter erledigen. Sie hat mir sehr viel abgenommen und für mich erledigt, weil ich es teilweise einfach überhaupt nicht im Griff hatte. Sie hat für mich Zahlungen gemacht, Unterlagen eingeworfen oder abgegeben, mich zu Therapien oder anderen Terminen gefahren und den Überblick über meine Termine für mich behalten. Sie hat mir sehr viel geholfen und hilft auch heute noch sehr viel. Sie erinnert mich zum Glück immer wieder an Sachen, die ich wieder vergessen habe, an Termine, zu denen ich gehen muss und an Dinge, die ich erledigen sollte. Sie denkt ständig für mich mit. Zum Glück, denn ansonsten wäre ich ziemlich aufgeschmissen. Aber gemäss dem Gutachter habe ich ja alles selbständig im Griff. Ich habe wieder einmal keine Ahnung, wie er darauf kommt.

Im Grossen und Ganzen bestätigt er aber dann doch, dass ich an einer rezidivierenden Depression leide und er derselben Meinung sei wie mein behandelnder Psychiater und die Klinik damals. Nein, dies ist jetzt kein Witz. Trotz allem, was da im Gutachten steht und trotzdem, dass ich ja gemäss seinem Gutachten vollständig arbeitsfähig sei. Trotz allem sagt er im Gutachten, dass ich an einer wiederkehrenden Depression leide und ich hätte depressive Störungen. Zwischendurch gäbe es auch Phasen, in der die Depression nicht so schwer sei. Ja, ich habe ja nie etwas anderes behauptet. Ich konnte ja früher zwischendurch auch arbeiten gehen, jeweils für eine Zeit lang, wenn die Depression gerade eine leichtere Phase aufwies.

Über die Jahre habe ich allerdings einerseits feststellen müssen, dass ich, sobald es mir besser geht, viel zu schnell wieder viel zu viel von mir selbst verlange, mich selbst sofort wieder unter viel zu hohen Druck setze und versuche, sofort gleich wieder 100 % zu arbeiten. Und andererseits hat die Erfahrung dann auch gezeigt, dass es eben nur eine kurze Zeit anhält, dann die Depression wieder stärker wird wegen der vollständigen Überforderung und ich dann in ein tiefes Loch falle, weil ich es wieder nicht hingekriegt hatte. Das ist jetzt schon über Jahre hinweg immer wieder so gewesen. Aber als ich zu dem Gutachter muss, hält die depressive Phase schon viel zu lange an, mittlerweile schon fast ein Jahr. Diese Phase ist viel zu stark, ich habe das Gefühl, nicht mehr raus zu kommen und entsprechend ist die Genesung dieser Episode fast nicht machbar. Auch mein Psychiater sieht es nicht kommen, dass ich demnächst gleich wieder 100 % arbeiten könne. Ich mittlerweile auch nicht mehr. Ich persönlich hoffe im Moment, dass es überhaupt wieder einmal irgendwie gehen wird. Ich bin mir dessen sehr unsicher. Es kann alles passieren, in der Zukunft, wer weiss das schon.

Ach, und da schreibt der Gutachter weiter, dass ich während meinem stationären Klinikaufenthalt eine gute Besserung meiner Depression erreichen konnte. Es sei eine sogenannte Teilremission eingetreten. Danach hätte ich zuhause im Hinblick auf Antrieb und Tagesstruktur eine Verschlechterung erlebt. Somit sei ihm bestätigt, dass man von einer guten Behandelbarkeit ausgehen könne und eine zunehmende Arbeitsfähigkeit damit einhergehe. Er sagt, ich sei eben teilremittiert und könne bereits 60 % arbeiten. Und nach vier Wochen könne ich dann das Pensum auf 80 % steigern, da das Training der Ausdauer dann die nötige Hilfe geben würde. Meine Restsymptome würden nur eine kleine Minderung der Arbeitsfähigkeit hervorrufen, also wäre eine Minderung der Leistungsfähigkeit um 20 % oder kürzere Präsenzzeiten an einem Arbeitsplatz genügend, um eben wieder ein volles Pensum zu leisten. Na ja, oder eben, ich sei 100 % arbeitsfähig schon seit über zwei Monaten, wie er auf den vorigen Seiten des gleichen Gutachtens geschrieben hatte. Was denn nun eigentlich?

Ich persönlich finde es ja super, dass er meine Arbeitsfähigkeit so gut einschätzen kann, obwohl ich nicht die Möglichkeit habe, an Termine zu gehen ohne vorheriges Erbrechen oder sonstiger psychosomatischer Probleme, obwohl ich meistens den Haushalt nicht machen kann und obwohl ich kein halbwegs normales Leben führen kann. Wäre die Befragung des Gutachters nach den eineinhalb Stunden noch weiter gegangen, wäre ich ziemlich sicher zusammengebrochen. Die Befragung war mir so schon viel zu lange. Ich konnte es fast nicht aushalten. Ich konnte danach nicht direkt zum Parkplatz gehen, geschweige denn direkt Autofahren. Ich musste mich hinsetzen und mich erholen vom Gespräch. Anders wäre es nicht gegangen. Wie hätte ich da einen ganzen Tag in einer Arbeitsstelle durchhalten sollen? Und vor diesem Termin hatte ich einige Tage keinerlei Termine, sonst hätte ich es eh nicht geschafft. Meine Kraft lässt nur Raum für einen Termin, einen möglichst kurzen, an einem Tag zu. Mehr geht nicht. Den darauffolgenden Tag brauche ich Ruhe, muss meine Kraft sammeln und mich erholen. Und auch dann geht es oft trotzdem nicht, dass ich einen Termin wahrnehmen kann. Ich musste auch bei meinem behandelnden Psychiater schon oft Termine absagen. Aber dieser Gutachter schätzt mich so ein, dass ich arbeitsfähig sei. Es ist unglaublich.

Und dann kommen noch die Vorwürfe, die ich überhaupt nicht ertragen kann. Es wird ganz klar im Gutachten geschildert, dass ich eigentlich hätte arbeiten können, aber dies nicht gemacht hatte. Ich hätte mich entschieden, nicht zu arbeiten. Angeblich wäre ein Betroffener, mit meinen Voraussetzungen, nach dem Klinikaufenthalt und mit anschliessender ambulanter Behandlung, wie ich sie hatte, und mit Einnahme der Antidepressiva, die ich auch nehme, an einen guten und unterstützten Arbeitsplatz zurückgekehrt, direkt nach der Klinik mindestens zu 50 %. Danach hätte ich anscheinend, durch meine Teilnahme am normalen Alltagsleben und zur Belastungssteigerung sowie wegen der sozialen Kontakte, zwei Monate später das Pensum auf 60 % steigern können. Weitere zwei Monate später hätte ich 80 % arbeiten können, behauptet er.

Alles in allem sagt er, ich hätte arbeiten können, schon vor Monaten, ich wäre jetzt arbeitsfähig, zu mindestens 80 % und ein Verlauf einer Depression sei so, wie er es beschreibt. Dass ich vielleicht keine solche Depression habe, wie es vielleicht andere haben, ist ihm nicht bewusst. Ich kenne Leute, die ein paar Monate depressiv sind und danach mit guter, passender Behandlung wieder gesund sind und wie gewohnt arbeiten können. Ich kenne auch Personen, die auch während ihrer Depression arbeiten können. Auch habe ich selbst schon die Erfahrung gemacht, teilweise während leichterer Episoden arbeiten zu können. Ich habe auch oftmals, trotz schwererer Depression in Teilzeit oder Vollzeit gearbeitet. Teilweise hatte ich trotz der Depression die Kraft, den Arbeitsalltag zu meistern. Aber ich habe einerseits nicht nur eine Depression für ein paar Monate und alles ist wieder gut, sondern leide ständig an der Depression, schon über etliche Jahre hinweg. Andererseits hält diese schwere Phase der Depression schon fast ein Jahr ununterbrochen an, also kann er mich doch nicht wirklich in eine seiner Kategorien stecken, in der eine Depression normalerweise so oder so verlaufen sollte. Das kann man nie, bei niemandem. Bei mir sind die Phasen einfach vorhanden. Zwischendurch habe ich diejenigen Phasen, die nicht so schlimm sind und während denen ich einigermassen arbeiten kann oder konnte und dann gibt es diejenigen Phasen, während denen gar nichts funktioniert. Und momentan stecke ich in einer solchen Phase, in der ich einfach nichts hinkriege. Ich kann weder einer Arbeit nachkommen, noch habe ich den Haushalt im Griff. Ich kann auch nicht am Alltagsleben teilnehmen. Ich kriege nicht einmal die Dinge hin, die man vermutlich als absolut selbstverständlich anschaut, wie zum Beispiel das Duschen, Essen, Schlafen und vieles mehr. Wie und wo soll denn da die Möglichkeit sein, auch noch arbeiten zu gehen? Meine Grundbedürfnisse kann ich nicht decken. Ich habe nicht die Kraft, mich um mich selbst zu kümmern, wie soll ich dann Kraft haben, um arbeiten zu gehen?

Auch wirft er mir eigentlich im Gutachten vor, dass ich womöglich nach dem Klinikaufenthalt nicht alles darangesetzt hatte, wieder gesund zu werden. Er sagt ja, dass normalerweise dieser Klinikaufenthalt, da er eine Besserung meiner Krankheit gebracht hatte, hätte reichen sollen, dass ich danach gesund gewesen wäre. Das kommt mir wieder vor, wie wenn ich jemandem Kopfschmerztabletten gebe und dann sage, jetzt habe er keine Kopfschmerzen mehr. Mir hatte damals der Klinikaufenthalt sicherlich gutgetan, auch hatte ich eine Besserung erfahren. Aber mein Problem war, und das geht sehr vielen Patienten so, dass ich nach dem Austritt das Leben zuhause, auf mich allein gestellt, nicht hingekriegt hatte. Ich konnte die Stabilität nicht aufrechterhalten. Ich hatte mir vorgenommen, schwimmen zu gehen, Spaziergänge zu machen, Yoga zu machen, Gitarre zu spielen, mehr zu basteln und viele andere Dinge, die ich in der Klinik gemacht hatte und die mir guttaten. Aber ich konnte nicht. Ich hatte den Antrieb ein paar Wochen nach dem Austritt nicht mehr. Es ging nicht. Und der Gutachter meinte halt einfach, dass es hätte gehen sollen. Und jetzt? Was sagt das aus? Bin ich etwa schuld, dass ich die Depression nach Klinikaufenthalt immer noch hatte? Nebenbei erwähnt hat er im Gutachten eh geschrieben, dass ich all diese sportlichen Aktivitäten nach dem Klinikaufenthalt gemacht hätte. Obwohl ich es mir nur vorgenommen hatte, aber nicht umsetzen konnte. Aber er hat ja eh fast nirgends im Gutachten geschrieben, was ich wirklich gesagt hatte.

Dann erwähnt der Gutachter, dass ich krankheitsfremde Faktoren hätte, die mich in diesen Zustand bringen. Deshalb würde ich nicht arbeiten. Dann beschreibt er wieder einmal, dies ist auch in früheren Arztberichten oft angegeben worden, die Beziehung zu meinem Sohn, welche angeblich zu eng sei. Er schreibt, dass ich mich schlecht fühle, wenn mein Sohn in einer depressiven Phase sei. Es würde mich hinunterziehen. Er meint, dass ich mich zu sehr um ihn kümmere. Ja, das kann sein. Es ist aber wieder etwas Relatives. Ich habe zu meinem Sohn eine sehr enge Beziehung, wir wohnen auch seit seinem dritten Lebensjahr allein zusammen als Familie, nur er und ich. Und durch unser Leben, in dem wir sehr viel durchmachen mussten, sind wir uns immer sehr nah gewesen, um es nicht allein durchstehen zu müssen. Wir sind füreinander da, helfen einander, unterstützen einander und reden offen miteinander. Wir haben eine enge Beziehung. Das stelle ich nicht in Frage. Aber ich stelle in Frage, warum jemand behaupten kann, dass dies nicht so sein sollte. Wie sollte es denn sein? Sollte ich meinem Sohn sagen, er soll sich selbst drum kümmern, dass er aus der Depression komme? Soll ich ihm sagen, er solle ausziehen und sich um sich selbst kümmern, da er über 18 Jahre alt ist? Soll ich mich von ihm abwenden? Soll ich ihn einfach links liegen lassen und nicht zurückschauen? Wie stellt man sich das vor? Wie soll eine Mutter, die ihren Sohn liebt und alles für ihn tun würde, sich von ihm abwenden? Damit ich gesund bin? Damit ich nicht mit runtergezogen werde? Damit ich keine Kraft für ihn aufbringen muss und mehr Kraft für mich habe? Soll ich dann dabei zuschauen, wie er kaputtgeht, nur damit ich etwas mehr Energie habe? Soll ich zum Beispiel, wenn er sich im Badezimmer einsperrt und sagt, er wolle nicht mehr rauskommen, er wolle nicht mehr leben und es mache alles keinen Sinn, einfach wegschauen?

Das bin nicht ich. Das kann, will und werde ich niemals tun. Ich stehe dann bei obigem Beispiel ausserhalb der Badezimmertüre und mache mir Sorgen, was alles passieren könnte. Mir gehen die Gedanken durch den Kopf, was er im Badezimmer alles finden könnte. Da hat es Scheren, Rasierzeug, starke Reinigungsmittel, Spiegel und so weiter. Soll ich jetzt vor der Tür stehen und alles nicht so schlimm sehen? Soll ich wegschauen? Soll ich ihn seinem Schicksal überlassen? Soll ich mich um mich kümmern, damit ich gesund und arbeitsfähig bin? Oder soll ich meine letzten Kräfte dazu nutzen, ihm zu helfen, ihn zu unterstützen, ihm zu zeigen, wie sehr ich ihn liebe und einfach für ihn da sein und mit meiner letzten Energie versuchen zu erreichen, dass es ihm besser geht? Wie stellen sich die Psychiater das vor? Immer wieder stellt sich die Frage, wie viel ich geben kann für meinen Sohn und wie viel ich für mich behalten soll.

Aber es sollte jedem klar sein, dass ich selbst ja an einer Depression leide und deshalb nicht arbeitsfähig bin. Ich habe in der Vergangenheit schon sehr häufig gearbeitet, obwohl sich mein Sohn psychisch in einem Tief befand, obwohl er in einer Phase der schweren Depression war und selbstverständlich auch, obwohl er Diabetiker Typ 1 ist. Es entspricht nicht der Wahrheit, dass ich nicht arbeiten gehe, weil ich zu meinem Sohn schauen will. Dann wäre ich ja auch früher nicht arbeiten gegangen, während es ihm schlecht ging. Aber es trifft teilweise zu, dass ich selbst meine Depression noch tiefer empfinde, wenn er auch in einer tiefen Depression steckt. Es zieht mich teilweise mit runter. Wenn ich depressiv bin, und das ist die Voraussetzung, dann ist es nicht einfach für mich, aus dieser raus zu kommen oder gesund zu werden, wenn gleichzeitig auch mein Sohn an einer schweren Depression leidet. Es kann sein, dass ich eher aus meiner tiefen Depression kommen könnte, vielleicht, wenn er eine gute Phase hat oder gar keine Depression hätte. Aber was bringt es, Vermutungen anzustellen? Teilweise geht es mir zwar schlecht, aber halte durch, bis er einen Eintritt in die Psychiatrie hat. Und dann kommt der Moment, in dem ich vollständig zusammenbreche, weil einfach all meine Energie weg ist. Es ist aber auch schon so gewesen, dass es mir besser ging, als er in die Psychiatrie eingetreten war, vielleicht weil ich weniger Energie für ihn verwenden musste. Vielleicht auch einfach, weil ich gerade eine Veränderung meiner Depression im gleichen Zeitraum hatte. Woher soll ich wissen, was meine schwerere Depression auslöst und was eine leichtere Depression begünstigt? Ich kann nicht sagen, dass irgendeine tiefe oder weniger tiefe Phase bei mir aus diesem oder jenem Grund angefangen hatte und sich die Phase deswegen oder wegen was anderem gebessert oder verschlechtert hat. Teilweise passiert genau überhaupt nichts Neues oder Anderes, und trotzdem macht die

Depression eine Änderung durch. Teilweise kann es mir einfach so besser gehen, ohne dass ich was mache. Teilweise kann es mir aber auch einfach von einem Tag auf den anderen viel schlechter gehen, auch, ohne dass ich was mache oder was passiert. Ich habe keine Kontrolle über meine Krankheit. Und eine positive Beeinflussung zu erzielen durch eine Therapie oder durch ein anderes Verhalten, kann bei mir manchmal helfen, teilweise aber auch nicht. Aber dies will, glaube ich mittlerweile, niemand berücksichtigen oder glauben. Jeder denkt, dass eine Depression, so wie ich sie habe, mit Therapien und Medikamenten innert einer gewissen Anzahl Wochen heilbar sei. Eine Depression sei heilbar. Ich frage mich bei dieser Aussage, die ich schon oft gehört habe von diversen Psychiatern und Therapeuten, wieso es denn aber Personen gibt, die ein Leben lang an einer Depression leiden. Doch darauf bekommt man keine Antwort. Ich hoffe ja auch nicht, dass ich meine Depression nie wieder losbekomme. Ich hoffe auch, dass ich wieder gesund werde und dass ich ein zufriedenes, glückliches und gesundes Leben führen kann. Ich hoffe auch, dass ich wieder arbeiten kann. Aber was, wenn nicht? Und was kann ich dafür, wenn es jetzt nicht möglich ist? Was kann ich dafür, dass meine jetzige Phase länger andauert, als dass es ein Gutachter vielleicht einschätzt? Bin ich dann daran schuld? Habe ich dann zu wenig für meine Gesundheit getan? Habe ich dann nicht dafür gesorgt, dass ich bessere Medikamente bekomme? Oder was denken sich solche Gutachter? Ich weiss es nicht.

Ich weiss nur, dass ich sehr gerne gesund wäre, dass ich von meiner Seite alles Mögliche versuche, dass ich gesund werde und dass ich liebend gerne meiner Arbeit wieder nachgehen würde, den Haushalt wieder machen würde, Freunde wieder treffen würde und wieder Ausflüge machen würde. Ja, ich würde das alles sehr, sehr gerne wieder tun können, weil ich damit dann glücklich sein könnte und es mir damit gut gehen würde. Aber all dies kann ich nicht. Und dies macht mich verrückt. Und mich immer und immer wieder verteidigen zu müssen, warum ich es nicht kann, ertrage ich fast nicht. Und mir immer wieder anhören zu müssen, dass ich doch eigentlich gesund sein sollte oder arbeiten sollte, so wie es im Gutachten steht, macht mich fertig. Ich kann es einfach nicht mehr ertragen. Denken diese Leute denn wirklich, dass ich gerne zuhause rumsitze, dass ich froh sei, nicht arbeiten zu müssen und dass ich so einfach nur das Leben geniesse? Denken sie wirklich, dass ich die ganze Zeit allen Psychiatern und Ärzten vorspiele, dass es mir schlecht gehe, obwohl ich in Wirklichkeit eine tolle Zeit ohne Arbeit verbringe? Denken die, ich geniesse einfach Urlaub, der von einer Versicherung bezahlt wird? Wie krank ist das denn. Vor allem macht das auch keinen Sinn, weil mir die Versicherung ja gar kein Geld bezahlt.

Na ja, der Gutachter schreibt es dann so, dass ich wegen der Kündigung und weil ich momentan eine neue Arbeitsstelle suchen müsste, nicht arbeiten würde. Nicht weil ich krank bin, nicht weil ich an einer Depression leide, nicht weil ich momentan nichts im Leben im Griff habe, nicht weil ich weder richtig schlafen noch essen kann und auch nicht, weil ich auch sonst nichts machen kann. Nein, ich arbeite gemäss dem Gutachter deshalb nicht, weil ich keine Lust habe, eine neue Arbeitsstelle zu finden und weil ich mich nicht darum bemühen wolle. Und um dies zu unterstützen, behauptet er, dass ich gesagt haben soll, dass ich eine Arbeit suchen würde, wenn mein Sohn stabiler versorgt sei. So ein Unsinn. Also ehrlich. Das habe ich niemals gesagt. Ich hatte einzig und allein gesagt, dass ich sofort arbeiten würde, wenn ich, ich selbst, gesund wäre. Sobald ich wieder stabiler sei, würde ich sofort wieder eine Arbeitsstelle suchen. Und ich sage auch, dass ich vermutlich rasch eine Stelle finden würde, wenn ich gesund wäre. Und ich sage, dass ich im Moment keine Arbeit suchen kann, weil ich nicht gesund bin. Auch mein Psychiater schreibt mich zu 100 % krank. Ich kann unmöglich arbeiten, weil ich ja nicht einmal meine Grundbedürfnisse, wie beispielsweise die Hygiene, mich waschen, Zähne putzen, essen und vieles mehr, stillen kann. Erst wenn ich all dies wieder einigermassen kann und wenn ich gesund genug dafür bin, kann ich wieder ans Arbeiten denken. Momentan ist es unter diesen Umständen nicht möglich. Aber wieso sieht er das nicht? Es ist zum Verzweifeln. Er schreibt sogar, dass ich mich vermutlich für eine Eingliederung für Arbeitsunfähige interessieren würde, weil ich ja sowieso bereits ein Arztzeugnis hätte, das mich krankschreibe. Deshalb wolle ich nicht arbeiten, sondern lieber eine Massnahme zur Wiedereingliederung absolvieren. Es sei ja vom Psychiater her so geplant, also würde ich wohl seines Erachtens gar nicht arbeiten wollen, weil ich ja gar nicht müsse. All diese Unterstellungen lassen mich einfach wieder an der Menschheit zweifeln. Wie kann man so gemein sein, mir solche Sachen zu unterstellen? Wie kann jemand so über mich urteilen, so völlig falsch? Wie kann jemand denken, dass ich nicht arbeiten wolle? Wie kommt jemand auf solche Ideen? Wie kann es sein, dass mich jemand so einschätzt? Ausgerechnet mich? Ich kämpfe jeden Tag, damit ich es hinkriege, mir die Zähne zu putzen, kann es aber oft doch nicht. Ich kämpfe, um nach über einer Woche endlich wieder duschen zu gehen und dies raubt mir die Kraft dermassen, dass ich den Rest des Tages nach der Dusche nichts anderes mehr erledigen kann. Und ich meine wirklich gar nichts.

Ich kämpfe jeden Tag ums Überleben, ums Durchhalten und dafür, meine Motivation nicht völlig zu verlieren, damit ich nicht einfach alles hinschmeisse, wenn es mir zu viel wird. Ab und zu bin ich so am Ende, dass ich einfach nicht mehr kann. Dann denke ich, dass es viel einfacher wäre, alles hinzuschmeissen, einfach aufzugeben und einfach nicht mehr zu kämpfen. Dann denke ich darüber nach, wozu ich denn noch kämpfen soll, wenn es doch niemand zu schätzen weiss und es niemand sieht oder glaubt. Ich überlege mir, wozu ich denn meine ganze Energie verbrauche. Um dann immer wieder runtergemacht zu werden und mir anhören zu müssen, dass ich nur einfach keinen Willen habe und eben einfach lieber nur rumsitze, als zu arbeiten? Und dann kommen die Gedanken, dass aufgeben viel einfacher wäre. Und wen würde es stören? Wer würde mich vermissen? Wem würde es schaden? Wem würde es auffallen, wenn ich nicht mehr da wäre? Wozu soll ich denn immer wieder aufstehen und mich bemühen, zu leben? Und dann weiss ich es wieder, zum Glück. Mein Sohn würde es merken, meine Familie würde es merken und meine Freunde würden es merken. Und ihnen noch mehr Kummer zu machen und Schmerz und Trauer zuzumuten, das wäre nicht in Ordnung. Meinem Sohn meine Unterstützung zu verwehren, das ist nicht fair. Und ich stehe wieder auf und kämpfe weiter.

Das Gutachten erwähnt, dass meine subjektiven Beschwerden unspezifisch seien. Es seien höchstens noch Restsymptome einer Depression vorhanden. Die Depression sei gut behandelbar. Dann steht wieder, es sei zumindest von einer Teilarbeitsfähigkeit zu sprechen.

Aber es hiess doch in demselben Gutachten, ich sei 100 % arbeitsfähig. Und dann heisst es jetzt wieder, ich sei teilarbeitsfähig? Dann hiess es, dass meine Beschwerden unspezifisch seien. Das ist so, weil er mir ja nicht zugehört hat und meine Beschwerden nirgends vermerkt hatte. Nirgends in dem ganzen 17-seitigen Gutachten ist vermerkt, von welchen Beschwerden ich ihm erzählt hatte. Das hat er alles einfach weggelassen. Dies wären vermutlich einige der allerwichtigsten Punkte gewesen. Aber er hat dazu nichts im Gutachten erwähnt. Gut behandelbar sei meine Depression. Wie kann es denn sein, dass ich schon seit mittlerweile neun Jahren diese Depression immer und immer wieder habe? Und dies, obwohl ich ständig bei Therapeuten und Psychiatern in Behandlung bin und obwohl ich in den neun Jahren nur einmal für drei Monate ohne Antidepressiva zu leben versuchte? Dies hatte damals überhaupt nicht funktioniert. Ich hatte die fürchterlichste Zeit, als ich das Absetzen der Medikamente versucht hatte. Die Depression kam nämlich gleich wieder. Und zwar heftig. Aber ich mache und versuche doch so viel. Ich bin in Therapie und nehme meine Medikamente regelmässig. Wie soll denn meine Krankheit gut behandelbar sein? Oder meint der Gutachter damit, dass ich in den neun Jahren nur so getan hatte, als hätte ich eine Depression, aber eigentlich gesund gewesen sei? Wieder kann ich es nicht verstehen.

So geht es die ganzen 17 Seiten des Gutachtens durch. Es sind Widersprüche im Gutachten selbst zu finden, und zwar nicht wenige. Es werden Tatsachen verdreht. Es werden Sachen geschildert, die ich nicht gesagt hatte. Es werden wichtige Informationen, welche Aufschluss über mein Befinden geben würden, weggelassen. So wie zum Beispiel meine Beschwerden, welche einfach im ganzen Gutachten nicht erwähnt sind. Ausser dem Erbrechen, das irgendwo mal ganz kurz angedeutet wurde.

Doch mein tägliches Leiden, der unmögliche Tagesablauf, meine Panikstörung, meine Schlafprobleme, meine Appetitprobleme, meine Schweissausbrüche, mein Zittern und viele andere Beschwerden wurden nicht erwähnt. All dies wurde nirgends erwähnt. Auch wurde nicht erwähnt, dass ich teilweise nicht einmal die Wohnung verlassen kann, weil ich solch schlimme Angstzustände bekomme, sobald ich die Türe öffne. Es steht, ich würde mich regelmässig mit Freunden treffen und hätte normalen sozialen Kontakt, obwohl ich meine Freundin nur am Telefon spreche, und zwar wirklich nur eine einzige Freundin. Ich sehe sie nur ganz selten, weil entweder sie keine Kraft hat oder ich keine Kraft habe. Andere Freunde treffe ich eh nicht. Zweimal war ich in einem Restaurant essen im ganzen letzten Jahr, diese Male allerdings auch mit grösster Mühe, mit etlichen Pausen, mit Verdauungsstörungen, welche sofort im Restaurant auftraten, mit viel Kraftaufwand und dem Versuch, den Gesprächen zu folgen, und auch nur, nachdem ich mich vorher für drei Stunden schlafen gelegt hatte. An zwei Abenden für jeweils etwa zwei Stunden ging ich raus und das in über einem Jahr. Dies ist mein ach so reger sozialer Kontakt, von dem der Gutachter schreibt. Wie gesagt, man kann natürlich alles relativieren, wenn man will. Ich finde es nur nicht fair. Weiter sind Jahresangaben falsch, Orte sind falsch, einige Tatsachen vom Gutachter erfunden, andere Tatsachen verändert und nicht mehr dem Gesagten entsprechend und andere sogar ganz weggelassen. Schlussendlich muss ich sagen, dass ich verstehen kann, wenn jemand, der dieses Gutachten liest, Zweifel an meiner Glaubwürdigkeit hat. Ja, das kann ich nachvollziehen. Wenn so über mich gelogen wird und falsche Angaben über mich gemacht werden, ist dies mehr als verständlich. Ich kann es ja selbst nicht glauben, was da geschrieben wurde. Und ich kann mir auch nicht erklären, wie dieser Text zusammengekommen ist. Aber es ist keinesfalls korrekt und keinesfalls fair. Ich bin heute noch stinksauer darüber. Es macht mich heute noch wütend. Ich bin heute noch enttäuscht. Ich finde es eine Frechheit.

18. Immer wieder die Frage: Wie weiter?

Mein Sohn ist mittlerweile immer noch in dieser Klinik, bei der ich das Gefühl habe, dass nicht richtig zu ihm geschaut wird. Obwohl ich damals in derselben Klinik war und es mir gutgetan hatte, hat sich die Klinik in dem halben Jahr stark verändert. Es sind neue Ärzte und Psychotherapeuten dort, das Pflegepersonal hat gewechselt und es wurden ganze Abteilungen geschlossen, wodurch einige Therapiemöglichkeiten weggefallen sind. Mein Sohn geht immer noch nur selten in den Speisesaal. Er isst eher Süssigkeiten oder gekaufte Sandwiches in seinem Zimmer, obwohl das Essen dort wirklich gut ist. Es hat ein Buffet mit kalter oder warmer Auswahl, es gibt vegetarische oder fleischhaltige Gerichte, die Suppe wird serviert, den Salat kann man sich holen und das Dessertbuffet ist meistens ein Traum. Seinen Sitznachbarn beim Essen lernt er erst nach ein paar Wochen überhaupt kennen, weil sie sich, auch wenn sie einmal beide dort essen, zeitlich verpassen.

Und jetzt wird es irgendwie interessant. Meine Freundin, welche ich bei meinem Aufenthalt dort kennengelernt hatte, wird auch wieder in diese Klinik eintreten. Mein Sohn meint dann nur, er hoffe, dass er sich dann nicht ständig mit ihr unterhalten müsse. Er hat schon Angst, dass ein Druck entsteht. Aber ich beruhige ihn. Er soll einfach auf sich schauen und versuchen, das Beste daraus zu machen. Er soll so gut wie möglich bei den Therapien mitmachen und er soll einigermassen einen Tagesrhythmus einhalten, wenn es geht. Meistens versuche ich ihn ja auch von zuhause aus telefonisch zu wecken. Aber es kommt leider auch dann vor, dass er mit mir telefoniert und sich dann im Bett wendet und wieder einschläft, da er einfach keine Unterstützung vor Ort hat. Beim nächsten Besuch, als ich mit meinem Sohn auswärts in ein Restaurant essen gehe, treffe ich eine andere Kollegin, welche auch damals mit mir zusammen dort war. Wir sitzen eine Weile zusammen auf dem Bänkchen und sprechen über die Zeit, als ich noch in der Klinik war. Dann aber möchte ich wieder mit meinem Sohn weitergehen, die Aussicht geniessen und mich mit ihm unterhalten. Ich versuche ihn dazu zu bewegen, sich mehr einzubringen und mehr von den angebotenen Therapien zu profitieren. Auch soll er vielleicht die eine oder andere Therapie versuchen, damit er später zuhause weiss, welche ihm guttut. Es sind immer schwierige Gespräche. Ich will nicht zu viel Druck machen. Ich will ihn zu nichts überreden. Ich will ihn unterstützen und ihm Mut machen, sich den Sachen zu stellen. Er soll sich den bestmöglichen Nutzen der Klinik ziehen. Er soll versuchen zu erreichen, dass er sich wohler fühlt und er soll weiterkämpfen. Nach dem Spaziergang gehen wir in die Klinik zurück und treffen meine Freundin, mit der ich so oft telefoniere. Auch ihr geht es nicht gut. Nicht umsonst ist sie nochmals in diese Klinik eingetreten. Ich kann es ihr ansehen. Aber sie freut sich sichtlich über unser

Aufeinandertreffen. Da mein Sohn noch eine Therapie besuchen muss, warte ich mit meiner Freundin draussen, bis er zurückkommt. Ich geniesse das Gespräch mit ihr. Es tut uns beiden gut. Sie erzählt mir von den Veränderungen, die in der Klinik stattgefunden haben. Sie ist etwas enttäuscht, da es bei ihrem letzten Aufenthalt besser war, wie sie mir erklärt. Sie hatte beim letzten Aufenthalt mit mir auch Fortschritte gemacht und es ging ihr am Ende des Aufenthalts einiges besser, doch auch sie konnte es zuhause nicht aufrechterhalten, so wie ich es auch nicht konnte. Sie hatte sich auch fest vorgenommen, nach dem Austritt das Gelernte zuhause anzuwenden, spazieren zu gehen, schwimmen zu gehen, zu kochen und gesund zu essen und auch den Schlafrhythmus beizubehalten. Ja, auch sie hatte sich viel vorgenommen. Aber auch sie konnte es nicht umsetzen. Auch ihr steht die Depression immer wieder im Weg. Ich verstehe genau, was sie meint. Mir ging es auch so. Für zuhause hatte ich mir ähnliche Dinge fest vorgenommen, aber alles irgendwie nicht hingekriegt. Und wenn der Tagesablauf nicht funktioniert, bricht die Depression oftmals wieder aus und man leidet wieder. Es ist ein Elend. Wir geben uns solche Mühe und es nützt doch nichts, wir alle drei, auch mein Sohn. Wir alle drei geben unser Bestes, versuchen immer wieder, die Depression in den Griff zu bekommen und nehmen uns viele Dinge vor, die uns helfen könnten. Doch dann können wir sie nicht anwenden, weil uns einfach die Kraft fehlt oder uns unsere psychosomatischen Beschwerden im Weg stehen.

Hört das denn nie auf? Das frage ich mich gerade mit meiner Freundin zusammen, als mein Sohn von seiner Therapie zurückkommt. Bald hat meine Freundin eine weitere Therapie und muss sich vorher noch etwas hinlegen, damit es ihr nicht zu viel wird. Natürlich verstehe ich das. Wir verabschieden uns und bleiben telefonisch in Kontakt, wenn wir können und Kraft für Gespräche haben. Mein Sohn fragt mich, was er denn tun könne. Er fühle sich überhaupt nicht wohl in der Klinik. Er habe das Gefühl, dass man sich nicht um ihn kümmere. Er merke nicht, dass das Personal sich Mühe gebe. Er ist auch genervt davon, dass sie ihn nicht wecken, wie sie es versprochen hatten. Der Chefarzt scheint ihm auch merkwürdig zu sein, da dieser bei der Visite darauf aufmerksam machte, dass mein Sohn keinen Traubenzucker essen sollte, da er doch Diabetiker sei. Solche Dinge von Ärzten zu hören, die eigentlich wissen oder wissen sollten, dass er ein Typ-1-Diabetiker ist, der den Traubenzucker immer griffbereit haben muss, um den zu tiefen Blutzucker im Notfall rasch möglich rauf zu bringen, macht meinen Sohn fix und fertig. Wie kann denn jemand, der eine medizinische Ausbildung hat, solche Anmerkungen machen, die überhaupt keinen Sinn machen? Und wie soll man ihm vertrauen, dass er einem medizinisch korrekt behandelt, wenn er diese einfachen Dinge nicht einmal weiss? Das frage ich mich auch immer wieder, bei vielen Leuten, mit denen ich die letzten Jahre zu tun hatte. Auch eine Pflegeperson hat ihn darauf hingewiesen, er solle doch bitte keine Schokolade essen, welche er im

Zimmer habe, weil das ja gar nicht gut für ihn sei, weil er ja zuckerkrank sei. Darf er denn von denen aus gesehen nichts Ungesundes essen? Einmal ein paar Stückchen Schokolade darf doch wohl noch sein, oder? Auch braucht er etwas zu Essen, das den Blutzucker nach einer Unterzuckerung etwas länger oben hält und da passt Schokolade perfekt. Aber auch diese Person hat ja nicht verstanden, dass er Typ 1 hat, nicht Typ 2. Und auch, wenn er eine andere Krankheit hätte. Schokolade sollte meiner Meinung nach einem Depressiven sowieso nie verboten werden. Jedenfalls ist meinem Sohn alles zu viel. Keiner scheint ihn ernst zu nehmen. Keiner hält sich an getroffene Abmachungen. Keiner unterstützt ihn. Keiner nimmt sich seiner Probleme an. Er fühlt sich im Stich gelassen. Auch meine etlichen Besuche scheinen nicht zu helfen.

Irgendwann kommt dann der Tag, an dem wir entscheiden, dass dieser Klinikaufenthalt keinen Sinn macht. Es hilft ihm nicht. Es wird nicht getan, was getan werden sollte. Mein Sohn sagt dann ganz klar, dass es ihm sogar zuhause noch besser gehen würde. Da hatte er wenigstens gegessen und ab und zu sei er spazieren gegangen. Er wolle es zuhause versuchen. Er könne nicht mehr dableiben, da es ihm einfach nicht guttue. Mein Sohn ist erwachsen. Er ist freiwillig mit der Hoffnung in die Klinik eingetreten, dass es ihm da besser gehen würde. Er hat vor dem Eintritt mitgeteilt, welche Unterstützung er benötigt und diese wurde ihm zwar zugesichert, aber nicht gewährt. Und ich habe mein Bestes bereits getan, um zu versuchen, dass das Personal die Abmachungen endlich einhalten würde. Aber ich war auch erfolglos. Entsprechend packen wir seine Sachen zusammen, verabschieden uns vom Personal und den Mitpatienten, welche wir antreffen, und treten aus der Klinik aus. Mein Sohn hat etwa drei Monate vor diesem Klinikaufenthalt eine neue Psychiaterin gefunden, zu welcher er nun auch nach der Klinik in die ambulante Behandlung weiter geht. Wir hoffen, dass es zuhause bergauf geht.

Während seines Klinikaufenthaltes habe ich auch für mich wieder geschaut, was ich tun könnte, damit es mir besser geht. Ich habe entsprechend in der Zwischenzeit eine Tagesklinik angeschaut, allerdings passte dies für mich gar nicht. Dort muss man morgens pünktlich antreten, man hat morgens einige Therapieangebote, isst dann zusammen ein Mittagessen, bleibt am Nachmittag auch da für weitere Therapien und geht abends dann nach Hause. Als mir bei der Besichtigung die Regeln erklärt werden, wird mir schnell bewusst, dass es für mich keine Möglichkeit gibt, dahinzugehen. Leider. Mir wurde gesagt, dass man jeden Morgen kommen muss und bis abends bleiben muss. Man darf nicht zu spät kommen und sich auch nicht krankmelden. Einzig könnten sie dies dreimal akzeptieren, mehr aber nicht. Dann würde man umgehend aus der Tagesklinik rausgeschmissen. Also habe ich denen zurückgemeldet, dass es mir der ganze Stress nicht wert sei, da anzufangen, wenn eh schon vorab klar sei, dass ich sicherlich zumindest die erste Zeit mehrmals absagen müsste und oft nicht rechtzeitig da sein würde. Ich kann ja zu keinem Termin einfach ohne Probleme gehen. Ich muss sogar die wenigen Termine beim Psychiater, obwohl diese mir sehr wichtig sind, immer wieder einmal absagen. Oft erbreche ich auch morgens, weil ich überfordert bin. Wie soll ich denn da nur dreimal fehlen, sonst immer ganztags da sein und das durchhalten? Nein, das ist ein grosser Schritt zu viel für mich. Und das überhaupt zu versuchen, aber dann mit dermassen grosser Wahrscheinlichkeit zu scheitern, kann ich nicht durchstehen. Das würde meiner Gesundheit überhaupt nicht helfen. Im Gegenteil, ich würde mich noch viel schlechter fühlen, wieder versagt zu haben, wieder etwas nicht hingekriegt zu haben und wieder etwas ohne Erfolg versucht zu haben.

Mein Sohn ist nun zuhause und weiss auch noch nicht so recht, wie es für ihn weitergehen soll. Er plant, sich zuhause zu entspannen, die Depression in den Griff zu bekommen und hofft, dass er in ein paar Monaten in das neue Semester der kaufmännischen Ausbildung eintreten kann.

Ich melde mich hingegen nun in einem Tageszentrum an. Dort gibt es keine solch strikten Regeln und keinen Ganztagesplan. Dort kann ich ein- oder zweimal in der Woche hingehen. Ich muss erst um 10 Uhr dort eintreffen, also nicht allzu früh. Dann kann ich dort an einer Therapie teilnehmen, anschliessend dort Mittag essen und danach wieder nach Hause gehen. Dies scheint mir einigermassen möglich zu sein. Um 9 Uhr morgens muss ich losfahren, mich dann um 10 Uhr dort anmelden und nach einer kurzen generellen Information und der Abklärung, ob ich da essen wolle und welche Aufgaben ich übernehmen wolle, geht es dann etwa um 10:30 Uhr los. Wir machen einen Spaziergang zusammen. Ich spreche mit einer Frau, die schon etwas länger da im Tageszentrum ist. Sie sagt, ihr täte es gut, diesen Spaziergang jeweils zu machen, da sie dann an die frische Luft komme. Das kann ich verstehen. Das denke ich ja auch, dass mir das guttun werde. Nach 10 Minuten unterbrechen wir den Spaziergang und bleiben vor einem Lebensmittelgeschäft stehen. Ist dies nun etwa eine Pause zur Erholung, weil wir eine so weite Strecke zurückgelegt haben? Wir sind doch erst seit 10 Minuten unterwegs. Ich warte zuerst einmal ab und beobachte. Einige Gruppenmitglieder setzen sich an den Tisch auf die Sitzbänke und andere gehen in das Geschäft. Ich bin verwirrt und frage eine andere Person, was wir hier tun. Ich denke nämlich, dass wir vermutlich den Einkauf da abholen, um nachher Mittagessen kochen zu können.

Aber da habe ich falsch gedacht. Sie erklärt mir, dass diese Pause üblich sei. Diejenigen, welche in das Geschäft gingen, kommen nun mit belegten Broten oder Früchten zurück. Sie setzen sich an die Tische und geniessen in aller Ruhe die gekauften Esswaren. Aber ich bin doch erst kürzlich überhaupt im Tageszentrum angekommen. Ich kann doch nicht jetzt schon eine Pause machen und etwas essen, und schon gar nicht so kurz vor dem Mittagessen. Und wieso können diese Leute nicht am Morgen früh eine Kleinigkeit zu essen organisieren und mitnehmen? Oder wieso können es die Leute nicht wenigstens während des Spazierens essen? Müssen wir jetzt wirklich alle darauf warten, bis diese paar Leute ihr Essen aufgefuttert haben? Es scheint so. Die Betreuer, welche mit auf den Spaziergang kommen, gehen ja auch ins Geschäft und essen dann ihr zweites Frühstück da, während die anderen warten. Also scheint dies normal und akzeptiert worden zu sein. Ungeduldig stehe ich nun da. Ich hatte grosse Mühe, an diesem Morgen dahinzugehen. Ich hatte schreckliche Angstzustände, weil ich etwas Neues machen musste. Ich kannte weder die Betreuer noch die Besucher, noch wusste ich genau, was auf mich zukommt. Es ist einfach alles sehr viel für mich. Und ich hatte die Nacht zuvor fast nicht schlafen können, weil ich schon so nervös war. Und ich habe alle meine Kraft gebündelt, um dahinzugehen. Und ich habe mich auf einen langen Spaziergang eingestellt, weil mir dies vorab so mitgeteilt wurde. Und nun stehe ich nach 10 Minuten spazieren da und warte, bis diese Leute gegessen haben. Habe ich mich wirklich dafür diesen Anstrengungen ausgesetzt? Soll mir das helfen? Ist das eine Therapie? Ich denke darüber nach, ob es vielleicht sein könnte, dass der Sinn dieser Therapie vielleicht sein könnte, ob ich Geduld aufbringen könne oder es aushalten könne. Soll ich vielleicht dies hier lernen? Nein, es hiess, ein langer Spaziergang sei das Programm, um an die frische Luft zu kommen, um wieder fit zu werden und um aktiv Sport zu treiben. Ich verstehe diese Situation gerade nicht wirklich. Ich bin gerade mal 10 Minuten spaziert und meine Muskeln sind gerade endlich mal ein bisschen bewegt worden und fühlen sich warm an. Und jetzt warte ich dort, nervös, genervt, unzufrieden und bemerke, wie meine Muskeln auch schon wieder kalt werden. Na toll, sag ich mir. Und zünde eine Zigarette an. Ich bin zu nervös, um das einfach so mitansehen zu können. Die Zigarette beruhigt mich ein wenig.

Dann, etwa 20 Minuten später, geht der Spaziergang endlich weiter. Wir kehren dann um 11:30 Uhr zurück. Das waren nun also ungefähr 10 Minuten Spaziergang, 20 Minuten Pause und nochmals 30 Minuten Spaziergang. Immerhin. Dann decken diejenigen den Tisch für das Mittagessen ein, welche sich für diese Aufgabe gemeldet hatten, andere helfen noch beim Kochen und nochmals andere bringen den Tee und das Wasser zu den Tischen. Wer keine Aufgabe hat, welche vor dem Essen gemacht werden muss, wartet eine halbe Stunde, bis es dann Essen gibt. Wer danach dann erst seine Aufgabe machen muss, widmet sich dieser nach dem Essen. Dann, wenn alle fertig sind, zahlen wir einen kleinen Betrag für das Essen und gehen nach Hause. Einige bleiben für weitere Therapien. Dies geht aber nur, wenn es von einem Amt bewilligt ist. Also gibt es keine weitere Therapiemöglichkeit für mich.

Ich bin froh, dass ich nach dem Abtrocknen des Geschirrs dann wieder nach Hause gehen kann. Ich muss mich dann nach diesem ganzen Stress zuerst hinlegen. Es waren grosse Herausforderungen für mich, wie zum Beispiel mit den Leuten umzugehen, Gespräche mit Personen zu führen, welche alle Details über den Grund meines Teilnehmens im Tageszentrum wissen wollen, zu versuchen, mich korrekt zu verhalten und nicht unfreundlich zu sein, obwohl ich innerlich vor Wut fast kochte. Ich musste versuchen, meine innere Unruhe zu kontrollieren, trotz meinem Unwohlsein und mitzumachen, obwohl ich mich fast nicht aufraffen konnte. Ich musste mich überwinden, trotzdem mitzugehen und anständig zu sein, obwohl ich eigentlich am liebsten geschrien hätte. Nach dieser riesigen Anstrengung bin ich nachmittags froh, zuhause wieder zur Ruhe kommen zu können und mich einfach zuhause hinlegen zu können. Ich versuche später, das Erlebte zu verarbeiten, aber auch dies ist anstrengend für mich. Eigentlich hätte ich lieber nichts erlebt, denn dann müsste ich jetzt nicht darüber nachdenken. Es würde mich keine Kraft kosten. Aber ich weiss eigentlich auch, dass es mir gutgetan hat, raus zu kommen aus meinem Schneckenhäuschen. Teilzunehmen an einem sozialen Leben ist schon wichtig, aber eben für mich sehr anstrengend. Für mich ist es ein Kampf, so viele Eindrücke erleben zu müssen, das Verhalten kontrollieren zu müssen, zu versuchen, meine Gedanken wegzustecken, zu versuchen, das Chaos in meinem Kopf zu verheimlichen und niemanden merken zu lassen, wie schlecht es mir wirklich geht und wie kraftlos ich bin.

Ich kann mich mittlerweile nicht mehr erinnern, ob ich zwei- oder dreimal dort war. Aber es war auf der einen Seite zu anstrengend für mich, auf der anderen Seite hat es mir dann auch doch nicht wirklich viel gebracht. Den Aufwand, dahin zu kommen, war es nicht wert. Also kann ich sagen, ich habe es versucht, es hat nicht gepasst und nun weiss ich das.

Mittlerweile, da die Krankentaggeldversicherung keine Zahlungen mehr an mich macht, da ich gemäss Gutachten ja völlig arbeitsfähig sei, stehe ich nun vor dem Problem, dass ich keine Ahnung habe, wie es denn nun weiter gehen soll. Ich frage bei einer Hilfsorganisation nach, wie ich vorgehen soll wegen des Gutachtens, mit welchem ich überhaupt nicht einverstanden bin. Sie zeigen mir Möglichkeiten auf, was mich ein bisschen beruhigt. Kurze Zeit später habe ich einen Termin wegen meiner Arbeitslosigkeit. Da wird mir gesagt, ich müsse keinen Einspruch gegen das Gutachten erheben und ich könne mir somit diesen Aufwand guten Gewissens sparen. Dieses Gutachten werde von ihnen nicht berücksichtigt, da dieses ja nur für die Krankentaggeldversicherung erstellt worden sei. Mein Arzt soll mir eine mögliche Arbeitsfähigkeit von 20 % attestieren. Somit würde ich als arbeitslos gelten und würde ein Ersatzeinkommen erhalten. Ich weiss nicht, ob das wirklich korrekt ist, aber ich sage mir, es könnte ja tatsächlich sein, dass ich vielleicht auch 20 % arbeiten könnte. Wer weiss das schon. Es könnte schon sein, denke ich, dass ich zwei Halbtage arbeiten gehen könnte, wenn es passt. Vielleicht ginge es aber dann auch nicht, wenn ich es versuche. Jedenfalls besteht die Möglichkeit, dass ich es hinkriegen könnte. Allerdings laufen meine Bewerbungen ins Leere.

Einen Monat später darf ich dann an einer Massnahme teilnehmen und somit ein Belastbarkeitstraining machen. Durch dieses sollte ich meine Arbeitsleistung stetig steigern können, in einem geschützten Rahmen und mit viel Unterstützung. Nach drei Monaten könne ich dann, wenn die Arbeitszeit von zwei Stunden an vier Tagen die Woche gesteigert werden konnte, in ein anderes Programm wechseln, welches eher meiner früheren Bürotätigkeit entspreche. Oder ich könnte vielleicht sogar auch wieder eine normale Arbeitsstelle suchen, falls alles gut funktioniere. Während dieser Massnahme werde mir ein Taggeld ausbezahlt, weshalb ich zu der Zeit dann nicht mehr von der Krankentaggeldversicherung abhängig sei.

Ich bin sehr froh darüber, dass ich diesen riesigen Aufwand, gegen das Gutachten zu kämpfen, nicht habe. Ich kann dies nun einfach sein lassen, da ich ein Einkommen bestätigt habe und das Gutachten nicht berücksichtigt werde. Das erleichtert mich ungemein. Und ich bin ja zuversichtlich, dass ich nach dieser Massnahme wieder startklar bin, um meinen Job wieder normal ausführen zu können. Die Hoffnung stirbt schliesslich zuletzt. Und ich muss mir dies so einreden, dass es gut werde, sonst habe ich keine Chance. Schon einige Wochen später kann ich also an dieser Massnahme teilnehmen. Langsam starte ich mit zwei Stunden Arbeit an vier Wochentagen. Ich bastle aus Papier und Kleister diverse Figuren nach Vorlage, welche von einem Kunden dieser Stiftung bestellt wurden. Ich bin froh, dass mich am ersten Tag fast niemand anspricht. Es ist mir sowieso schon alles viel zu viel. Ich muss mich wieder mit Leuten auseinandersetzen, ich muss interagieren, ich habe Vorschriften zu befolgen, ich kriege Anleitungen, was ich wie machen soll, ich muss konzentriert zuhören, mich anpassen und mich in die Gruppe einfügen, so gut es geht. Es ist alles sehr anstrengend. Ich bin froh, nach diesen ersten zwei Stunden endlich nach Hause gehen zu können. Ich bin nur noch erschöpft. Nie hätte ich früher gedacht, dass ich nach zwei Stunden Arbeit dermassen kaputt sein könnte. Und es war ja nicht einmal wirklich Arbeit, so wie ich mir Arbeit vorstelle, sondern es war für mich eher eine Gestaltungstherapie. Ich habe nur gebastelt. Und das mache ich ja sehr gerne. Und trotzdem bin ich nach zwei Stunden mit den Nerven und der Kraft völlig am Ende. Die erste Woche funktioniert ziemlich gut, die zweite Woche nicht mehr. Ich muss mich die zweite Woche krankmelden, weil es einfach zu anstrengend für mich ist. Alles überfordert mich total. Ich habe wieder etliche psychosomatische Beschwerden. Tag für Tag muss ich mich immer wieder übergeben. Zu schlafen in der Nacht fällt mir noch schwerer als sonst. Ich bin aber sehr stolz auf mich, als ich die dritte Woche wieder Anschluss finde und dass ich nicht aufgegeben habe. So geht die Arbeit dort in der Stiftung weiter.

Zwischendurch muss ich Sachen sortieren. Das braucht Konzentration und ich merke, wie diese keine zwei Stunden am Stück anhält. Früher musste ich mich bei der Arbeit 9 bis 16 Stunden lang konzentrieren und es war kein Problem für mich. Aber jetzt merke ich bei den kleinsten Aufgaben, welche nur eine leichte Konzentration benötigen, wie viel Kraft ich dazu brauche und wie schnell die Konzentration abnimmt. Ich mache nach kurzer Zeit die ersten Fehler, rege mich dann fürchterlich auf, weil ich mich sonst gewohnt bin, korrekt und ohne Fehler zu arbeiten. Dann rege ich mich auf, dass ich mich nicht so lange konzentrieren kann. Ich nerve mich auch, dass ich eben bei den einfachsten Arbeiten Fehler mache. Ich bin sonst, oder war früher als Gesunde, eher eine Perfektionistin. Ich wollte zumindest meine Arbeit perfekt machen, sehr genau und möglichst ohne Fehler. Es sind mir auch nur höchst selten welche passiert. Aber meistens lieferte ich einwandfreie Arbeit ab, ohne Makel oder Fehler. Ich arbeitete einfach korrekt. Darauf war ich auch immer stolz. Und heute kriege ich dies bei den einfachsten Arbeiten nicht hin. Ich bin erschüttert darüber, dass ich dermassen an der Depression leide, dass ich mich nicht konzentrieren kann, nicht stressresistent bin und dass ich nicht einmal eine gleichbleibende Arbeit über längere Zeit machen kann. Ich bin enttäuscht von mir selbst, dass ich nicht das tun kann, was ich von mir erwarte. Ich hasse diese Depression. Sie macht mich fix und fertig. Ich verzweifle daran.

Wie soll ich denn in diesem Zustand von mir noch etwas erwarten? Muss ich meine Erwartungen wirklich dermassen viel weiter unten ansetzen? Muss ich mich wirklich zufriedengeben, dass ich mich höchstens eine halbe Stunde konzentrieren kann? Und dies auch nur ab und zu? Muss ich mich damit begnügen, einfache Arbeiten zu machen? Werde ich überhaupt jemals wieder eine Arbeit verrichten können, die ich als Gesunde gemacht hatte? Werde ich wieder einen Job machen können, bei dem ich ständig konzentriert sein muss, vernetzt Denken muss, korrekt reagieren muss, Verantwortung tragen muss, schnelle Lösungen finden muss, Kunden beraten muss und unter Stress den ganzen Tag lang super Arbeit leisten muss? Wird dies irgendwann wieder möglich sein? Momentan reicht das logische Denkvermögen ja überhaupt nicht dafür aus. Ich kann nicht mehr so schnell Lösungen finden wie früher. Ich bin unkonzentriert, schweife mit meinen Gedanken ständig ab und verstricke mich in Gedankenkreisen. Mir fehlt total der Überblick. Wie soll ich so meine Arbeit wieder aufnehmen können? Es macht mir richtig Angst, wenn ich daran denke, wie wenig ich noch kann, wie schlimm mein Zustand ist, wie kaputt mein

Gehirn zu sein scheint, wie zerrüttet meine Gedankengänge sind, wie unkontrollierbar meine Gedanken sind und wie schlecht mein Erinnerungsvermögen ist. Früher konnte ich mir die Telefonnummern, die Kontaktpersonen, die Firmennamen, die Ortschaften, die zu der Firma gehörenden Transportunternehmen und deren Bedingungen merken und noch vieles mehr. Ich hatte alles im Kopf. Ich schrieb es nur deshalb ins System, damit die anderen nachschauen konnten. Ich musste nie nachschauen, ich erinnerte mich einfach an so ziemlich alles, was mir die Arbeit erspart hatte, nachschauen zu müssen. Und heute bin ich teilweise so weit, dass ich froh bin, wenn ich den Wochentag und das Datum weiss und mir dann vielleicht einen Termin merken kann, welcher in ein paar Tagen ansteht. Aber sonst ist alles weg. So wird es wohl sein, denke ich oft, wenn ich 70 oder 80 Jahre alt bin, dann vielleicht dement bin oder Alzheimer habe oder so. Aber ich will dies noch nicht jetzt erleben. Ich will noch nicht jetzt, mit etwas über 40, kein Gedächtnis mehr haben, keine Konzentration mehr aufbringen können und mich dumm fühlen. Das ist so hart für mich. Und dann sagen viele Leute zu mir, sie würden nichts Spezielles an mir feststellen, ich sei konzentriert und intelligent. Aber seien wir mal ehrlich. Die Psychiater und sonstigen Personen, mit denen ich die letzten zwei Jahre Kontakt hatte, kannten mich nicht, als ich noch gesund war. Die lernten mich alle erst kennen, als ich schon depressiv war. Wie können sie dies also einschätzen oder vergleichen? Bei der Arbeit von zwei Stunden in geschütztem Rahmen heisst es auch ständig, ich würde so schnell und konzentriert arbeiten. Für die Betreuer dort mag es schnell sein, aber ich weiss, dass es für mich dennoch sehr langsam ist. Wäre ich gesund, würde ich viel schneller arbeiten können. Nur weil andere durch ihre Krankheit oder Behinderung noch langsamer arbeiten müssen und nicht schneller können, darf man dies doch nicht mit anderen vergleichen und meinen, ich sei schnell und entsprechend normal oder gesund. Denn für mich ist es nicht normal. Ich kenne mich anders. Ich weiss, dass ich gesund anders arbeiten würde, als dass ich es jetzt mache. Ich fühle mich oft sehr missverstanden. Ich versuche, mich mit meinen momentanen Fähigkeiten zu versöhnen. Ich versuche, zu akzeptieren, dass ich nicht mehr so arbeiten kann, wie ich es früher konnte und auch nicht mehr so denken kann.

Aber wenn mir dann immer wieder gesagt wird, dass das so gut sei, dann kann ich trotzdem nichts damit anfangen, weil es dennoch nicht gut genug ist. Weil ich nicht damit zufrieden sein kann. Weil ich weiss, dass ich die Arbeit so schlecht mache, aus meiner Sicht gesehen, weil ich krank bin. Weil ich einfach gerne gesund wäre und die Arbeit so machen möchte, wie ich es ohne Depression kann. Die Verzweiflung bringt mich auch in dieser Arbeitsstätte immer wieder zum Weinen oder dazu, eine Pause machen zu müssen, um mich zu sammeln. Natürlich steht auch davon wieder gar nichts in dem Bericht, der über meine Massnahme verfasst wurde. Da steht, ich sei konzentriert, würde keine zusätzlichen Pausen machen und noch einige andere

Dinge, die nicht der Wahrheit entsprechen. Also bekommt das Amt zusätzlich zu dem Gutachten, das mehrheitlich erfunden oder gelogen war, auch hier einen Bericht, der nicht wiedergibt, wie es wirklich war. Aber das ist ja nichts Neues für mich. Schlimmer ist es für mich, wie ich kämpfen muss, um mit mir selbst besser umzugehen und um Vieles zu akzeptieren. Innerlich zerbreche ich immer wieder. Kann es sein, dass eine solche Tätigkeit das Höchste ist, das ich je wieder erreichen kann? Kann es sein, dass ich nie wieder eine Arbeitsstelle annehmen kann, wie früher, mit viel Verantwortung, mit viel Einsatz und bei der man viel wissen und sich viel merken muss? Bleibt dies ein Wunsch? Muss ich mich für den Rest der Zukunft damit zufriedengeben, eine Arbeit zu machen, die nur das verlangt, was ich momentan leisten kann? Ja, das macht mir Angst, Angst um meine Zukunft.

Ein paar Wochen nach meinem Arbeitsstart in dieser Massnahme versucht mein Sohn nochmals einen Schulstart. Doch wie so oft ist seine Kraft zu gering und seine Krankheit zu schwer. Es ist leider wieder unmöglich für ihn, die Ausbildung weiterzuführen. Dieser Rückschlag, es nochmals nicht geschafft zu haben, zieht ihn weiter in die Depression. Entsprechend müssen wir nun eine Lösung finden, die ihm hilft. Ich suche wieder das Internet ab nach Kliniken. Ich versuche, wie schon so oft, eine Psychiatrie zu finden, in der es ihm gut gehen könnte. Eine, die wir noch nicht bereits getestet haben. Ich finde eine Klinik, in welcher mein Bruder vor etlichen Jahren schon mal war. Ich kann mich da aber nur noch an den Garten vor dem Eingang erinnern und daran, dass es meinem Bruder dort eine Zeit lang ziemlich gut ging. Das heisst aber nicht unbedingt, dass die Klinik gut war oder das Personal, es könnte genauso gut sein, dass mein Bruder damals einfach eine bessere Phase hatte. Ich kann mich nicht daran erinnern. Seither sind schon zu viele Jahre vergangen. Jedenfalls teile ich meinem Sohn mit, dass diese Klinik dort vermutlich das Sinnvollste für ihn sein würde.

Also bitten wir die Psychiaterin, ihn dort anzumelden und gehen kurze Zeit später für einen Besichtigungstermin dahin. Dort wird uns erklärt, welche Therapien sie anbieten können, welche Strategien sie verfolgen, welches Leitbild sie haben und sonstige wichtige Sachen. Meinem Sohn wird auch mitgeteilt, dass er, wie fast immer in Kliniken, das erste Wochenende nicht zuhause schlafen könne. Er könne nach vier Tagen mit mir draussen spazieren gehen, ins Dorf, einen Ausflug machen oder sonst etwas unternehmen. Er könne auch allein Spaziergänge machen, wenn er sich dafür abmeldet und die Zeit angibt, wann er zurück sei. Das zweite Wochenende könne er dann zuhause übernachten, also von Samstagmorgen bis Sonntagabend wegbleiben, falls der Gesundheitszustand es zulässt.

Es scheint alles wie gewohnt. Eigentlich nichts Neues, weder für ihn noch für mich. Mein Sohn möchte also diese Chance nutzen und teilt dies der Klinik mit. Die Psychiatrie sendet uns einige Zeit später die Unterlagen mit dem Eintrittstermin zu.

Ich fahre ihn also mit dem ganzen Gepäck in die Klinik. Uns wird sein Zimmer gezeigt, welches er mit einem Mitpatienten teilen muss. Wir werden durch die Klinik geführt, damit mein Sohn weiss, was ungefähr wo ist. Es wird erklärt, wie es mit dem Essen abläuft, wo man sich aufhalten kann und ein Gespräch mit vielen Informationen folgt. Danach gehe ich mit meinem Sohn noch in den Garten raus. Mein Sohn ist sich nicht sicher, ob er da bleiben soll oder kann. Es ist schwierig für ihn. Er hat schon so viele Klinikaufenthalte hinter sich. Und er sagt mir, die hätten doch alle nichts genutzt, er sei immer noch depressiv. Er fragt, ob ich denn wirklich das Gefühl hätte, dass dies hier anders sein würde. Ich bestätige ihm, dass ich daran glaube und es hoffe. Ich könne es ihm nicht garantieren, aber ich würde es mir so sehr wünschen. Und ich sei sehr stolz auf ihn, dass er dies nochmals in Angriff nehme. Ich weiss, wie hart es für ihn ist. Ich kenne die Schwierigkeit, die er hat, in eine Klinik einzutreten. Oft verkriecht er sich die ersten Tage im Zimmer und scheut jeglichen Kontakt zu Mitpatienten oder gar zu möglichst allen Personen in seiner Umgebung. Erst nach einigen Tagen findet er langsam Anschluss und kann sich einigermassen mit der Situation anfreunden. Klar, gerne ist niemand in einer Klinik. Klar, niemand ist gerne krank oder depressiv. Aber nach einigen Tagen beginnt ein Prozess im Kopf, der den Aufenthalt angenehmer macht. Man sieht langsam kleine Fortschritte, man lässt sich auf die Therapien ein, man beginnt zu begreifen, dass man diesen Klinikaufenthalt braucht und man versucht, das Beste daraus zu machen, so viel wie möglich zu lernen und das Gelernte zu festigen. Man hofft, dass der Aufenthalt so viel bewirkt, dass man bald raus kann und draussen psychisch stabil bleibt.

Jedenfalls kenne ich seine Ängste. Er sagt mir, dass er lieber nach Hause würde. Er sagt mir, dass es viel zu hart sei für ihn. Er weint. Er ist verzweifelt. Die Decke fällt ihm auf den Kopf. Es ist zu viel für ihn. Es ist zu anstrengend für ihn. Ich versuche, auf ihn einzureden. Ich erinnere ihn daran, weshalb wir da sind, weshalb er sich dazu entschieden hat und sage ihm auch immer wieder, dass es bald besser werde. Und natürlich, dass ich ihn von ganzem Herzen liebe, ihn unterstützen werde und er auf mich zählen könne. Ich lasse ihn nicht im Stich. Ich rede ihm immer wieder Mut zu, bis er dann nach etwa drei Stunden Gespräch zu mir sagt, es sei ok. Er gibt sich und der Klinik eine Chance.

Einigermassen beruhigt kann ich ihn nun so in der Klinik lassen, obwohl es schmerzhaft für mich ist. Ich weiss, wie tapfer er ist. Aber es tut mir einfach leid und weh, ihn so dalassen zu müssen. Es ist schwierig. Ich fahre also mit vielen Gedanken im Kopf nach Hause. Ich bin mittlerweile auch völlig erschöpft von den Strapazen, denn auch ich habe heute viel Kraft verbraucht. Ich bin froh, dass ich zuhause bin. Ich lege mich auf das Sofa und versuche, mich zu entspannen und den Tag langsam und positiv nochmals im Kopf durchzuspielen. Ich denke daran, dass es ihm guttut und es nötig ist für ihn, da es ihm zuhause zu schlecht ging. Ich versuche, mir alles Mögliche einzureden, damit ich ruhiger werde.

Dann klingelt mein Telefon. Oh nein, mein Sohn ruft mich an. Ist etwas passiert? Will er mir gute Nacht sagen? Will er fragen, ob ich gut angekommen sei? Will er, dass ich ihn wieder abhole? Das habe ich auch schon erlebt, doch damals blieb ich stark und am Tag darauf war alles wieder beruhigt und er blieb damals in der Klinik. Beunruhigt, was er denn will, nehme ich den Anruf entgegen. Mein Sohn fragt, ob ich ihn bitte sofort abholen könnte. Ich sage ihm, ich sei erst jetzt gerade endlich zuhause angekommen und frage, weshalb ich das denn sollte. Eine Psychologin oder Pflegerin, ich weiss es jetzt nicht mehr, hatte ein Gespräch mit ihm, gleich nachdem ich wegfuhr. Sie sagte ihm, dass er zwei bis drei Wochen lang nicht aus der Klinik könne, nur in den kleinen, übersichtlichen Garten des Klinikareals. Auch in meiner Begleitung dürfe er nicht raus. Kann das sein? Ich frage ihn zurück, ob er sich sicher sei, dass er dies richtig verstanden habe, denn vorher haben sie uns ja ganz etwas anderes erzählt. Er bestätigt und sagt, er hätte sogar ein Formular erhalten, welches er sofort unterzeichnen sollte. Mit dem Formular müsse er sein Einverständnis geben, dass er es akzeptiere, dass er zwei bis drei Wochen nicht ab dem Areal dürfe. Sollte er dies nicht heute Abend unterschreiben, könne er diese Nacht nicht dort verbringen. Ich frage nochmals erstaunt zurück, ob es wirklich so sein könne. Doch er bestätigt wieder, dass es wirklich so sei und bittet mich nochmals, ihn gleich wieder abzuholen. Ich sage ihm, dass es mir leidtue, aber ich könne unmöglich heute Abend, so spät noch, zu ihm fahren und ihn zurückholen. Ich habe absolut keine Kraft mehr dafür. Ich bitte ihn, das Formular zu unterschreiben, damit er die Nacht dort verbringen könne und sage ihm, dass ich morgen früh gleich zu ihm kommen werde und wir dies mit den Verantwortlichen besprechen werden. Irgendetwas scheint mir da ja auch nicht korrekt zu sein. Vielleicht kann ich da mehr ausrichten oder die Sache bereinigen.

Dort angekommen bitte ich meinen Sohn nochmals in den Garten zu kommen mit mir und mir nochmals zu erzählen, was die gesagt haben und mir nochmals zu sagen, ob er immer noch wegwolle und wie er das Ganze sehe. Danach setzen wir uns mit dem zuständigen Pfleger zusammen und wir erklären ihm dieses Missverständnis. Der Pfleger entschuldigt sich, dass wohl damals beim Besichtigungstermin etwas falsch mitgeteilt worden sein müsse. Die Richtlinien seien bei ihnen ganz klar so, dass mein Sohn zwei bis drei Wochen lang nicht ab dem Areal dürfe. Erst danach könne er zum

Beispiel in Begleitung von mir weiter weg spazieren gehen oder vielleicht dann auch schon allein. Aber es sei wirklich so. Er könne diese Bestimmung nicht ändern. Sie müssen diese Regel angeblich aus gesetzlichen Gründen so befolgen. Ich bin schon etwas wütend darüber, dass wir anscheinend zuvor völlig falsch informiert wurden. Ich bin sehr irritiert und frage, ob es denn keine Ausnahme geben könne, weil wir effektiv falsch informiert wurden beim ersten Besichtigungstermin. Da hiess es nämlich, er müsse etwa vier Tage auf dem Areal bleiben und könne dann auch ohne Begleitung weiter weg. Und jetzt ist es so, dass er ein paar Wochen nicht ab dem Areal gehen dürfe. Da sollte doch jetzt unter diesen Umständen eine Ausnahme gemacht werden. Ihm sollte dies bewilligt werden, weil er anhand dieser Information und der dazugehörigen Einstellung überhaupt erst in die Klinik eingetreten war. Doch die Klinik bleibt stur. Sie kommen meinem Sohn überhaupt nicht entgegen. Mein Sohn sagt zu mir, dass er so nicht hierbleiben könne. Er könne sich doch nicht mehrere Wochen nur im Kreis im Garten drehen. Und wenn ich zu Besuch komme, könne er nicht einmal mit mir nach draussen gehen. Damit hatte er fest gerechnet, weil ihm das lange Spazieren bei Klinikaufenthalten sehr wichtig ist und guttut. Und nun soll ihm dies verweigert werden.

Der Pfleger versteht zum Glück ganz gut, dass dies eine Zumutung für meinen Sohn ist und weiss, dass es deren Fehlinformation war, die uns nun dazu bewegt, wieder zu gehen. Aber mir bleibt keine andere Wahl. Ich kann meinen Sohn unter diesen Umständen nicht dalassen. Er würde vermutlich durchdrehen, wenn er nicht kilometerweit spazieren gehen könnte, die neue Umgebung nicht auskundschaften könnte und nicht raus und für eine Stunde oder so weg von der Klinik gehen könnte. Und nun kann er dies nicht einmal in Begleitung von mir. Es kommt ihm vor wie in einem Gefängnis, mit Ausgang auf den Hof. Nein, das geht nicht. Also packen wir seine Sachen und gehen zusammen nach Hause. Wieder eine Klinik, die nicht das tut, was sie versprochen hat, respektive wieder eine Klinik, die Angaben macht, an die sie sich nicht hält. Und das gleich am ersten Tag, kurz nachdem ich wegfuhr. Nun hat wieder eine Klinik dafür gesorgt, dass mein Sohn noch weniger Vertrauen in die Psychiatrien, in die Psychiater, in die Pfleger und in das ganze Gesundheitssystem hat. Wieder helfen ihm die Leute nicht, die genau das tun sollten. Wieder wird ihm vorab etwas versprochen, das nachher nicht eingehalten wird. Mein Sohn ist sehr enttäuscht.

Doch was nun? Ich arbeite in der Massnahme, meistens nachmittags, für mittlerweile drei Stunden. Mein Sohn bleibt allein zuhause. Wie soll es nun weitergehen? Welche Möglichkeit hat mein Sohn? Was kann er tun, damit es ihm besser geht? Ja, er geht regelmässig zu einer Psychiaterin. Aber die hilft ihm auch nicht wirklich. Ich weiss nicht genau, was diese macht, aber es scheint nicht wirklich viel zu helfen. Jedenfalls schauen wir uns nun die Tagesklinik für ihn an. Ob das für ihn passt? Wir schauen uns die Räume an, hören uns an, was sie zu bieten haben und bekommen danach die Information, dass man den ganzen Tag da verbringen muss. Das weiss ich ja eigentlich schon, ich hatte diese ja auch schon besichtigt. Auch müsste mein Sohn selbst mit dem Zug dorthin kommen, dies sei eine Bedingung. Aber das kriegt er nicht hin. Entsprechend bedankt er sich auch dort für die Besichtigung, muss aber absagen, da es einfach zu viel für ihn wäre. Ich kann ihn da natürlich vollkommen verstehen, denn mir ging es damals ja genauso. Ich hatte auch das Gefühl, dass ich es nicht jeden Morgen schaffen würde, so früh schon dort zu sein. Und er bemerkt, dass es auch für ihn zu viel wäre. Er würde es wohl auch kaum hinkriegen.

In der Massnahme frage ich nach, ob es denn vielleicht möglich wäre, dass mein Sohn auch so etwas machen könnte. Falls das Amt ihm dies erlaubt und die Kosten übernimmt, scheint dem nichts im Wege zu stehen. Das wäre natürlich eine tolle Sache. Dann könnte ich mit ihm zusammen dorthin. Dann könnte ich ihn unterstützen, den Weg zu meistern. Und es wäre nicht den ganzen Tag, sondern anfangs zwei Stunden. Dies könnte tatsächlich eine Lösung sein, die er hinkriegen könnte und die ideal wäre, damit wir beide endlich eine Stabilität bekommen. Also kontaktieren wir seinen Berater und schlagen ihm dies vor. Er scheint auch einverstanden und bestätigt uns, dass er sich um einen Platz für meinen Sohn kümmern würde. Endlich scheint einmal etwas so zu funktionieren, wie wir uns dies erhoffen. Ständig ist uns irgendwer oder irgendwas im Weg gestanden und nun scheint es, als hätten wir eine Möglichkeit, die für uns beide Sinn macht. Wir freuen uns irgendwie, verstanden worden zu sein und warten ungeduldig auf den Anruf, wann mein Sohn beginnen könne. Doch da warten wir lange. Ich frage häufig zurück und es heisst immer wieder, er sei noch dabei, dies zu organisieren. Insgesamt zwei Monate lang geht es so.

Natürlich habe ich unterdessen meine Massnahme dort bereits abgeschlossen. Ich habe die vorgeschriebenen, geplanten Arbeitsstunden nicht hingekriegt, obwohl die Massnahme sogar von drei auf sechs Monate verlängert wurde. Mir geht es immer noch zu schlecht, um mehr als dreieinhalb Stunden zu arbeiten, und auch das war nur möglich an diesem geschützten Arbeitsplatz und auch dies nur mit etlichen Kranktagen dazwischen und einigen Pausen während der Arbeit. Aber immerhin. Ich bin schon etwas stolz, immerhin das hingekriegt zu haben. Aber auch enttäuscht, dass ich nicht mehr geschafft habe und äusserst enttäuscht, dass die Planung für meinen Sohn nicht rechtzeitig umgesetzt werden konnte.

Eines Tages ruft mich sein Berater dann endlich zurück und sagt, er hätte nun gar nicht mehr nach einer Möglichkeit für eine Massnahme gesucht, da er angenommen hätte, dass mein Sohn in einer zu schlechten Verfassung dazu sei. Was? Wie bitte?

Woher nimmt er diese Information? Woher nimmt er sich das Recht, zu entscheiden, ob mein Sohn gesund genug für die Massnahme sei? Woher will er denn das wissen? Und wieso sagt er uns dann zuvor, dass er einen Platz für ihn suche? Bei etlichen Rückfragen bestätigte er mir immer wieder, dass er versuche, eine Massnahme aufzugleisen. Und jetzt auf einmal höre ich, dass dieser Berater gar nicht mehr sucht? Ich glaube, ich höre nicht richtig. Das darf doch einfach nicht wahr sein.

Bei meinem Sohn bricht alles wieder zusammen. Er hatte so gehofft, dass er die Massnahme mit mir zusammen machen könnte, mit meiner Unterstützung. Als meine Massnahme beendet war, stellte er sich darauf ein, dass er dies nun allein schaffen müsse. Ich könnte ihn zwar an die Arbeitsstelle hinfahren und abholen, aber er müsste da für sich allein durch. Und nun soll auch dies nicht möglich sein, obwohl es doch so abgemacht war und wir nur auf den Starttermin gewartet hatten. Meinem Sohn bricht der Boden unter den Füssen weg. Er ist völlig verwirrt, völlig genervt, sehr wütend, sehr enttäuscht, ohne Hoffnung auf Besserung und ohne Glauben an Unterstützung.

Wieder stehen wir an dem Punkt, an dem nichts zu funktionieren scheint. Wir planen entsprechend, eine Woche Urlaub zu nehmen, vor allem, um wegzukommen von all den Problemen und Menschen, die uns immer wieder Steine in den Weg legen. Vielleicht, wenn wir es hinkriegen, in die Ferne zu reisen, könnte es funktionieren, dass wir uns erholen. Wir brauchen dringend Abstand zu dem Ganzen hier. Wir buchen also Ferien und packen unsere Sachen. Schon in ein paar Tagen soll es losgehen. Doch dann fühlt sich mein Sohn auf einmal nicht mehr gut. Er ist völlig überdreht. Ich kriege es mit der Angst zu tun. Ich mache mir Sorgen. Er scheint völlig neben der Spur zu sein. Ich habe Angst, so mit ihm in den Urlaub zu fliegen. Ich habe Angst, mit ihm so weit weg zu sein. Ich habe Angst, ob ich es schaffen würde, ihn im Urlaub unter Kontrolle zu halten. Und denke darüber nach, was ich denn dort tun müsste, wenn es nicht geht. Ich spreche meinen Sohn darauf an und sage ihm, dass ich diese Sorgen habe. Auch er ist sich nicht sicher, ob dieser Urlaub gut kommen würde. Es geht ihm nicht gut. Es geht ihm richtig schlecht. Er hat auch Bedenken, wie das im Urlaub sein würde, wenn er sich in einem solchen Zustand befindet. Wir haben beide Angst und machen uns Sorgen.

Wir besprechen also, dass ein Klinikaufenthalt dann doch nötig sei, nach dem Urlaub. Also stehen wir wieder da, unsicher, verwirrt, überfordert. Wir sind uns unsicher, was nötig ist, was funktionieren könnte oder was wir tun sollten. Ich weiss immer noch nicht, ob wir den Urlaub durchhalten können und ob er uns überhaupt Erholung geben könnte. Oder wird dieser dann sogar zu viel für uns? Ich weiss es nicht. Abends besprechen wir dann, dass ein Klinikaufenthalt doch nötig scheint. Am Morgen, als ich aufstehe, finde ich eine Notiz von meinem Sohn mit der Bitte, mich um einen Klinikplatz für ihn zu kümmern. Ich bin mir nicht sicher, ob er dies geschrieben hat, weil ich in der Zeit, während er noch schläft, bereits telefonieren kann, um was zu finden oder ob er sich selbst sicher sein will, dass er, wenn er aufsteht, nicht wieder anders darüber denkt.

Und ich beginne auf Anweisung von meinem Sohn hin wieder einmal, eine Klinik zu finden. Am Telefon wird mir bei den meisten gesagt, dass sie momentane Wartezeiten von mindestens acht Wochen hätten oder kein passendes Angebot für ihn zur Verfügung stehe. Zwei Monate oder vielleicht sogar noch länger scheint mir viel zu lange. So lange kann mein Sohn dann doch nicht warten. Endlich habe ich eine Person am Telefon von einer Klinik, die mir sagt, dass sie keine Wartezeit hätten. Sie sagt, sie hätten genau die richtigen Therapieangebote für meinen Sohn, sie hätten eine geschlossene Abteilung und sie wären spezialisiert auf seine Krankheit in seinem Zustand. Es klingt vielversprechend. Sie sagt dann, ich könnte meinen Sohn gleich heute noch hinbringen. Was? Heute schon? Ist das nicht etwas zu kurzfristig? Ich sage ihr, dass mein Sohn zwar am vorigen Tag sagte, dass er dringend in eine Klinik wolle, aber das sei schon etwas kurzfristig. Sie meint nun zu mir, es sei vielleicht besser, wenn er sofort komme, so würde er es sich nicht nochmals anders überlegen. Und irgendwie hat sie vielleicht recht. Die Wartezeit bis Klinikeintritt zu überbrücken, war noch nie einfach. Das stimmt. Mein Sohn schläft zwar gerade noch, aber ich entscheide mich tatsächlich, dass er in die Klinik eintreten sollte, bevor er sich das Ganze anders überlegen kann. Gepackt haben wir ja schon, zwar eigentlich für den Urlaub, aber es braucht nur ein paar kleine Anpassungen für den Klinikaufenthalt.

Als mein Sohn wach wird, fragt er mich, ob er denn nun noch etwas für den Urlaub einpacken müsse. Und daraufhin dann der Schock. Ich sage ihm, dass ich eine Klinik gefunden habe, bei der er heute noch eintreten könne. Mein Sohn scheint absolut überfordert, was nachvollziehbar ist. Er dachte, wir fahren in den Urlaub und erst nach dem Urlaub würde er in eine Klinik gehen. Er dachte an die normalen Wartezeiten von Kliniken. Ich erkläre ihm, dass alle anderen Kliniken viel zu lange Wartezeiten haben momentan. Und ich sage ihm, dass ich bei dieser Klinik ein gutes Gefühl hätte, so wie die Dame am Telefon mir erklärt hatte, was ihr Angebot beinhalte. Ich erkläre meinem Sohn auch, dass wir heute noch dahin gehen. Ja, er ist überfordert. Er kann es noch nicht ganz fassen. Jetzt geht er in eine Klinik anstatt in den Urlaub. Aber vielleicht musste es so kommen. Vielleicht ist es besser so, direkt und ohne Vorwarnung gleich einzutreten. Wer weiss das schon.

Kurze Zeit später fahren wir bereits zur Klinik. Dort angekommen, lassen wir das Gepäck auf Wunsch meines Sohnes noch im geparkten Auto. Vor dem Eingang fallen meinem Sohn einige Polizeiautos auf. Er fragt sich, berechtigterweise, warum denn wohl so viele dieser Fahrzeuge da seien. Normalerweise kennen wir es von Kliniken, dass immer etwa ein Krankenwagen rumsteht, der gerade einen Patienten auflädt oder abliefert. Da muss es wohl Patienten geben, die etliche Probleme haben, wenn so viele Polizisten aufgeboten werden. Den Grund dafür wissen wir nicht. Wir haben allerdings auch keinen Kopf dafür. Wir haben gerade andere Sorgen. Am Empfang sagt man uns dann, wir würden gleich abgeholt werden. Ja, etwa eine halbe Stunde später kommt dann auch jemand. Sie führt uns in ein anderes Gebäude und erklärt uns auf dem Weg, dass diese Abteilung offen sei. Sie werde nur abgeschlossen, wenn ein Patient gefährlich oder gefährdet sei. Dann würden die Türen kurze Zeit geschlossen, danach aber gleich wieder geöffnet. Wir müssten uns entsprechend keine Sorgen machen, meistens brauche man keinen Schlüssel und könne rein und raus, wie man will. Hm, merkwürdig. Am Telefon wurde mir doch bestätigt, dass es eine geschlossene Abteilung sei. Ich hatte eigentlich erwartet, dass mein Sohn in eine geschlossene Abteilung kommt, in der er nicht einfach so raus kann. Mein Sohn wirft mir auch einen merkwürdigen Blick zu. Denkt er etwa, ich hätte ihn angelogen? Ich hoffe nicht. Wir sind jedenfalls beide darüber sehr erstaunt. Dann öffnet sie die Tür mit ihrem Badge und wir betreten dieses Klinikgebäude. Den Lift kann man auch nur mit dem Badge öffnen, was bedeutet, dass Patienten die Treppe nehmen müssen. Auch dies kennen wir, jedenfalls von geschlossenen Abteilungen. Dann zeigt sie uns kurz den Raum, in dem sich das Pflegepersonal befindet, falls er Fragen habe, und gleich im Anschluss sein Zimmer. Sie sagt, der Arzt, der ihn in Empfang nehmen werde, wäre noch nicht bereit für das Gespräch. Wir sollen doch in der Zwischenzeit das Gepäck rauf holen. Dies tun wir.

Dann kommt sie zu uns in das Zimmer und bittet meinen Sohn, einige Unterlagen zu unterschreiben, in welchen die Klinik die Haftung für gestohlene Sachen ablehnt. Diese Unterlagen unterschreibt mein Sohn gar nicht gerne. Auch zurecht. Da steht nämlich, dass diese Unterlagen immer in Anwesenheit eines Arztes unterschrieben werden müssen. Das ist so, weil einige Patienten eingeschätzt werden müssen, ob sie überhaupt rechtskräftig unterschreiben können. Sollte jemand zu benommen oder sonst in zu schlechter Verfassung sein, müsste der Arzt dies entsprechend vermerken. Trotzdem unterschreibt mein Sohn. Ich sage ihm, es gehe ja nur um seine Sachen, welche er direkt gleich im Schrank einschliessen könne. Danach warten wir dann im Flur nochmals über eine halbe Stunde, bis wir endlich an dieses Gespräch können.

Die Dame von vorhin, welche uns den Weg durch die Klinik zeigte, kommt mit ins Besprechungszimmer. Drinnen wartet ein Mann, der vermutlich ein Arzt ist und ein anderer, den ich als Pfleger oder Praktikant einstufen würde. Jedenfalls begrüsst uns dann der Arzt und stellt meinem Sohn seinen Assistenzarzt vor. Mir schüttelt dieser junge Assistenzarzt dann nicht einmal die Hand zur Begrüssung. Aber egal, das ist ja nicht so wichtig. Wir setzen uns alle hin. Der Arzt beginnt ein bisschen zu erzählen und hält dann meinem Sohn weitere Unterlagen hin, die mein Sohn unterzeichnen soll. Mein Sohn schaut mich mit Augen an, die zu mir sprechen. Was soll denn das, wo sind wir hier und wieso soll ich schon wieder etwas unterschreiben, obwohl ich nicht weiss, was es ist? Ich warte kurz ab, ob mein Sohn sich selbst wehren kann oder ob er meine Unterstützung dazu brauche.

Teilweise ist er zu überfordert, seine Meinung direkt zu sagen. Doch er beginnt gleich, zu dem Arzt zu sprechen. Er sagt ihm, er verstehe nicht, wieso er jetzt schon wieder Unterlagen bekomme und diese unterzeichnen müsse, obwohl er doch das darin Geschriebene noch nicht gelesen habe, aber er genau das bestätigen soll. Verwundert schauen uns die drei Gesichter gegenüber an. Der Arzt sagt, diese Unterlagen sollten wir erhalten haben. Die Dame sagt zu meinem Sohn, es seien die Unterlagen, welche sie ins Zimmer gelegt hätte. Mein Sohn erklärt, dass er bereits vorhin etwas unterschrieben hätte, ohne dass es korrekt war. Es sei nämlich kein Arzt anwesend gewesen, wie es auf dem Formular verlangt war. Die vom Klinikpersonal schauen sich gegenseitig an und sind immer noch sehr überrascht darüber, was mein Sohn gerade gesagt hatte. Der Arzt versucht nun, mit seinem Gespräch weiterzufahren. Doch ich muss ihn kurze Zeit später unterbrechen und frage ihn, ob er uns vielleicht erst einmal etwas von der Klinik und dem geplanten Aufenthalt sagen könnte. Wann das Essen bereitstehe, interessiere uns im Moment gerade überhaupt nicht. Verdutzt fragt er zurück, ob wir denn keine Informationen bekommen hätten. Ich erkläre ihm dann, dass ich erst vor etwa vier Stunden angerufen hätte, man mir bestätigt habe, dass es eine geschlossene Abteilung gäbe, dass es ideale Therapiemöglichkeiten für meinen Sohn gäbe und dass mein Sohn sofort eintreten solle. Nun zeigt sich uns, dass keiner der drei eine Ahnung hat, wie wir dahin kamen oder warum. Sie teilen uns nun mit, dass die Aussagen der Dame am Telefon, welche ich am Morgen zu hören bekam und auf welchen meine Entscheidung aufgebaut war, in diese Klinik zu kommen, anscheinend überhaupt nichts mit der Realität zu tun haben. Die Abteilung ist offen und für seine Probleme sind sie nicht spezialisiert. Und mein Sohn fühlt sich jetzt schon mies behandelt, belogen und sieht auch keinen Grund, sein Vertrauen dahinzugeben oder sich von inkompetentem Personal oder gar einem solchen Arzt behandeln zu lassen. Wie soll er sich hier denn auf eine Therapie einlassen können, wenn die Aufnahme schon dermassen schiefläuft?

Man glaube es oder nicht, wir verabschieden uns, holen das Gepäck aus dem Zimmer und fahren heim. Was mein Sohn bis jetzt noch nicht wusste, ist, dass ich mittlerweile bereits meine Mutter gebeten hatte, unseren Urlaub zu stornieren. Es ist Freitag und ich wollte, dass das Reisebüro dies noch vor dem Wochenende erledigen kann. Wir konnten ja, so dachte ich, die Reise nicht antreten, wenn mein Sohn ja in die Klinik geht. Ich hätte ja auch niemals gedacht, dass wir nur einige Stunden in der Klinik verbringen würden und dann gemeinsam wieder heimfahren würden. Ich meine, wer hätte das denn gedacht? Obwohl, nach dem letzten Klinikeintritt, bei dem mein Sohn nur eine Nacht dort verbrachte, schien nun wohl alles möglich. Aber wie kann eine Klinik denn so arbeiten? Wie kann diese Dame am Telefon zu mir sagen, es wäre eine geschlossene Abteilung, wenn die ganze Klinik keine einzige geschlossene Abteilung hat? Wie kann sie sagen, sie hätte das perfekte Therapieangebot, wenn der Arzt dann dies vollkommen widerlegen muss? Wieso quälen sie uns? Wir hatten solch ein Chaos deswegen. Ich riskierte durch die Anmeldung in der Klinik, während mein Sohn noch schlief und sich auf die Ferien freute, dass mich mein Sohn hassen würde, zumindest für eine Zeit. Ich habe viel aufs Spiel gesetzt. Wir hatten viele Nerven, Zeit und Kraft aufbringen müssen, um uns mit dieser kurzfristigen Sache zu arrangieren. Wir mussten dahinfahren und zurück, wir mussten lange Stunden warten, bis uns überhaupt jemand in Empfang nahm und mit uns redete.

Alles brauchte viel Kraft und Geduld, unsere Nerven wurden zunichtegemacht, unsere Hoffnung kaputt gemacht und unser Vertrauen in Kliniken stark beschädigt. Und wir haben sogar unseren Urlaub storniert, weil wir dachten, dass mein Sohn jetzt in eine geeignete Klinik eintreten könne, um gesund werden zu können. Aber der ganze Aufwand und der ganze Stress waren für nichts und wieder nichts.

Eigentlich hätten wir uns von der Klinik mehr erhofft. Eigentlich hatten wir mehr Professionalität erwartet. Eigentlich sollten die Kliniken doch wissen, wie sie mit Patienten umgehen müssen. Eigentlich sollte ihnen klar sein, welcher Aufwand, welche Kraft und welche psychische Belastung mit einem Klinikeintritt verbunden sind. Und dann klappt gar nichts so, wie es sollte. Das ist eigentlich einfach nur schade.

Themen des Buches
EIGENTLICH
Ausschnitte aus meinem Leben mit schwerer Depression – Teil 2

1. Eigentlich läuft nichts nach Plan
2. Eintritt in eine weitere Psychiatrie
3. Der Austritt
4. Und weiter geht das Ungewisse
5. Feiertage
6. Ein weiteres Gutachten
7. Dranbleiben und weiterkämpfen
8. Und wieder ein harter Rückschlag
9. Psychiater gibt auf
10. Haushalt - oft schwierig zu bewältigen
11. Ein weiteres Belastbarkeitstraining

Themen des Buches
EIGENTLICH
Ausschnitte aus meinem Leben mit schwerer Depression
und die Zeit davor – Teil 3

1. Wie ich meinen Mann kennengelernt habe
2. Beginn der bipolaren Erkrankung meines Bruders
3. Ehe und Geburt meines Sohnes
4. Horrorfund auf dem Kühlschrank und Wohnungen, in denen wir tatsächlich lebten
5. Familienurlaub endete im Spital und Gefängnis
6. Trennung und Scheidung
   --- TRIGGER WARNUNG FÜR KAPITEL 7. Ansonsten bitte zu Kapitel 8 übergehen. ---
7. Der Selbstmord meines Bruders
8. Wie ich meine Depression anfangs eingeschätzt hatte
9. Eine Art Ratschläge, die ich im Umgang mit Depressiven geben würde